国家社会科学基金重大专项资助成果

智慧社会的
顶层设计与实现路径研究

汤志伟◎著

科学出版社

北　京

内 容 简 介

本书基于我国处于社会主义初级阶段的基本国情与社会主要矛盾发生转变的历史方位，论述了建设智慧社会的理论基础，分析了国外建设智慧社会的实践经验以及我国建设智慧社会的基础和挑战。在此基础上，从顶层设计角度构建包含数字政府、数字经济、智慧民生、智慧生态和数字文化等五个领域的智慧社会内容框架，并提出建设智慧社会的总目标和重点任务。最后，从服务导向、创新驱动、产业支撑和制度保障四个方面详细描绘了建设智慧社会的实现思路和具体路径。

本书的读者对象包括关心智慧社会建设的实践工作者和学术研究人员，同时本书也可供数字治理、数字经济、智慧城市等领域的研究者参阅。

图书在版编目（CIP）数据

智慧社会的顶层设计与实现路径研究/汤志伟著. --北京：科学出版社，2024.12

ISBN 978-7-03-071914-0

I. ①智… II. ①汤… III. ①信息化社会–研究–中国 IV. ①G201

中国版本图书馆 CIP 数据核字（2022）第 046428 号

责任编辑：王丹妮／责任校对：贾娜娜
责任印制：张　伟／封面设计：有道设计

科学出版社 出版
北京东黄城根北街 16 号
邮政编码：100717
http://www.sciencep.com

三河市春园印刷有限公司印刷
科学出版社发行　各地新华书店经销

*

2024 年 12 月第 一 版　开本：720 × 1000　1/16
2024 年 12 月第一次印刷　印张：14 1/4
字数：284 000

定价：178.00 元
（如有印装质量问题，我社负责调换）

前 言
FOREWORD

党的十九大报告提出"加快建设创新型国家""加强国家创新体系建设，强化战略科技力量""为建设科技强国、质量强国、航天强国、网络强国、交通强国、数字中国、智慧社会提供有力支撑"①。这是"智慧社会"首次在国家正式政策报告中出现。党的二十大报告提出"加快建设制造强国、质量强国、航天强国、交通强国、网络强国、数字中国""加强城市基础设施建设，打造宜居、韧性、智慧城市"②。这为"智慧社会"的愿景提供了更为具体和深入的诠释与补充，通过强调数字技术和智慧城市的建设，为"智慧社会"提供了更为清晰的发展路径和具体实践方向。作为人类文明发展新阶段，智慧社会是以大数据、人工智能等新一代信息技术为核心的新型高科技社会，是数据成为战略资源、数据分析与应用更为先进的高级信息社会。由于新一代信息技术广泛而深入的应用以及相应的管理和制度变革，智慧社会建设对深入推进新型智慧城市建设和实施乡村振兴战略、推进国家治理体系和治理能力现代化、帮助满足人民日益增长的美好生活需要等都具有重要现实意义。

本书基于我国仍处于社会主义初级阶段的基本国情与社会主要矛盾发生转变的历史方位，围绕进入新时代的中国特色社会主义如何充分利用物联网、大数据、人工智能等新一代信息技术推动智慧社会建设这一总问题，沿着以下四个核心问题展开：第一，智慧社会是什么？第二，与智慧社会要求相比，我国还缺少什么？第三，迈向智慧社会，我国重点建什么？第四，我国该怎么建设智慧社会？简而言之，即"是什么""缺什么""建什么""怎么建"。针对这四个核心问题，本书的主要研究发现和贡献如下。

首先，针对"是什么"这一核心问题做了两个方面的研究。一是厘清智慧社

①《习近平：决胜全面建成小康社会 夺取新时代中国特色社会主义伟大胜利——在中国共产党第十九次全国代表大会上的报告》，http://www.gov.cn/zhuanti/2017-10/27/content_5234876.htm，2017年10月27日。

②《习近平：高举中国特色社会主义伟大旗帜 为全面建设社会主义现代化国家而团结奋斗——在中国共产党第二十次全国代表大会上的报告》，https://www.gov.cn/xinwen/2022-10/25/content_5721685.htm，2022年10月25日。

会的内涵、核心特征及目标定位。基于社会形态的演进，概括出信息社会的七个发展趋势，即装备智能化，更加需要人的创造力；科技战略化，更加需要原创性创新；生产动态化，更加需要前瞻性管理；价值数量化，更加依赖透明性权属；利益多元化，更加依赖可信任交易；交往虚拟化，更加依赖多空间融合；治理全球化，更加需要价值共同体。将智慧社会界定为：在信息技术快速发展引发社会变革的时代背景下，通过激发全社会创造力、汇聚发展合力，实现创新驱动发展，提升国家治理体系和治理能力现代化，解决发展不平衡不充分的问题，以最终实现人民对美好生活的向往。提炼出智慧社会的三个核心特征：创新性、包容性及开放性。构建了智慧社会建设的基本框架，包括层次、议题、领域三个维度。其中，层次维度由技术层、行为层、组织层、制度层构成；议题维度由发展、规制两个方面构成；领域维度由政治、经济、文化、社会、生态五个方面构成。

二是系统研究先进国家的智慧社会建设经验，主要包括英国、美国、新加坡、日本四个国家。将数字英国的建设经验总结为四个方面：重视数字基础设施，提升智慧社会建设的硬实力；提升数字素养，增强智慧社会建设的软实力；重视与高校等研究机构的合作，加大科技投入力度；在治理机制上，注重第三方力量的参与。将美国智慧社会建设经验总结为：城市信息化，构建现代化城市电网、联邦智能交通系统，实施智能道路照明工程；推进多城市合作模式；数据开放透明，搭建美国数据开放平台；以人为本，完善公众参与机制，增加城市居民的参与感。将新加坡智慧国建设经验总结为三个方面：在智慧经济建设中，政府扶持企业数字化，促进产业升级转型；在智慧政府建设中，强化智能技术使用，精细提升社会治理；在智慧社会建设中，重视提升民族数字素养，鼓励多元主体参与。将日本超智能社会建设经验总结为五个方面：系统性、全面化的智能发展，强调社会互联互通，而不局限于某一领域；重视人才培养，持续推进大学改革，加大科研经费投入；注重民间资本，推动民间投资，构筑人、财、智的良性循环；推进以人工智能为核心的技术变革；打造科技外交新名片，为全球智能化发展做贡献。在此基础上，总结得出这些国家建设智慧社会的四条经验：重视人本主义、重视制度系统性与连续性、重视数字基础设施建设、重视人才的培养。

其次，针对"缺什么"这一核心问题做了两个方面的研究。一是从技术和制度两个方面全面梳理我国智慧社会建设的基础。按照智慧应用的一般逻辑层次，将智慧社会的技术架构划分为五个层次：物理层、网络层、数据层、智能层及应用层。物理层，即可观测察看到的物理性质的设备与硬件，其为智慧社会的建设提供了必不可缺的物质载体与感知社会的功能；网络层，即宽带网络与通信技术手段，是硬件设备与其使用主体的连接桥梁；数据层，即对智慧社会各主体的全面记录与描述，也是智慧社会的重要资源；智能层，即在对数据资源存储记录的基础上进行智能化的挖掘与分析，从而发现隐含在数据资源中的潜在的永恒的规律，以洞察智慧社会的本质；应用层，即基于信息技术的智慧社会应用，体现了技术与生活的融合。同时，将智慧社会建设的政策体系划分为四个层次：国家信息化规划，智慧城市与数字乡村建设的政策，经济、民生、生态、政务等领域智慧化建设的政策，智慧基础设施的政策。

二是系统分析我国建设智慧社会的挑战和风险，根据智慧社会建设的全生命周期阶段，风险蕴含在智慧社会的战略规划阶段、建设实施阶段与运营维护阶段。战略规划是智慧社会建设项目管理过程的第一阶段，该阶段可能面临价值理念的技术导向性风险、战略定位的趋同性风险、政府决策制定的偏差性风险和法规政策体系缺位风险。建设实施是基于现有智慧社会战略规划的指导作用，统筹协调经济社会系统的技术、资金和人才等各类资源要素，并通过有效的组织管理活动实现发展目标的过程。该阶段的风险主要包括组织协同的不确定性风险、公众参与"悖论"风险、资源分配的"马太效应"风险、城乡一体化建设失衡风险和建设规范标准缺失风险。运营维护阶段的风险主要有两类：①系统管理和运行风险，表现为运营维护模式的可行性风险、技术的安全性和可靠性风险；②系统衍生性风险，尤其是信息渗透导致的文化冲突风险。

再次，针对"建什么"这一核心问题做了四个方面的研究。一是从整体的战略性、理论与实践的对接性、高效协同的执行性三个方面对智慧社会顶层设计的内涵展开了论述。

二是系统整理建设智慧社会顶层设计的方法论，包括系统科学、战略管理、国家治理中的顶层设计方法论。系统科学为智慧社会提供了一系列顶层设计方法，以目标为导向，建立科学的总体框架，视角落在系统全局，规划设计来源于实际需求，统筹过程既纵向逐层分解细化，又横向考虑各要素。战略管理从战略规划到战略实施再到战略评价，能够明确智慧社会实施主体动能及其内在关系，划分智慧社会阶段性目标以及核心检测指标，研判智慧社会战略方向与实现路径。从国家治理的角度考虑智慧社会顶层设计，体现在正确把握和深刻认识中国复杂的社会现状以及信息技术既有实力，运用符合中国特色社会主义道路的智慧社会理念指导智慧社会建设，以实际问题为导向、改革深度为目标、实践探索为承载明确智慧社会顶层设计的实现路径。在方法论指导的基础上，提出智慧社会顶层设计的研究方法。

三是提出建设智慧社会的总体框架。提出建设智慧社会的总体目标是构建一个基础设施智能化、产业发展数字化、政府运行智慧化、公共服务精准化、城乡发展一体化和治理能力现代化的社会，全面实现物质文明、政治文明、精神文明、社会文明和生态文明协调发展的小康社会，最终实现中华民族伟大复兴。构建建设智慧社会的"123454"总体框架:"1"个中心,即以人民为中心;统筹"2"个体系,即统筹城市与农村两大体系;处理好"3"对关系,即数字与物理的关系、自由与秩序的关系、治理与管理的关系;"4"个建设维度,即技术层、行为层、组织层、制度层;"5"项建设内容,即数字政府、数字经济、智慧民生、智慧生态和数字文化;"4"条实现路径,即服务导向、创新驱动、产业支撑和制度保障。

四是构建建设智慧社会的内容框架、总体目标和重点任务,包括数字政府、数字经济、智慧民生、智慧生态、数字文化五个方面。数字政府建设以实现政府治理体系和治理能力现代化为重要抓手,以政务服务、政府监管、政府决策为主要内容,以算法及技术治理、数据治理为支撑。数字经济建设以创新引领、数据驱动发展为核心战略,推进产业数字化和数字产业化转型,在新业态下实现信息技术与实体经济特别是制造业的深度融合,发挥出数据在数字经济中作为创新生产要素的重要作用,提升新一代信息技术产业发展能级。智慧民生建设以人民为智慧民生建设的服务中心,以民生建设精准化、专业化、一体化和均等化为发展方向,以社会治理和公共服务为核心发展领域,以智慧民生基础设施建设和民生保障制度构建为基础,以保障和改善民生与增进人民福祉为发展目标。智慧生态建设主要包括智能生态数据监测、生态环境自动预警、智能生态监管、生态环境数据共享、社会主体的全面参与等方面。数字文化建设主要是增强政府和市场两个主体活力,围绕数字文化产业和公共数字文化事业两个重点领域,以公共文化服务智慧化、数字文化产业化、城乡数字文化鸿沟弥合和数字文化"走出去"为主要内容,增强文化与科技深度融合,逐步实现数字文化建设从促进产业发展、经济发展到促进社会发展和提升国际竞争力的格局。

最后,针对"怎么建"这一核心问题做了两个方面的研究。一是明确建设智慧社会的实施思路,包括服务导向、创新驱动、产业支撑、制度保障四个方面。以提供智慧服务为导向,让城市和农村中的每一个公民都能均等化地享受智慧社会建设成果,真正做到"以人为本"和"城乡统筹"。以创新技术驱动为核心,加快新一代信息技术的研究与应用,实现新型基础设施建设高质量发展,构建以数字转型、智能升级、融合创新为动力的智慧社会。以智慧产业为支撑,形成人类智慧在生产要素中占主导地位的产业形态,通过智能技术促进资源整合与再生、传统产业的智慧化转型升级,实现智慧社会的新经济的高水平高质量协同发展。构建系统、全面、有力的制度保障体系支撑智慧社会的建设,确保智慧社会的建设路径能够顺利实现。

二是进一步明确智慧社会建设核心领域的实现路径。数字政府建设的实现路径包括:坚持以人民需求为导向,把握数字政府建设的方向;坚持创新驱动,做好数字政府建设的支撑;统筹推动城乡信息化融合发展,弥补数字政府建设的鸿沟；完善保障体系，夯实数字政府建设的基础。数字经济建设的实现路径包括：加强基础研究，夯实数字经济发展的基础；创新科技金融，更新数字经济发展的血液；引育数字人才，强化数字经济发展的骨骼。智慧民生建设的实现路径包括：以流动治理变革传统治理方式，实现治理场域转换；以整体性治理推进城乡社会治理融合，打造全景式治理；以智慧调解系统创新"三调联动"机制，夯实纠纷调解基础；以综合治理推进公共安全体系建设，提升公共安全治理能力；依托数据资源平台和智慧公共服务平台，促进公共服务高质量供给。智慧生态建设的实现路径包括：坚持生态环境建设的基本原则，实现生态环境的协调发展；推进技术应用，提升生态环境治理的创新能力；扩大数据开放共享，促进生态环境治理的多主体协同参与。数字文化建设的实现路径包括：强化数字文化发展制度保障，提升数字文化治理能力；精准供给，增强人民群众数字文化的获得感；推进技术创新力度，强化文化科技支撑；增强企业发展内生动力，培育和壮大数字文化产业；推进数字文化产业人才培养体系建设；扩大开放，利用"一带一路"提升数字文化产业国际竞争力。

目 录
CONTENTS

第 1 章
CHAPTER 1

导　　论

1.1　研究背景与研究问题

"智慧社会"这一国家层面的宏大战略来自习近平在党的十九大上所作的报告。党的十九大报告提出，"加强应用基础研究，拓展实施国家重大科技项目，突出关键共性技术、前沿引领技术、现代工程技术、颠覆性技术创新，为建设科技强国、质量强国、航天强国、网络强国、交通强国、数字中国、智慧社会提供有力支撑"，强调"坚持以人民为中心""把党的群众路线贯彻到治国理政全部活动之中"[①]。这是"智慧社会"首次在中央层面的报告中出现，标志着国家从顶层设计角度对建设智慧社会提出了全新目标和要求。党的二十大报告提出"加快建设制造强国、质量强国、航天强国、交通强国、网络强国、数字中国""加强城市基础设施建设，打造宜居、韧性、智慧城市"[②]。这为"智慧社会"提供了更为清晰的发展路径和具体实践方向。

自 20 世纪 60 年代开启的信息革命以来，伴随着互联网的普及与应用，以及包括大数据、物联网和人工智能在内的数字科技的快速进步，人类社会形态发生了巨大改变。面对此种时代巨变，已有研究从不同角度提出了不同概念以试图概括其变迁规律和当前社会形态的本质，这为本书开展综述研究奠定了坚实基础。但是需要指出的是，已有研究虽然能够对数字科技冲击下的社会形态变迁做出一定阐述，但大多集中于技术层面而忽略了制度层面和治理层面的考量。也正是在

[①]《习近平：决胜全面建成小康社会 夺取新时代中国特色社会主义伟大胜利——在中国共产党第十九次全国代表大会上的报告》，http://www.gov.cn/zhuanti/2017-10/27/content_5234876.htm，2017年 10 月 27 日。

[②]《习近平：高举中国特色社会主义伟大旗帜 为全面建设社会主义现代化国家而团结奋斗——在中国共产党第二十次全国代表大会上的报告》，https://www.gov.cn/xinwen/2022-10/25/content_5721685.htm，2022 年 10 月 25 日。

此情况下，才凸显了"智慧社会"概念的重要性。同时，尽管信息社会为城市智能建设与社会统筹安排带来了新思维和新手段，并且在实践过程中得到了初步的应用，但是进一步的智能逻辑、智能社区和智慧社会并没有得到充分的体现，城市统筹安排与治理优化依然存在非常大的改善空间。

据此，本书研究的主要问题是在中国特色社会主义进入新时代、社会主要矛盾转变为"人民日益增长的美好生活需要和不平衡不充分的发展之间的矛盾"的历史方位下，如何充分运用物联网、大数据和人工智能等新一代信息技术推动智慧社会建设。具体包括以下四个方面：一是围绕我国建设智慧社会的目标愿景，分析智慧社会建设的目标是什么；二是针对提出的建设目标，分析其现实基础如何，在建设过程中还可能面临哪些挑战；三是根据现实发展的需要，明确建设智慧社会的具体内容和重点战略领域是什么；四是以智慧社会建设蓝图为基础，推进和落实所提出的一系列建设内容和战略领域。

1.2　国内外研究综述

1.2.1　数字科技冲击下社会形态的特征研究

习近平在 2015 年举办的第二届世界互联网大会开幕式上指出："纵观世界文明史，人类先后经历了农业革命、工业革命、信息革命。每一次产业技术革命，都给人类生产生活带来巨大而深刻的影响。现在，以互联网为代表的信息技术日新月异，引领了社会生产新变革，创造了人类生活新空间，拓展了国家治理新领域，极大提高了人类认识世界、改造世界的能力。"[1]可以说，人类社会每一次生产和生活方式的巨大变革都来自生产力革命所带来的深刻影响。而 20 世纪 40 年代末所兴起的以互联网为代表的信息技术则开启了人类社会的新技术革命，也构成了当前人类社会变革的核心推动力。

需要注意的是，互联网诞生于 20 世纪五六十年代，也自那时开始，围绕社会形态变迁及其特征的讨论与研究便是学者关注的焦点。不同学者从不同学科领域出发，提出了不同的关键概念，以试图概括在信息技术革命冲击下的社会形态，具体包括知识经济、知识社会、信息经济、情报社会和后工业社会等。本部分将对此做一综述。对于信息革命冲击下社会形态的研究，首先形成影响力的是未来学者的研究，具体包括丹尼尔·贝尔、阿尔文·托夫勒、约翰·奈斯比特、尼葛洛庞帝等。1973 年，丹尼尔·贝尔在《后工业社会的来临：对社会预测的一项探索》一书中系统地提出了后工业社会的理论。该书基于美国实际情况，提出人类

---

[1]《习近平在第二届世界互联网大会开幕式上的讲话（全文）》，http://www.xinhuanet.com/politics/2015-12/16/c_1117481089.htm，2015 年 12 月 16 日。

社会正在发生巨大转向，以第二产业为代表的工业社会正在逐步被以信息技术为代表的后工业社会取代，人类社会将迈进后工业社会，并全面预测了后工业社会的社会结构与政治影响。在该书中，丹尼尔·贝尔把漫长的人类历史划分为依靠原始劳动力并从自然界直接获取初级资源的前工业社会，以生产和机器为轴心、以制造商品为目的的工业社会，以及工业化以后的过渡性社会，即后工业社会。正是缘于强调这些变迁的过渡性和突出知识、技术的中轴作用，丹尼尔·贝尔使用"后工业"一词来表现从产品生产型社会转变成服务型社会的特点。其指出，在迈入后工业社会后，人类社会会在这五个方面发生重大转变：①经济上，服务型经济将逐步取代制造型经济；②职业上，专业和科技人员将取代企业主，成为主导社会阶层；③在社会轴心方面，理论知识将扮演重要角色，成为社会革新与制定政策的源泉；④在技术政策层面，技术发展是有计划、有节制的代表，重视技术评价；⑤从主导角度看，未来将是一个以"智能技术"为主导的技术社会。丹尼尔·贝尔通过技术分析联系产业结构、社会结构、阶层结构、权力中心和管理体制等，并由此预测科学技术即将发生革命，社会即将发生重大转型，与新型社会出现伴随而来的是财富、权力及地位的分配等方面的问题。著名未来学者阿尔文·托夫勒以《未来的冲击》、《第三次浪潮》和《权力的转移》三部曲闻名于世。他在预测和探索未来社会过程中所形成的理论和思想框架成为信息社会思想的重要组成部分。阿尔文·托夫勒将人类社会划分为三个阶段，分别是约 1 万年前的农业阶段、17 世纪开始的工业阶段和 20 世纪 50 年代后期以来的信息化抑或服务业阶段。不同阶段的社会财富不尽相同，在前工业社会阶段社会财富是土地，当进入工业社会后财富转变为资本，而到了后工业社会财富转变为信息。在《第三次浪潮》中，阿尔文·托夫勒更明确地批判了工业社会，详述了信息社会的特征，指出以信息文明为代表的第三次浪潮就是要打破工业社会的标准化、专门化、同步化、集中化、极大化和集权化，从而走向更加个性化、碎片化、智能化、分散化、民主化和生态化的信息社会。他认为，在第三次浪潮时期，主流产业将转变为信息和服务产业，丰富多彩的文化将成为衡量社会进步的标准，而不是以物质生活作为衡量标准，并且鼓励个性化发展。第三次浪潮以当代信息科技为现实基础，绘制了未来信息时代思想、政治、经济、工作、生活和家庭的形态，成为令人憧憬与向往的未来社会。约翰·奈斯比特在 1982 年出版的《大趋势：改变我们生活的十个新方向》中认为美国社会已经从工业社会转变为信息社会。约翰·奈斯比特认为，由工业社会转入信息社会的首要标志就是从事信息活动者数量超过从事物质生产活动者数量，由此美国社会在 1956 年步入信息社会，这也成为信息社会的开端。另一个关键性标志是苏联 1957 年发射的人造地球卫星，这开启了人类社会全球卫星通信时代。同时约翰·奈斯比特指出当工业社会迈入信息社会时社会财富、时间观念和生活目标三个方面将会发生巨大变化。一是技术知识成为人类社会新的财富，信息成为非唯一但最重要的资源的时候，新的知识价值论将取代源于工业经济时代的劳动价值论，即经济价值也可由知识创造。二是时间观念的变革，由于信息社会的一个突出特点就是变化极快、日新月异，在信息社会中，信息流动的速度将会大大加快，其流动时间大大缩短，这将会对人类的经济活动和其他各类活动产生巨大影响。三是生活目标的变化，从农业社会到工业社会再到信息社会，人的生活目标从人与大自然竞争到人与人造大自然竞争再到人与人竞争进行转变。1996 年"数字化信息空间"这一概念首次在尼葛洛庞帝的《数字化生存》一书中提及，而数字化空间就是由电子计算机和电脑网络等基于二进制数码原理的机器所构成的一个虚拟的符号空间。比尔·盖茨在其著作《未来之路》中也谈到数字化和信息高速公路，同时认为这是人类走向未来的必由之路。他指出，在未来几乎所有的信息都是数字的。"数字社会"的涵盖面和受众面均相当广泛，其涉及第三产业的方方面面，同时面向广大公众提供服务，同时它也是一个宏大架构，包括数字科教建设、数字文化建设、数字社会保障建设和数字社区建设。

　　未来学者的研究虽然有助于人们理解数字科技对于社会形态的影响，特别是对于人们日常生活的影响，但其并没有对这种改变背后的根本动力，以及新形成的社会形态的组织模式、生产模式做更深入的分析。1962 年，美国经济学家马克卢普出版的《美国的知识生产与分配》首次引出"知识产业"的概念，将知识产业定义为：由生产知识、信息服务或生产信息产品的机构组成，同时包括教育、研究开发、通信媒介、信息机构和咨询机构五个方面。测算结果表明，1958 年美国知识生产总额占其国民生产总值的 29%，进一步阐明了知识产业在社会经济发展中的重要地位与作用。随后，知识产业这一概念不断发展，德鲁克在 1969 年出版的《不连续的时代》中进一步提出了"知识社会"的概念。德鲁克对这一概念加以阐释，指出知识社会是资本经济向知识经济转化的必然结果，是知识劳动者成为经济中心的社会。在知识社会，知识的地位将发生重大变化，其将比技能和科学更重要，同时将成为先进发达国家的中心生产要素，成为先进经济的主要成本、投资和产品，成为绝大多数人的主要生存手段。同时在劳动力方面，知识劳动者将取代体力劳动者成为劳动力的核心。除了上述对相关社会形态做出概念性建构之外，学者还从产业类别划分和成果测量等方面进一步推进了此类研究。1977年马克·波拉特出版了九卷本的《信息经济：定义与测量》，提出了农业、工业、服务业和信息产业的四次产业分类法，从而不仅首次明确提出了"信息产业"的概念，测算了信息产业在经济中的份额，还进一步将信息产业划分为第一信息部门和第二信息部门，前者主要向市场提供信息产品和信息服务，后者主要向组织机构内部提供信息产品和信息服务。

　　马克卢普、德鲁克等的研究更加深刻地描绘了信息革命冲击下社会形态的本质，但其仍然未从结构层面对整个社会形态做出概括。曼纽尔·卡斯特、切萨布鲁夫等则在这方面做出补充。曼纽尔·卡斯特大量使用"网络社会"这一概念描述当代社会的结构特征，其对信息社会的研究成果集中体现在《网络社会的崛起》、《认同的力量》和《千年终结》"信息时代三部曲"中（Castells，1996）。曼纽尔·卡斯特在《信息化城市》中认为技术变革正在改变人们生活的基本范围，即改变了时间和空间。随着人类社会进入信息时代，在技术、社会和空间的相互作用中逐渐产生了一个新的"城市区域"，信息化城市的崛起成为必然，在这个过程中，城市空间正在逐步被信息流空间取代。在《网络社会的崛起》中，曼纽尔·卡斯特认为，信息时代作为一种历史趋势，其主要功能和方法均是围绕网络构成的，网络构成了一个新的社会形态。基于对网络社会的再思考，曼纽尔·卡斯特出版了《认同的力量》一书，他指出，信息技术革命已经催生出一个新的社会模式——网络社会，并且介绍了网络社会的表征为：经济行为全球化，网络成为社会的组织形式，工作是灵活而非固定的，劳动是个性化的，网络通过改变生活、空间和时间的物质基础构建一个流动的空间和无限的时间。另外，网络就意味着扁平、开放，而如何在这样的环境中推进创新，则成为切萨布鲁夫所提出的"开放创新"概念关注的主题。"开放创新"有时也称为"创新 2.0"，其是打破组织边界、以用户为中心、以社会为舞台的，面向知识社会、以人为本的下一代创新。如果说创新 1.0 是沿袭工业时代面向生产、以生产者为中心、以技术为出发点的相对封闭创新形态，那么创新 2.0 则是与信息时代、知识社会相适应的面向服务、以用户为中心、以人为本的开放创新形态。创新 2.0 围绕用户创新、开放创新、大众创新和协同创新特点，进一步推动了生活、工作和组织方式以及社会形态的深刻变革。从技术发展的视角看，虽然我们早已跨入信息时代，但直到进入 21 世纪，伴随着信息技术的深入应用与发展，改变世界的力量主体从以国家、企业为主体进一步演变为以个人为主体，同时在工业时代以生产者为中心的创新 1.0 模式也演变到知识时代以服务为导向的创新 2.0 模式。

　　国内相关研究也形成了较为丰富的成果。在社会形态的内涵理解方面，国内研究同样认识到了信息社会和数字社会的重要性。国家信息中心认为，信息社会是指以信息活动为基础的新型社会形态和新的社会发展阶段。刘昭东和宋振峰（1994）认为，信息社会作为一种崭新的社会形态，其与传统社会的不同之处在于社会发展的基本动力变革为信息，而实现信息化的手段则是信息技术，社会经济发展得益于信息经济，人们的生产生活方式与价值观念因为信息化而改变。曲维枝（2005）则从物质生产方面解析信息社会，其认为在信息社会中，脑力劳动者主要从事的劳动已经发生变化，当前脑力劳动者处于一个主要以数字化信息为劳动对象，并使用智能工具从事社会物质财富和精神财富生产与再生产的新社会。

由于在信息社会，信息资源成为愈发突出的表征性资源，因此钟义信（2004）对信息社会的定义则从工具出发，认为信息社会是普遍使用智能工具的社会。就信息社会的组织模式、生产模式而言，国内研究同样强调知识型经济、网络化社会、数字化生活等概念，且更强调社会形态转变过程中政府职能研究，并突出表现为"服务型政府"等概念。就知识型经济而言，杨朝晖（1998）认为，信息社会的产生与发展与社会经济和高科技迅猛发展密不可分，其核心是知识创新，先导是高科技发展。该定义再次凸显了创新是第一动力，科学技术是第一生产力的观点。李雁翎等（2013）则将信息社会中的信息技术视为一种产业或者经济形式，由于信息社会中信息的无处不在和信息技术的各方面应用，所以信息技术应用已经渗透至经济社会的各个领域，这愈发使得信息技术在社会经济发展中更加重要，越来越成为经济行为的基础性技术装备。由于经济全球化历程与信息化历程基本同步，芮廷先（1994）对信息技术的阐释基于经济全球化的视野，他认为，全球经济发展和信息技术存在密切联系，信息技术使得全球产业结构不断更新升级，社会愈发开放与现代化，促进了世界各国生产专业化以及国际分工协作，使得经济全球化发展更加迅速，各国间的经济联系更加紧密。现代社会是多元主体的网络社会，各主体是社会网络上的各个节点，信息技术加快了各个主体之间的沟通、交流与合作，部分学者因此从网络化社会角度加以阐述。张康之（2017）认为在网络社会中社会结构关系发生变化，公民之间由于相互联系而和谐共生，彼此之间通过互动共生建立起信任，但同时网络社会中的人际关系又是一种契约型关系，是人与人之间基于道德规范等建立的，以此保障人与人之间的相互信任。黄晓春（2010）认为，依托信息技术，人与人之间的弱纽带关系得以发展，并在虚拟空间进行交流与互动；不仅如此，不同社会阶层、价值取向和社会态度的人由于各方面原因快速结成利益群体，形成信息化时代多元利益抗衡机制，这深刻改变了信息时代的社会结构。吴基传（2000）指出，数字化生活是在规模宏大的综合数字网络基础上服务于人民的生活、学习和工作，并且涵盖数字化地球、数字化商务、数字化图书馆和数字化家庭娱乐等各方面内容。阳翼和徐扬（2013）对数字化生活进行系统研究，指出数字化生活的特征是包含数字化信息；数字化信息的一个重要特征是共享与交换，在各个机构部门和设备之间实现该特征。在服务型政府建设方面，肖峰（2010）认为在网络社会中，由于各个主体间的沟通交流不必局限于技术、等级约束等方面的原因和信息技术的快速发展，人们可以借助信息技术更加便捷地获取政治信息和进行政治表达，同时推动自身民主意识不断增强、民主观念不断提升，要求直接进行政治参与以及决策与管理的需求和呼声日益高涨，这深刻改变了传统的政治结构。王安耕（2008）认为，不宜过度关注大规模推进电子政务建设，而更应该继续保持政府的服务宗旨和信念，更应该关注与面向公共服务。刘岩（2015）认为，随着时代潮流不断向前推进，政府要积极主动地适应趋势发展，充分利用、发挥信息技术优势，在转变自身职能的过程中注意电子政务的作用与功能，高效发挥电子政务优势，实现自身治理体系和治理能力现代化。

通过以上综述不难发现，学术界对新出现的社会形态的描述不尽相同。"后工业社会""信息社会""知识社会""数字社会""网络社会""第三次浪潮"这些概念及其描述虽然具有自身侧重点，但是具有相同本质，即随着信息技术革命的兴起和信息技术的飞速发展，人类信息交流方式发生翻天覆地的变化，信息生产、传播和获取变得越来越容易，同时知识积累越来越快，信息和知识在生产中的作用越来越大，信息产业在国民经济中的比重越来越大，计算机、通信和互联网对人们生活的影响日益深远。即便如此，不同研究仍然存在一定的区别，主要体现在以下两个方面。

首先，从描述的详细程度来说，它们是逐渐精细化的关系。丹尼尔·贝尔虽然提出了后工业社会理论，探索展望了未来社会的政治、经济和文化，尤其是在产业形态、知识地位等方面，但是这些描述还比较抽象，给人一种美好憧憬，过分停留在理论模型之中，后期各位学者的进一步探索将丹尼尔·贝尔的后工业社会加以具体化和详细化，使得未来社会更加全面、形象地呈现在人们面前。

其次，从技术化程度来说，它们是技术化不断推进的结果。各位学者所处的时代技术背景在不断发生变化，如丹尼尔·贝尔所处时代数字计算机刚刚起步、仅限于一定范围使用，同时微电子技术才刚刚迈入大规模集成电路阶段，人工智能技术刚刚提出，还未诞生互联网，这使得丹尼尔·贝尔主要根据社会历史的发展趋势分析预测后工业社会的到来，同时对其进行了大胆设想。虽然丹尼尔·贝尔囿于时代技术的局限，没有给出具体实现后工业社会的途径，但是丹尼尔·贝尔所绘制的后工业社会的美好蓝图激励后人不断探索。时代继续前进，在技术取得突破性进展，计算机得到一定范围的普及，人工智能技术为众人皆知，自动化技术开始影响人类生产生活，信息这一概念得到极大普及并且对人类经济和社会产生重大影响后，阿尔文·托夫勒构想了第三次浪潮"信息文明"。

事实上，正是因为伴随着不同的技术发展阶段，研究者对于社会形态的描述会出现差异。当前我们已经进入了"大数据时代"，如何更加贴切地描述大数据技术及其背景下的社会形态的核心特征，便成了新的议题。

1.2.2　大数据时代社会形态的特征研究

在大数据时代，如果一个国家和民族重视、关注、发展大数据，那么这个国家和民族便赢得了大数据时代发展的主动权。2017 年 12 月 8 日，习近平在主持中共中央政治局第二次集体学习时强调，"推动实施国家大数据战略，加快完善数字基础设施，推进数据资源整合和开放共享，保障数据安全"①。习近平的讲话再次明确了当下科技进步的时代特征，"大数据"已经成为数字科技的主体并深刻影响着当前社会形态的转变，同时也要求抓住大数据发展机遇，推动国家不断向前发展。当然，了解时代特征并抓住大数据发展机遇以推动社会发展，需要对大数据这一概念加以掌握，目前已有研究做出了诸多阐述。

大数据首先是作为技术进步的阶段性成果而出现的，其既体现为技术理念的发展，又体现为技术属性的变革。1980 年，阿尔文·托夫勒在其所著的《第三次浪潮》中首次提出"大数据"这一概念。2008 年 9 月，《科学》杂志上"Big data: science in the petabyte era"专刊文章的发表，使得"大数据"一词在全球广为流传，但对于大数据的内涵尚未达成一致看法与定义。例如，全球最具权威的信息技术（information technology，IT）研究与顾问咨询公司高德纳（Gartner）将大数据定义为一种信息资产，认为大数据是指需要新处理模式才能具有更强的决策力、洞察发现力和流程优化能力的海量、高增长率与多样化的信息资产。维基百科认为大数据是所涉及的资料量规模巨大到无法通过目前主流软件工具，在合理时间内达到撷取、管理、处理并整理成为帮助企业经营决策目的的资讯。麦肯锡全球研究院将大数据定义为在一定时间内无法用传统数据库软件工具对其内容进行采集、存储、管理和分析的数据集合。国际数据公司认为大数据具有价值性，国际商业机器公司（International Business Machines Corporation，IBM）认为大数据还具有真实性。维克托·迈尔-舍恩伯格和肯尼思·库克耶（2013）在《大数据时代：生活、工作与思维的大变革》中前瞻性地指出，我们的生活、工作和思维正在被大数据形成的信息风暴变革，大数据开启了一次重大的时代转型。

国内对于"大数据"技术属性的相关研究中，马奔和毛庆铎（2015）认为可从现实和技术两方面加以阐述大数据具有的三重含义。第一重含义指的是数据量，即数据巨量化和类型的多样化，其在现实方面指海量数据，技术方面指海量数据存储；第二重含义指的是大数据技术，现实方面指对已有或者新获取的大量数据进行分析和利用，技术方面是指云存储和云计算；第三重含义指的是大数据思维或者方法，现实方面指把目标全体作为样本的研究方式、模糊化的思维方式、侧重相关性的思考方式等理念，技术方面是指利用海量数据进行分析、处理并用以辅助决策，或者直接进行机器决策、半机器决策的全过程大数据方法。华岗等（2016）基于数据来源将大数据粗略分成两类：一类来自物理世界，另一类来自人类社会。前者主要是指为科学技术研究进行的科学实验产生的数据，称为科技

① 《习近平主持中共中央政治局第二次集体学习并讲话》，http://www.gov.cn/xinwen/2017-12/09/content_5245520.htm，2017 年 12 月 9 日。

大数据。后者与人类活动有关，又可划分为与互联网有关的网络大数据和城市大数据。网络大数据是指网络上千千万万的人通过操作网页以及与网络相连的各类机器设备随机产生的数据；城市大数据是指与城市四大职能（生存繁衍、经济发展、社会交往和文化享受）密切相关的政府、企事业单位、个人和各类城市设施设备等主客体所产生的动态和静态数据。

大数据的重要性不仅在于其技术属性，还在于其已经深刻地影响到了生活的方方面面。Hirsch（2010）指出，人们已经普遍接受和认同大数据在信息社会的重要作用和影响，并且该影响正与日俱增，所以"数据就是新的石油"。因其广泛应用及重要影响，国外学术界、商业界及政府机构都对大数据给予密切关注。2008 年《自然》杂志推出 Big Data 专刊，计算社区联盟（Computing Community Consortium）发布的"Big-data computing: creating revolutionary breakthroughs in commerce, science, and society"阐述了解决大数据问题所需要的技术及面临的挑战。《科学》杂志在 2011 年推出专刊 Dealing with Data，围绕科学研究中大数据问题展开讨论。麦肯锡 2011 年 6 月发布报告"Big data: the next frontier for innovation, competition, and productivity"，详述大数据的影响、关键技术和应用领域等方面。2012 年美国部分知名数据管理专家学者联合发布了"Challenges and opportunities with big data"白皮书。该白皮书从学术角度出发，对大数据的产生、处理流程及面临的挑战做了详细的分析与介绍。国外学术界对于大数据的应用研究主要集中于教育、医疗、交通管理、金融、保险及信息等领域。

关于大数据在公共管理领域的应用，徐宗本等（2014）认为未来大数据驱动的管理与决策研究发展的重点领域为以下四个方面：大数据资源管理与政策、基于大数据的管理与决策创新、大数据技术的信息科学基础、大数据分析和处理的数学与计算基础。典型行业和领域包括公共管理、商务管理、金融管理、制造业/服务业、医疗健康和开放式教育等。国内学者对于大数据在公共管理领域中的应用研究主要集中在如下方面。第一，大数据是提升国家治理能力现代化的手段，如李江静（2015）提出大数据在形成协同治理的新格局、提高民主化治理的程度、提高治理决策的科学性及推动治理结构的网络化等方面发挥着重要作用。第二，大数据可以改善社会治理，如吴湛微和禹卫华（2016）收集与分析国外"大数据社会福祉"运动案例后，总结归纳国外大数据社会治理模式的特征为：大数据开放，提高基础服务能力；大数据决策，实现科学决策；大数据沟通，改善外部环境；大数据群体智慧，弥补政府资源不足。第三，基于大数据的城市建设与城市管理，尤其是"智慧城市"的建设，宋刚等（2014）认为现代城市及其管理是一类开放的复杂巨系统，要应对其复杂性则需基于专家体系、计算机体系和数据体系来实现从定性到定量的综合集成，大数据技术将有力推动城市管理，如元胞自动机、神经网络及研讨会（seminar）式研讨厅分别在城市规划、城市运行及城市决策中的应用。李传军（2015）通过剖析大数据与智慧城市之间的关系，探讨了利用大数据技术推动智慧管理、智慧出行、智慧环境及智慧生活的方式方法。

随着大数据重要性的不断攀升，各国也纷纷出台顶层战略以加速推动大数据的应用。2012 年 3 月，美国政府发布《大数据研究和发展倡议》，正式启动"大数据发展计划"，该计划旨在通过对海量且复杂的数字资料进行收集和整理，以增强联邦政府收集海量数据及分析萃取信息的能力，提升对社会经济发展的预测能力。2014 年 5 月继续发布《大数据：把握机遇，守护价值》白皮书，集中阐释了美国大数据应用与管理的状况、政策框架和改进建议。2013 年，英国政府发布《把握数据带来的机遇：英国数据能力战略规划》，阐述英国的数据机遇、数据能力及培养数据技能的措施，确保英国在数据挖掘中的世界领先地位，为英国在信息经济中创造更多的收益。法国政府则在 2011 年 7 月启动 "Open Data Proxima Mobile" 项目，挖掘公共数据价值，并于 2013 年 2 月发布《数字化路线图》，明确了大数据是未来要大力支持的战略性高新技术。日本 IT 战略本部 2012 年 6 月发布电子政务开放数据战略草案，迈出了政府数据公开的关键性一步。2012 年 7 月日本推出《面向 2020 年的 ICT 综合战略》，提出"活跃在信息与通信技术（information and communications technology，ICT）领域的日本"的目标，重点关注大数据应用。2013 年 6 月日本政府发布了新 IT 战略——"创建最尖端 IT 国家宣言"，宣言阐述了 2013~2020 年以发展开放公共数据和大数据为核心的日本新 IT 国家战略，提出要把日本建设成为一个具有"世界最高水准的广泛运用信息产业技术的社会"。在中国政府层面，国务院于 2015 年 8 月印发了《促进大数据发展行动纲要》，提出未来 5~10 年我国大数据发展和应用要实现的目标，并提出要加大大数据关键技术研发、产业发展和人才培养力度，着力推进数据汇集和发掘，深化大数据在各行业创新应用，促进大数据产业健康发展，在未来 5~10 年打造精准治理、多方协作的社会治理新模式等。2016 年 7 月，中共中央办公厅、国务院办公厅印发《国家信息化发展战略纲要》，要求将信息化贯穿我国现代化进程始终，加快释放信息化发展的巨大潜能，以信息化驱动现代化，建设网络强国。学科组织层面，2016 年 3 月 24 日，清华大学公共安全研究中心、清华大学数据科学研究院主办了 RONG 论坛之"大数据与公共安全"专场，众多专家学者针对全球频发的群体事件、恐怖袭击和自然灾害，商讨如何开发以大数据为代表的知识与技术的广泛性应用，从而提升国家与政府应对公共安全事务时的治理能力。

需要指出的是，无论是更早期的围绕数字科技对于社会形态变革的影响的研究，还是近期围绕大数据时代社会形态的研究，都未能明确提出"智慧社会"的概念，也更多集中在技术领域而未能在更系统、更宏观的层面对社会形态的变革做出完整分析。即使如此，已有研究仍然就社会形态某一个局部领域做出了全面分析，而这主要体现在"智慧城市"的相关研究中。接下来，本章将对此类研究做进一步的文献综述。

1.2.3　智慧社会的相关理论研究

虽然"智慧社会"概念首次在中央的正式政策报告中出现，但它与"智慧城市"存在密不可分的关系，特别是智慧城市的理论研究与实践推进为建设智慧社会提供了有力支撑。事实上，在此基础上，已有学者的确已经开始对"智慧社会"的相关内容进行分析。

1. 智慧城市的研究综述

就学术史演变而言，"智慧城市"（smart city）这一概念经历了从"信息城市"（information city）到"智能城市"（intelligent city）、"数字城市"（digital city），再最终到"智慧城市"的演变过程。智慧城市这一概念发端于 20 世纪 80 年代的"信息城市"。在经历了 20 世纪 90 年代的"智能城市"与"数字城市"概念后，2000 年后逐步演化为"智慧城市"。此后，学者围绕智慧城市展开研究。在智慧城市的内涵方面，Hall 等（2000）认为智慧城市就是信息基础设施的泛在布控与集成；Nam 和 Pardo（2011）认为智慧城市包含技术、人文及制度等核心要素。在智慧城市的价值方面，O'Toole 和 Meier（2004）认为智慧城市可实现制度创新，推动社会合理、有序、低碳发展。在智慧城市建设实践的个案研究方面，Mahizhnan（1999）、Caragliu 等（2011）分别研究了新加坡和欧盟的智慧城市建设实践，提出了智慧城市对城市可持续发展的重要性。

我国"智慧城市"概念的出现及系统性研究较晚，其学术史需置于"数字城市"的研究中来考察。数字城市又称为网络城市或智能城市，2000 年后学者围绕"数字城市"的概念、框架与应用展开研究，赖明（2001）认为"数字城市"可以解决城市难题；徐晓林（2000）认为"数字城市"是城市政府管理的革命；姜爱林（2003）对我国数字城市发展中存在的问题提出政策建议。2005 年后，学者对数字城市在防震减灾以及气象灾害预警中的应用展开探索（毛夏，2005），并对数字城市治理模式进行研究（裴琳，2010）。

就当前的研究动态而言，智慧城市研究开始更多转向微观层面和机制层面。就智慧城市内涵的研究而言，不同学者从不同视角出发，丰富了已有研究。一是从城市发展阶段视角分析，认为智慧城市是城市发展的高级阶段，是城市发展的新模式和新形态（唐建荣等，2011；陈铭等，2011）；二是从信息技术视角分析，认为智慧城市是数字城市与物联网相结合的产物（李德仁，2011）；三是从参与主体视角分析，认为智慧城市是地方政府根据城市发展对政府职能的需求而做出的相应的政府行为（史璐，2011），强调通过政府、市场和社会各方力量的参与和协同实现城市公共价值塑造和独特价值创造（宋刚和邬伦，2012）。总体而言，智慧城市是通过运用物联网、云计算、大数据和空间地理信息集成等新一代信息技术，促进城市规划、建设、管理和服务智慧化的新理念和新模式。就智慧城市的功能价值的研究而言，学者大多认为智慧城市可推动城市经济转型以及公共服务和社会治理创新，提高市民的生活品质和促进人的全面发展（巫细波和杨再高，2010）。就智慧城市的建设模式而言，彭继东（2012）通过国外智慧城市建设模式的研究，探析了国内智慧城市的建设模式；许庆瑞等（2012）构建了智慧城市系统的三层四柱模型；张振刚和张小娟（2014）将智慧城市系统划分为五个维度（发展战略、社会活动、经济活动、基础支撑与城市空间）和三个层次（理念层、活动层和物理层）。就智慧城市的具体领域研究而言，学者大多认为其广泛涉及智慧交通、智慧社区和智慧政府等多个领域，如张凌云等（2012）提出了智慧旅游的基本概念，并构建了由智慧旅游的能力（capabilities）、属性（attributes）及应用（applications）三个层面组成的 CAA 框架体系；柴彦威和郭文伯（2015）、丁卓（2015）等围绕智慧交通、智慧图书馆、智慧社区展开了研究。就智慧城市的评估研究而言，主要包括梳理国外智慧城市评价的理论与实践（钱明辉和黎炜祎，2016），构建智慧城市评价模型和发展指数（郭曦榕和吴险峰，2013）。就智慧城市的应急管理研究而言，代表性文献有引入整体性治理视角研究智慧城市安全治理问题（董礼胜和崔群，2015）、在情报视角下引入熵理论开展城市智慧应急研究（李纲和李阳，2015）、基于智慧城市视角研究智慧应急管理系统（刘晓云，2013）、研究具体城市的公共安全应急管理等（赵晔炜，2014）。

在"智慧城市"研究的基础上，已有学者开始对更大范围内的"智慧社会"本身展开系统性论述。

2. 智慧社会的内涵特征与政策研究

就国外的相关研究而言，阿莱克斯·彭特兰（Alex Pentland）在《智慧社会：大数据与社会物理学》一书中，明确提出了"智慧社会"的概念，认为大数据是驱动构建智慧城市和智慧社会的基础。建立在信息技术和互联网、大数据、人工智能等科技基础之上的智慧社会，实质就是信息社会。人类社会至今已有狩猎社会、农耕社会、工业社会和信息社会等阶段，智慧社会可以视为继这些社会形态之后，在智慧城市普遍发展的基础上，不断满足人民日益增长的美好生活需要、逐步解决经济社会发展不平衡不充分的一种新型社会形态，但其也可被视为信息社会的高级阶段。Giffinger 等（2007）认为智慧社会的核心要素包括智慧经济、智慧人群、智慧治理、智慧生活、智慧流动和智慧环境等，其中，"智慧治理"更为核心。

就国内的相关研究而言，王飞跃等（2015）认为智慧社会是针对虚实互动的复杂社会空间，借助互联网、物联网及移动互联网等技术，基于大数据分析的手段，为社会成员提供一个反馈、描绘及管理社会问题的接口，有利于构建信息对等、权利平等及扁平化组织的社会结构。智慧社会管理的目标之一是实现从数据、信息知识到智慧的转变，而知识自动化则是实现这一转变的核心技术。宋刚和王连峰（2017）认为智慧社会是新网络、新数据条件下面向创新 2.0 的社会新形态。智慧社会基于"新"和"众"两个特点，即强调基于新网络和新数据环境，汇聚大众智慧和群众力量，以此激发社会活力，进而糅合人们的生活、工作和交往社会空间用以作为开放的众创空间，从而推动社会创新，同时强调协同参与，即使政府、市场和社会各方参与协同众创，推进以人为本的可持续创新，实现人民生活更加美好的愿景。

相比于"智慧社会"这一概念，有的学者还提出了"超智慧社会"。刘平（2017）认为社会 5.0（超智慧社会/supper smart society）是超越工业 4.0 及信息社会（社会 4.0）的一种新的社会发展阶段，是日本政府为应对第四次产业革命以及科技创新的迅猛发展所带来的国际竞争日趋激烈的态势，以及老龄化、劳动人口减少、资源能源紧张、环境污染、交通拥堵等经济社会发展难题而提出的一种新的经济社会发展模式。日本的社会 5.0，被视作在继狩猎社会、农耕社会、工业社会和信息社会之后，由科技创新引领社会变革而诞生的一种新型社会。这个社会虽然建立在信息化及网络化的基础之上，但与信息社会存在很大不同。

3. 智慧社会与智慧城市的关系研究

智慧社会虽然是一个全新的概念，但其不是超脱于当前现实基础的空中楼阁，而与智慧城市有着紧密的关系，两者既有联系，又有区别。两者的关系主要体现在，加快建设智慧城市将有助于智慧社会的实现，而智慧社会描绘了对智慧城市后续发展的前景，也为智慧城市的发展指明了方向。有学者认为智慧社会相较于智慧城市具有更广的内涵、更宽的范围，更加追求融合发展，更加重视"以人民为中心"[①]。学者关于智慧城市和智慧社会的关系研究主要包括以下几个方面。

一是关注的领域方面。智慧城市作为城市发展的一种新理念、新模式，主要是为了解决城镇化所带来的交通拥堵、环境污染等问题，对农村发展关注得远远不够。相较于智慧城市，智慧社会所关注的不仅是城市，还包括"三农"领域，"智慧"的生产、生活和服务不仅仅是解决城市所需，也将在农业、农村的现代化以及农民对智慧生活迫切需求的过程中发挥重要作用。智慧城市更加注重基础设施建设，而智慧社会不仅涵盖城市，还覆盖广大乡村，而且其内涵更为丰富。

---

① 《任武锋：智慧社会是智慧城市的扩展和深化》，http://m.ce.cn/bwzg/201712/11/t20171211_27194065.shtml，2017 年 12 月 11 日。

二是目标定位方面。在建设智慧城市的过程中，为了解决交通拥堵、环境污染等城市病，实现公共服务便捷化、城市管理精细化、生活环境宜居化以及产业发展智能化，各个城市不得不加快建设宽带、融合、安全与泛在的信息基础设施。智慧社会是智慧城市发展到一定程度的必然社会形态。在智慧社会中，除了有宽覆盖、高速率及安全可靠的信息基础设施，大数据、物联网、人工智能、移动互联网、云计算和区块链等先进技术之外，还必须更加坚持以人民为中心、突出人民的主体地位。通过多样化的智慧生活应用及平台，广大人民群众会享受到更好的智慧社会生活，同时允许广大群众参与共治、实现共享，为建设智慧社会贡献智慧和力量，并在此过程中拥有更多的参与感、获得感与幸福感。

三是运行机制方面。与智慧城市建设时注重打造政府、企业和居民互动机制相比，智慧社会则将这种互动机制上升为协同系统，即智慧社会更强调在科技支撑下的创新系统协同。在某种程度上，智慧社会是在政府提供智慧平台、标准的基础上，由企业、机构和居民共同打造智慧政府、智慧企业、智慧城市与智慧生活。在这个过程中，人的参与尤其重要。

四是单向与双向。这是智慧城市和智慧社会最显著的区别。智慧城市关注自上而下，以治理和服务为主，更多从政府的角度考虑问题，更多解决的是政府主导的事，如城市管理、政务审批、民生服务、生态能源、交通管理、安全应急与产业升级等，点多面广。智慧社会更加关注百姓层面。一方面，从民众的角度去开展工作，自下而上去支持、配合政府的治理，辅助政府的服务，弥补政府在人手等方面的不足。另一方面，更关注生活层面的市场化应用，在法律框架内做更多有利于推动社会发展、实现美好生活的事（胡安安等，2011）。

综上所述，智慧社会概念的提出，不仅扩充了智慧城市的外延，提升了智慧城市的内涵，还从顶层设计的角度，为经济发展、公共服务与社会治理提出了全新的要求和目标。智慧社会的影响是全方位的。智慧社会涉及社会的所有方面，包括社会经济、政府治理、公民素养、人民生活、能源环境和社会文化等领域，其目标是未来实现智能化在社会所有领域的全面渗透。因此，智慧社会与智慧城市不是包含关系，二者范围不同、内涵不同、主体不同，概念有交叉的部分，也有互为补充的部分。

1.2.4　研究评述

智慧社会作为全新的概念，其直接研究成果较少，但智慧社会与信息社会、智慧城市、大数据都有密不可分的联系，上述领域的部分研究成果为建设智慧社会提供了支撑。一方面，信息社会的相关理论为智慧社会的建设提供了建构的理论基础；另一方面，智慧城市、信息社会和大数据的研究为智慧社会的基础设施平台、智能制造平台、智慧公共服务平台与智慧电子商务平台的建设，以及智慧社会的顶层设计提供了技术支撑。

现有研究还存在一些不足。我国建设智慧社会的研究是基于中国特色社会主义进入新时代，面临新的社会主要矛盾，为满足人民对美好生活的向往而提出的。建设智慧社会应立足于新时代、新矛盾，探究中国智慧和中国方案。总的来说，现在学界关于智慧社会的研究少，且缺乏理论支撑。第一，尽管关于信息社会、智慧城市、大数据时代和创新 2.0 等领域的研究为探究如何建设智慧社会提供了理论支撑，但关于智慧社会的理论研究还不够深入，理论方法尚不成熟，技术路径尚不规范，尚未形成关于智慧社会的内涵、挑战、基础条件以及智慧社会演进的历史和现实逻辑等系统深入的理论研究体系；第二，从现有的相关成果来看，采用技术视角的研究多，从制度和技术双重维度进行的研究缺乏，且理论研究滞后于实践探索；第三，智慧社会的研究涵盖多个学科领域，不同学科的研究尚未形成统一的话语体系；第四，现有对智慧社会的研究多是停留在概念的宏观阐释和理念判断等描述性分析层面，基本不涉及建构性研究。

综合分析国内外已有研究成果，并结合建设智慧社会的现实需求，可以发现，现有研究至少在以下四个方面存在进一步探讨、发展或突破的空间。

第一，需要深入探究智慧社会的理论内涵和建设目标定位。

智慧社会提出时间较短，学界对其研究少，且缺乏理论支撑。需要从社会形态演变角度出发，深入研究智慧社会的理论内涵，包括：智慧社会与信息社会、数字社会、网络社会之间的区别和联系；智慧社会在经济、政治、文化、社会和生态等方面呈现的特征；从实现"两个一百年"奋斗目标的视角，深入研究我国建设智慧社会的目标定位，明确建设智慧社会对发展新型生产力、改进生产关系的作用，厘清建设智慧社会对全面提升"五位一体"总体布局的重要意义和价值。

第二，需要厘清智慧社会的基础条件与所面临的挑战。

现有研究中，对智慧社会建设的基础条件更多的是从单一的技术层面进行探析，缺乏制度视角下的研究。因此，需要从技术和制度两个维度出发，深入研究建设智慧社会的现实基础。关于智慧社会建设面临的挑战尚未引起学者的广泛关注，需要从数据流动、组织结构和社会权力三个方面出发，深入研究智慧社会建设过程中可能面临的各种挑战。

第三，需要明晰智慧社会的顶层设计与战略领域。

现有关于智慧社会的研究分散在智慧城市、大数据和创新 2.0 等相关领域中，研究存在分散、交叉和整合不足等问题。需要从战略高度深入研究建设智慧社会的顶层设计方案，明确智慧社会建设的重点战略领域，为智慧社会建设提供指引。

第四，需要夯实智慧社会的实现路径和制度保障。

从学理角度分析智慧城市的内涵、现实基础、面临挑战、建设目标及顶层设计是为了更好地建成满足人民群众对美好生活的需要的智慧社会，为此，深入探究建设智慧社会的实现路径，夯实建设智慧社会的制度保障措施，有助于形成建设智慧社会的中国方案。

1.3 研 究 内 容

本书的主要研究内容包括以下七个方面。

第一，"智慧社会"的理论内涵研究。

从社会形态演变的历史维度出发，沿袭"生产力发展与生产关系变革相适应"的马克思主义政治经济学理论框架，系统分析智慧社会的理论内涵，并将其与农业社会、工业社会相区分；同时，根据当前新技术进步和新业态发展的特点，将智慧社会与信息社会、数字社会和网络社会等近似概念相区别。在上述两方面的对比分析基础上，界定智慧社会的定义，明确智慧社会的核心特征，从而最终概括智慧社会的理论内涵。

第二，建设智慧社会的目标定位研究。

以解决党的十九大报告提出的社会主要矛盾为基本出发点，以开启全面建设社会主义现代化国家新征程、进入中国特色社会主义新时代为基本方向，深入研究智慧社会建设的目标定位，明确建设智慧社会对发展新型生产力、改进生产关系的重大作用，厘清建设智慧社会对全面提升物质文明、政治文明、精神文明、社会文明和生态文明的重要意义与价值。

第三，建设智慧社会的基础条件研究。

以建设智慧社会的目标定位为标准，综合考量现实基础，评估建设智慧社会的基础条件，这主要包括技术维度和制度维度两个方面。前者重在探讨建设智慧社会的技术条件，大数据、云计算、物联网和人工智能等信息技术的进步以及相关应用场景的成熟都属此列；后者重在探讨建设智慧社会的制度条件，即如何通过更合理的制度变革和结构调整来适应、引导及吸纳技术的发展与应用，政务数据的开放共享、数据安全的制度建设与数字权利的网络文化营造都属此列。需要特别指出的是，这两部分内容是相辅相成的关系。技术条件保证了建设智慧社会的潜在可行性，但技术又具有中立性，制度条件才最终决定了智慧社会建设的可能性。

第四，建设智慧社会的风险挑战研究。

智慧社会建设不是一片坦途，落后的生产关系会束缚生产力的进一步发展，而生产力的快速发展又会对尚未建立好完善的制度体系的社会成员造成巨大冲击。鉴于此，本部分将基于"个人-组织-社会"三维变革框架，系统分析建设智慧社会的风险与挑战。具体而言，个人层面的风险挑战聚焦于信息空间的复杂性与交互行为的爆炸性等方面，组织层面的风险挑战聚焦于社会关系的重构与组织机制的变革等方面，社会层面的风险挑战聚焦于权力体系的重塑与治理机制的突破等方面。

第五，建设智慧社会的顶层设计研究。

在理论分析的基础上，本书将以系统分析理论、合作治理理论、数据价值理论和社会网络理论为指导，综合运用案例分析、实证研究与定性描述等研究方法，建构性地提出智慧社会的顶层设计框架，具体包括建设主体、建设内容和建设领域三个方面。就建设主体而言，智慧社会建设需要政府、企业、公众和社会组织等多主体的共同参与，不同主体之间的协作关系是智慧社会建设是否成功的关键影响因素；就建设内容而言，智慧社会建设将涵盖社会各个方面的智慧平台系统，不同平台系统的通信协同与互联共享共同构成了智慧社会建设的重要功能单位；就建设领域而言，智慧社会建设应全面覆盖"五位一体"的整个社会形态。

第六，建设智慧社会的重点战略领域研究。

在顶层设计框架的指导下，本书将系统提出智慧社会建设的重点领域。智慧社会建设作为解决社会主要矛盾的系统性工程，其必将涵盖社会运行的多个方面，既包括支持社会运行的基本系统，又包括针对解决社会发展矛盾的不同领域。针对社会经济现状的基本特征以及公众需求的紧迫性程度，本书进一步提出首先亟须建设的重点战略领域。这又具体包括新一代信息技术推动下社会保障智慧平台的升级完善工作，新发展理念推动下以创新驱动为抓手的供给侧结构性改革，兼顾效能、确保安全的智慧社会公共安全系统建设工作等方面。

第七，建设智慧社会的实现路径研究。

围绕顶层方案和重点领域，本书进一步推进智慧社会的实现路径研究。智慧社会建设路径是对智慧社会建设模式的具体实施，是对智慧社会顶层设计方案、任务书和路线等的贯彻落实，是有关智慧社会构想的具体化和现实化。实现路径涉及智慧社会建设的环节、步骤、方式、方法、措施和进程等多方面内容，是智慧社会建设取得实效的必经之路。智慧社会建设路径的选择包含价值判断因素。在实施过程中，智慧社会要立足理念，瞄准目标，倡导个性，尊重差异，努力探索有中国特色的智慧社会建设之路。

综上，本书的研究内容可归纳为四个部分（图 1-1）：①智慧社会的理论内涵和建设目标定位研究；②智慧社会建设的基础条件及治理挑战研究；③建设智慧社会的顶层设计与战略领域研究；④建设智慧社会的实现路径与制度保障研究。其中，第一部分从新型生产力和生产关系出发，深入研究建设智慧社会的目标定位，提出具体的建设目标；第二部分通过深入分析现有基础和未来发展，厘清建设智慧社会的条件和可能的风险；第三部分从经济、政治、文化、社会和生态五个方面的智慧化要求出发，研究顶层设计方案和重点战略领域，提出具体的建设内容；第四部分以新型要素供给和新型组织关系为主线，深入研究建设智慧社会的实现路径和制度保障，给出推进智慧社会建设的具体方案。

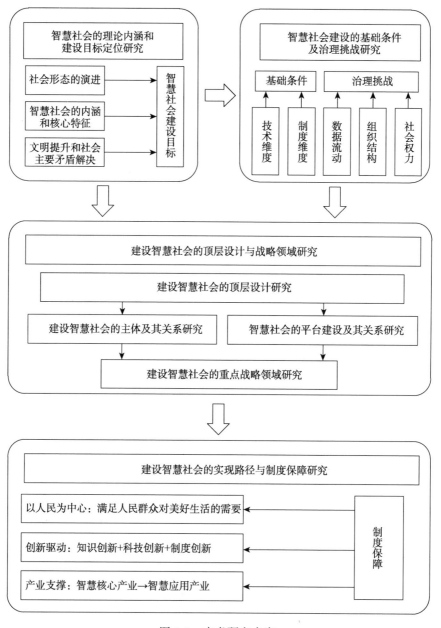

图 1-1 本书研究内容

上述内容与本书各章节的对应关系如下：第一部分"智慧社会的理论内涵和建设目标定位研究"对应第 2 章"建设智慧社会的理论基础与体系建构"；第二部分"智慧社会建设的基础条件及治理挑战研究"对应第 3 章"国外建设智慧社会的实践经验与借鉴"和第 4 章"我国建设智慧社会的现有基础和风险挑战"；第三部分"建设智慧社会的顶层设计与战略领域研究"对应第 5 章"建设智慧社会顶层设计的方法论"、第 6 章"建设智慧社会的总体框架"和第 7 章"建设智慧社会的内容框架、总体目标和重点任务"；第四部分"建设智慧社会的实现路径与制度保障研究"对应第 8 章"智慧社会建设的实现思路"和第 9 章"智慧社会建设核心领域的实现路径"。

1.4 研究思路、研究方法与技术路线

1.4.1 研究思路

本书始终坚持以党的十九大精神为引领，将十九大报告精神融入研究过程中，建设具有中国特色的智慧社会。大数据、云计算、物联网、移动互联网和人工智能等新一代信息技术广泛而深入的应用不仅提升了社会生产力，也变革了社会生产关系，社会主要矛盾已转变为人民日益增长的美好生活需要和不平衡不充分的发展之间的矛盾。因此，智慧社会的建设应以人民为中心，着眼解决社会主要矛盾，从而推动我国物质、精神、政治、社会和生态文明的显著提升。为了高水平、高质量地建设智慧社会，我们需要研究一系列重要的问题：什么是智慧社会？建设智慧社会的目的是什么？我国建设智慧社会的基础条件有哪些？建设智慧社会过程中将面临哪些挑战？如何从顶层设计的角度着手构建智慧社会建设的框架体系？建设智慧社会的实施路径是什么？如何保障智慧社会建设的顺利实施？这一系列的问题可归纳为建设智慧社会研究的四个方面：是什么、缺什么、建什么及怎么建。基于上述分析，本书始终围绕"生产力→生产关系""是什么→缺什么→建什么→怎么建"两条主线展开研究，具有理论上和逻辑上的科学性。

据此，本书将依据目标导向、现状概括以及问题解决的研究视角开展研究。首先，以目标导向为研究视角，从宏观角度把握智慧社会的基本内涵和建设智慧社会的目标定位；其次，以现状概括的视角，进行国际比较和现状梳理，了解我国建设智慧社会的初始条件和面临的挑战；最后，以问题解决为研究视角，开展我国智慧社会建设的顶层设计和战略领域研究，以及相应的路径选择和制度保障研究。具体分析如下：①目标导向的研究视角。本书以目标为导向，通过文献研究和政策文本分析，厘清人类社会形态的演变历史和智慧社会的本质特征，分析

我国建设智慧社会的物质、精神、政治、社会和生态等方面的目标定位，从而有助于我们更好地理解智慧社会以及建设智慧社会的必要性与重要性。②现状概括的研究视角。目标确定之后就应该进行对标，通过文献分析和典型案例剖析，梳理我国建设智慧社会的初始状态和目标状态之间存在的差距，同时明确智慧社会建设过程中可能存在的一系列挑战，以便于做好应对的准备。③问题解决的研究视角。本书基于问题解决的研究视角，设计智慧社会建设的顶层方案和重点战略领域以及可操作化的实施路径和保障措施。

综上所述，本书着眼于解决我国智慧社会建设的理论与实践两方面的问题。为此，本书以"提出问题到分析问题再到解决问题"的思路展开研究。首先，在提出问题阶段，回答智慧社会"是什么"的问题。由此，以探讨智慧社会的理论内涵和建设目标定位为目的，在理论上清楚地界定什么是智慧社会，并通过文献梳理分析从现有社会形态演进到智慧社会的历史和现实逻辑是什么，继而提出建设智慧社会的目标定位。对此，本书围绕智慧社会的相关议题，又分成三个专题分别进行探讨，它们分别是社会形态的演进和智慧社会的内涵、智慧社会的核心特征分析及智慧社会建设的目标定位研究。

其次，在分析问题阶段，深入剖析建设智慧社会的现实基础以及建设过程中可能面临的挑战，进而回答建设智慧社会"缺什么"的问题。为此，从"技术-制度"二元结构着手，分析智慧社会实现所需的基础性条件，并进一步研究此类条件在个人数据获取、社会组织结构与社会权力体系等领域带来深刻变化的情境下进而诱发的社会治理挑战。因此，本书围绕智慧社会建设的技术维度及其基础条件、智慧社会建设的制度维度及其基础条件、个人-组织-社会三维框架下的治理挑战等三个方面研究在智慧社会建设与发展进程中传统社会治理向创新型社会治理转变的条件与挑战。

最后，在解决问题阶段，结合智慧社会建设目标、现实基础以及可能面临的挑战，深入研究建设智慧社会的顶层设计方案、战略领域、路径选择和制度保障。对此，按照需求现状分析、关系机制探索及系统结构设计的思路，从智慧社会建设的顶层设计入手，关注智慧社会建设的顶层设计方法与过程，分析智慧社会建设参与主体的行为模式与多元关系以及智慧社会的多元平台及其数据互联与协同建设关系，并重点对智慧社会建设的战略领域进行研究，进而回答智慧社会建设"建什么"的问题。在此基础上，围绕建设智慧社会的路径选择和制度保障开展研究，进而回答智慧社会建设"怎么建"的问题。一方面，根据建设智慧社会的顶层设计方案，结合智慧社会建设目标、现实基础和面临的挑战，深入研究建设智慧社会的路径选择，包括以人为本、创新驱动和产业支撑等方面；另一方面，针对建设智慧社会的路径选择，深入研究建设智慧社会的制度保障措施，包括认知、组织体系、政策法规、标准规范、资金和人员等方面。

1.4.2　研究方法

本书针对不同类型、不同层次和不同内容的研究问题,选取适合的研究方法,注重采取跨学科的应用社会科学研究方法进行研究。具体来讲,本书主要应用文献研究法、政策文本分析法、调查与实证研究法及比较分析法等研究方法开展研究。

1. 文献研究法

文献研究法是指通过查阅并研究相关书籍、学术期刊和网络资料中的研究成果,形成对事实科学认识的方法。本书利用中国知网、万方、Web of Science 等数据库,搜索与智慧社会相关的文献资料,并查阅已出版的社会形态演变与智慧社会建设的相关书籍,掌握与社会形态变迁、科技变革和社会治理有关的学科观点和理论,为本书的研究工作提供了文献学术基础。在文献梳理的基础上,进一步运用理论研究方法,对智慧社会的内涵目标、基础条件、治理挑战、顶层设计、战略领域和实现路径等内容进行逻辑分析。

2. 政策文本分析法

政策文件是政府处理公共事务的真实反映和行为印迹,对数字治理、智慧城市和智慧社会等信息社会建设相关的政策文件进行科学化的分析将有助于挖掘出隐藏在政策文件背后的知识规律与政治含义,这对建设智慧社会相关研究具有重要的实践指导。在数据时代的背景下,政府信息公开广度和深度不断延伸,统计学、计量学与数据可视化在社会科学研究领域中的应用与拓展不断加强。本书通过对近年来国内出台的与智慧社会相关的政策文本进行研究分析,摸清我国智慧社会建设的提出背景、发展现状与演变趋势,探索智慧社会的本质特征和目标定位。例如,从微观层面,利用政策内容量化分析方法(关键词提取、频次计算和关键词聚类等)明晰智慧社会相关政策的意图;从宏观层面,利用政策文件计量(如主题词变迁、政策参照关系、政策发文机构网络分析与政策扩散网络分析等方法)了解政策演进规律、探析政策扩散路径、预判政策发展趋势。

3. 调查与实证研究法

首先是问卷调查法,指调查者采用统一设计的问卷向被选定的调查对象了解情况或征询意见的调查方法。问卷调查是以书面提出问题的方式搜集资料的一种研究方法,是调查者将所要研究的问题编制成问题表格,以邮寄方式、当面作答或者追踪访问方式填答,从而了解被试对象对某一现象或问题的看法和意见的一种研究方法。本书利用抽样调查问卷方法,在第二部分中,对中国典型城市智慧社会建设的初始条件和民众对智慧社会的基本认知进行调查;在第三部分中，对建设智慧社会的主体参与意愿的现状、智慧社会平台建设的技术与社会需求、建设智慧社会战略领域的现状与需求进行调查分析等；在第四部分中，对建设智慧社会的现实路径进行调查分析。

同时，本书还采用了个案研究和无结构访谈两种方法。从适用范围来看，个案研究和无结构访谈都适合于进行深入的研究。本书选取国内已先行开展智慧城市建设的有关城市进行个案研究，通过对该个案涉及的政策文本、实施绩效的收集整理和对相关执行人员的深度访谈，了解智慧社会建设过程中的成败经验，从而为后续的理论总结和顶层设计奠定基础。

在实证研究方面，在第三部分中，对建设智慧社会的主体参与动机进行探索，对平台建设的数据互联互通关系与协同建设关系进行理论构建与验证，对智慧社会战略领域建设机制进行研究；在第四部分中，对信息化与工业化深度融合的评价指标体系、建设智慧社会的政策协同、智慧社会建设绩效评估进行实证分析。

4. 比较分析法

比较分析法是把客观事物加以比较，从而认识事物的本质和规律，并做出正确评价的方法。通常是把两个相互联系的指标数据进行比较，展示和说明研究对象水平的高低以及各种关系是否协调。比较分析中，选择合适的对比标准是十分关键的步骤，选择合适，才能做出客观的评价。

（1）横向比较。横向比较是指对同类的不同对象在统一标准下进行比较的方法。横向比较方法按调研目的确定比较基准和分类属性。本书将通过分析世界各国建设智慧社会的政策措施和制度保障，借鉴和吸收美国、英国、新加坡和日本等的智慧社会建设的经验，从而更清楚地了解我国智慧社会建设的基础条件和与目标状态的差距。

（2）纵向比较。纵向比较是指对同一事物在不同时间里的发展变化进行比较的研究方法。本书将对我国相关城市开展智慧社会建设前后的社会治理效果进行比较，从而总结出建设过程中的成败经验，并为后续的顶层设计和路径规划奠定基础。

1.4.3　技术路线

本书的技术路线见图 1-2。

首先，研究"智慧社会是什么"，即智慧社会的理论内涵和建设目标定位研究。该部分主要是理论研究，围绕智慧社会的相关议题，分析从农业社会、工业社会到信息社会的演进以及相关已有文献对智慧社会的界定，研究智慧社会与相关概念的关系以及智慧社会的定义，介绍智慧社会的核心特征，进行智慧社会建设的目标定位研究。

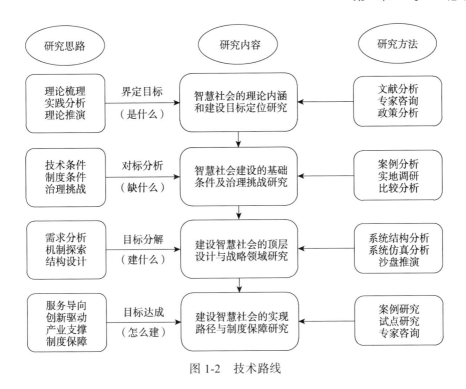

图 1-2　技术路线

其次，研究"为什么建设智慧社会"，即智慧社会建设的基础条件及治理挑战研究。该部分在"技术-制度"二元结构下探索智慧社会实现所需的基础性条件，并进一步研究在此类条件给个人数据获取、社会组织结构与社会权力体系等领域带来深刻变化的情境下，社会治理将被诱发出何种挑战。

再次，研究"智慧社会建设什么内容"，即建设智慧社会的顶层设计与战略领域研究。该部分在现实基础和治理挑战的分析基础上，围绕智慧社会建设的顶层设计需求和设计内容，研究智慧社会建设的顶层设计构成和组织要素的关系，重点研究建设智慧社会的主体及其关系、智慧社会的平台建设及其关系。

最后，研究"如何建设智慧社会"，即建设智慧社会的实现路径与制度保障研究。该部分在前文关于智慧社会的理论研究和框架平台研究的基础上，研究智慧社会建设的路径，包括以人民为中心的服务导向路径、创新驱动路径和产业支撑路径。同时，制度保障将解决如何更好地建设智慧社会的问题及保障智慧社会建设思路的顺利实施，其包括法律法规、政策体系、规划方案、体制机制、标准规范、评价体系等。

1.5　研　究　目　标

第一，构建智慧社会建设的中国理论体系，为相关研究提供重要的思想性基础。

（1）厘清人类社会形态变迁的历史规律与发展趋势，从人的需求与科学技术耦合式演进的历史视角，认识与研究智慧社会建设与发展的历史意义和战略前景。

（2）立足中国情景，以中国发展新的历史方位为指引、以解决社会主要矛盾和满足人民日益增长的美好生活需要为目标，从实现中华民族伟大复兴的历史高度，深入研究当前中国智慧社会建设的短期、中期与长期的目标和任务。

（3）聚焦人类社会演进与中国现实情境，梳理中国当前建设智慧城市的深刻内涵、目标定位、现实基础、内容框架和保障体系，构建起智慧社会建设的中国理论体系，为相关研究提供重要基础。

第二，设计建设智慧社会的系统性顶层方案，为国家战略性规划提供决策参考。

（1）从系统论和机制设计理论出发，对智慧社会这一复杂性系统进行顶层设计，设计政府、企业、公众和社会力量间激励相容的协同机制，对经济、技术、文化和人文生态等多个子系统展开战略规划，对设计机理、平台和方法展开系统安排。

（2）聚焦社会运行、经济发展、社会保障与生态环境等重点战略领域，结合现实基础和可能面临的挑战，为国家制定智慧社会专项战略规划以及地方政府落实和推进智慧社会建设提供方案性决策参考。

第三，规划智慧社会的具体实现路径，为实践应用开展提供对策性支持。

（1）从以人为本、创新驱动与产业支撑等方面全面研究建设智慧社会的具体实现路径，为国家和地方政府深入推动智慧社会建设的实践应用提供可操作、针对性强的对策支持。

（2）深入研究保障智慧社会得以顺利建设与发展的制度体系，从法律、制度和政策等方面全面构建智慧社会应用实践得以顺利展开的制度化保障，为一系列相关制度建设与配套设计对策性方案。

1.6　研究价值与创新点

1.6.1　研究价值

1. 学术价值

相对于已有研究，本书在拓展问题边界、完善理论体系、阐述十九大精神等方面具有一定特色。

一是以"社会形态演变"为纵向时间维度、以"五位一体"总体布局为横向议题范围，拓展智慧社会的研究边界。智慧社会的已有研究往往与"数字社会""信息社会"等概念联系在一起，聚焦于建立在数字科技基础上的数字化、信息化乃至智能化等社会形态。这样的研究边界划分虽然突出了"智慧社会"的技术基础，但在很大程度上限制了研究深度的挖掘和研究范围的扩大。"智慧社会"不仅仅是基于数字科技（互联网、大数据、云计算和人工智能等）而将物理空间数字化、信息化与智能化，其事实上代表着更高级的社会形态。正因为此，我们不仅要从"农业社会—工业社会—信息社会—智能社会"这样的社会形态演变视角开展研究，同时也要从"五位一体"总体布局（经济建设、政治建设、文化建设、社会建设、生态文明建设）的整体议题视角拓展智慧社会的研究边界。本书即在此方面具有突出特色。

二是以"生产力进步导致生产关系变革"为理论基点，充实、完善智慧社会的理论体系。智慧社会的相关研究以偏重描述的"未来学派"和偏重机制解释的"技术学派"为主，这虽然在一定程度上提炼了理论命题，但并未形成系统化、体系化的理论框架，尤其欠缺扎实的政治经济学理论基础。"智慧社会"本身不仅蕴含着技术变革以及在此基础上的新业态变革，还意味着包括行为、理念和法律等在内的诸多社会关系的变迁。正因为此，充实、完善智慧社会的理论体系，不仅有利于在理论上回答"生产力进步导致生产关系变革"进程中的诸多重大问题，还有利于指导实践，从而更清晰地把握智慧社会的内在逻辑与发展轨迹。

2. 现实意义

一是阐述十九大精神，引领智慧社会建设，突出中国方案和中国特色。十九大对中国特色社会主义进行了新的历史定位，提出中国特色社会主义已经进入新时代，同时指出我国社会主要矛盾已经发生根本性变化。"智慧社会"作为十九大报告的关键词之一，理应被置于"新时代"和"主要矛盾"的总体框架下加以理解。正因为此，本书围绕智慧社会理论体系的阐释，将根植于十九大报告精神，将智慧社会建设与十九大报告的主线相联系，确保以十九大精神引领智慧社会建设。同时，智慧社会建设在国内外均无先例，本书以十九大精神为主旨展开对智慧社会的理论研究，重点突出中国方案和中国特色，这具有非常强的实践指导意义。

二是以智慧城市建设经验为依托，探索智慧社会的实现路径与政策体系，为国家战略规划和实践应用提供决策服务。本书指出，"智慧社会"超越了一般意义上的"智慧城市"与"智慧治理"等概念，涵盖多维度、多层次的社会形态的全面变革。就中国实践而言，智慧社会自然涵盖城乡两个区域；就发展规律而言，又体现了明显的城市辐射效应。正因为此，成渝作为"全国统筹城乡综合配套改革试验区"和"国家中心城市"的改革焦点地区，其自然成为智慧社会建设先行先试的改革"良田"。2007年6月，国家发展和改革委员会批准重庆和成都设立全国统筹城乡综合配套改革试验区，旨在形成统筹城乡发展的体制机制，促进城乡经济社会协调发展。2016年4月，国家发展和改革委员会与住房和城乡建设部印发《成渝城市群发展规划》，同时把成都和重庆定位为国家中心城市，旨在通过国家中心城市建设提升城市的区域影响力、带动区域发展、推进制度创新与提供示范作用。本书结合成渝地区的已有改革经验，探索智慧城市建设在地方实践中可能的模式和路径，从而为未来的制度推广提供改革经验。

1.6.2 研究创新点

1. 以党的报告精神为指导，系统构建"智慧社会"的理论体系

党的十九大报告与二十大报告精神作为引领中国各项改革事业不断进步的主要思想指导，为智慧社会建设指明了方向，确立了目标。本书充分挖掘十九大报告精神的丰富内涵，在"中国特色社会主义新时代"这一历史定位与"人民日益增长的美好生活需要和不平衡不充分的发展之间的矛盾"这一主要矛盾的基础上，系统建构"智慧社会"的理论体系，并由此在全球尚未出现其他范例可供参考的情况下，提出中国方案和体现中国特色。

2. 明确"智慧社会"的基本内涵与实现路径

"智慧社会"是信息社会的高级阶段，其具体体现为泛在化、智能化的社会形态，以及在技术、经济、组织、文化和制度等多个领域的智慧化转型。建设智慧社会的基础条件可概括为技术维度和制度维度两个方面。前者重在探讨建设智慧社会的技术条件，后者重在探讨建设智慧社会的制度条件，即如何以更合理的制度变革和结构调整来适应、引导、吸纳技术的发展与应用。本书对于"智慧社会"基本内涵与实现路径的讨论和分析，兼具了理论创新意义和实践指导意义。

3. 以智慧城市建设经验为基础，明确智慧社会建设的地方实践路径

智慧社会建设需要以地方试验作为突破口，在顶层设计形成之后明确地方实践路径。成渝地区同时作为"统筹城乡综合配套改革试验区"和"国家中心城市"，对于探索中国特色的智慧社会建设具有极强的改革"试验田"意义。已有改革经验可供充分挖掘、参考，后续改革方案更可"先行先试"。本书充分结合地域优势，挖掘成渝改革经验，进一步充实智慧社会建设的理论内涵。

| 第 2 章
CHAPTER 2 | 建设智慧社会的理论基础
与体系建构 |

智慧社会建设的顶层设计作为规范性研究的属性，在客观上要求形成完备的理论体系和理论框架，以在理论逻辑上形成自洽。本章将围绕此目标，首先在理论上界定智慧社会的基本概念、基本内涵与基本内容，以指导后续各章的展开和分析。

建设智慧社会既是时代发展到一定阶段的必然趋势，也是针对社会发展需求的必然回应。在探索智慧社会建设顶层设计与实现路径的过程中，以下六个问题的提出与回答至关重要。①智慧社会建设的背景：智慧社会建设的必要性和重要性是什么，为什么其是历史发展的趋势？②智慧社会建设的基础：在承认必要性和重要性的基础上，建设智慧社会为何成为可能，当前是否具备建设智慧社会的理论条件？③智慧社会建设的目标：在历史背景和建设基础具备的情况下，智慧社会建设应向何处去？④智慧社会建设的内涵：在明确目标与内涵的基础上，智慧社会建设应如何落实？⑤智慧社会建设的关系：在明确目标与内涵的基础上，智慧社会建设应处理何种关键关系？⑥智慧社会建设的结构：在明确目标与内涵的基础上，智慧社会建设应构建何种社会结构？

上述六个问题事实上又可以分为三个部分：智慧社会建设的背景与基础、智慧社会建设的目标与内涵、智慧社会建设的实施。围绕上述问题的探索，就构成了指导智慧社会建设顶层设计与实现路径的基本理论框架。

2.1　社会形态的发展与智慧社会建设的理论基础

智慧社会建设的背景与基础围绕两个关键问题展开：一方面，其需要回答智慧社会建设的必要性和重要性，即为什么智慧社会建设就是历史发展的趋势；另一方面，其需要回答智慧社会建设的基础和条件，即为什么当前我们就具备了建设智慧社会的能力。前者可从社会形态演进角度回答，而后者则需要探索智慧社会建设的理论沿袭。

2.1.1 社会形态的发展

社会技术形态视角下的人类社会是从狩猎社会开始，逐步过渡到游牧社会的，并逐渐在三次技术革命的洗礼下走向农业社会、工业社会和信息社会的高阶形态。栽种和蓄养技术的成熟使人们可以借助畜力劳作，并由此引发了农业革命；机器的发明使得生产力水平又一次大幅度飞跃，进而引发了工业革命；而在信息革命中，信息科技正在以计算机和网络为核心，对数据、信息和知识进行利用，使社会生产力水平迈上了新的台阶。从农业社会到工业社会再到信息社会的过程中，生产力水平的逐步变迁成为其核心特征。与此同时，社会生产关系也随之变得更加复杂和多元（鲁品越，2018），如表 2-1 所示。

表 2-1　三种社会形态的比较

构成要素		农业社会	工业社会	信息社会
生产力	人力	以人的体力为主：采用经验传授方式	以人的体力和脑力为主：采取技术和经验培训方式	以智力要素为主：采取现代化教育体系、专业化培训体系方式
	物力	主要包括牲畜、土地	主要包括机器、资本	主要包括数据、信息、知识
	科技	主要包括畜禽养殖技术和种植技术	主要包括蒸汽技术和电力技术	主要包括计算机、网络等技术
	生产过程的联系方式和管理方式	实行个体工场手工生产：管理活动大多简单	采用大规模、批量化生产：开始采用科学管理方式	实行柔性化、定制化生产：采用系统化管理方式
生产关系	劳动价值关系	维系于家庭、家族和皇权	维系于商品市场	维系于商品市场和金融市场
	经济权利关系	所有权、交易权和分配权都相对较为简单	所有权、交易权和分配权比较复杂	所有权、交易权和分配权极为复杂
	经济利益关系	竞争和合作现象较为少见	竞争和合作现象有所增加，开始出现较多的资本垄断	竞争和合作现象逐渐常态化，且逐渐呈现复杂化趋势，出现了较多的技术垄断
	民间礼俗关系	以血缘关系为基础生成社会交换模式	以城市空间为基础生成社会交换模式	以网络空间与现实空间相互融合为背景，社会交换模式发生转变

马克思认为随着生产力和生产资料的变化，社会生产关系也会出现变化。以体力为主和用经验传授获取技能是农业社会人力要素方面的主要生产力特征；而工业社会生产力的发展同时依赖于体力和脑力，技能的传授可借助新出现的规范

化的技术及经验培训；到了信息社会，现代化教育体系和专业的培训体系已经出现，智力要素扮演着越来越重要的角色。牲畜和土地并称为农业社会两大物力要素；工业社会中，除了土地和牲畜两大要素之外，更以机器与资本作为其主要物力要素；而在生产力水平更高的信息社会，数据、信息和知识构成了最主要的物力要素。农业社会的科技主要有种植和畜养技术；工业社会的两大技术标志体现在电力和蒸汽革命的出现上；信息技术在信息社会出现后便开始飞速发展。从生产过程的联系方式和管理方式的角度考察，农业社会中的管理往往比较简单，主要采用个体工场进行手工生产；科学管理和大规模、批量化的生产方式在工业社会中被较多采用；柔性化和定制化生产则在信息社会开始为人们所关注，系统化管理在信息系统的辅助下得到了广泛应用（孙伟平，2010）。

　　社会形态转变过程中，生产关系方面也发生了一定变化。在劳动价值关系方面，家庭、家族和皇权是农业社会中劳动价值的核心；工业社会中劳动价值则由商品之间的交换来构成；商品市场和金融市场中同时体现劳动价值的现象则出现在信息社会中。从经济权利的视角来看，所有权、交易权和分配权在农业社会中相对简单，在工业社会中较为复杂，到了信息社会中则变得高度复杂。从经济利益角度看，竞争和合作现象在农业社会向工业社会转型的过程中从较为少见到逐渐增多，并开始出现了较多的资本垄断；信息社会中的竞争和合作现象是非常多的，且相互关系极为复杂，技术垄断也较多。民间礼俗视角下，社会交换模式以血缘关系为基础，构成了农业社会的主要礼俗关系；工业社会的社会交换模式则建立在城市空间的基础之上，其受到网络和现实之间融合的影响后而产生变化，成为信息社会的交换模式（汤志伟和张会平，2014）。

2.1.2　信息社会的发展趋势

　　伴随云计算、物联网和大数据等新一代信息技术的快速发展，对事物的属性进行全面描述，对其运动进行全程记录成为可能，社会拥有的数据量在急剧增加；另外，随着数据挖掘、人工智能和大数据分析等数据分析技术的持续进步，数据处理、变化和分析功能也愈渐强大，其分析结果在辅助人们加强世界认识和现实改造方面的作用日渐凸显（杨晓波等，2017）。新一代信息技术正在催生基于机器的智能制造，全面提升社会生产力水平；同时，社会组织也在发生着深刻变革，管理模式正在调整和转型，并且影响政治、经济和文化等各个方面。

　　1. 装备智能化，更加需要人的创造力

　　伴随装备日益智能化，机器的生产加工能力和判断思考能力都会进一步增强。许多学者普遍认为，人工智能和第四次工业革命关系密切，即前者的出现和广泛应用促进了第四次工业革命的加速到来和全面推进（薛澜和张慧勇，2017）。人类将更少被禁锢在重复性、规则化的活动中，人的首要选择变成了创造性活动（王天恩，2018）。以大数据、人工智能为代表的新一代技术不仅会提升人类活动效率和质量，而且会替代人类活动，替代的数量将远远大于传统信息技术所带来的替代数量。

2. 科技战略化，更加需要原创性创新

科技被认为是国家强大兴盛的坚实基础，创新则为民族发展前进注入精神之魂。在我们向着实现伟大复兴的奋斗目标前进的过程中，必须牢牢把握住第四次工业革命给产业转型升级、智慧经济发展壮大带来的千载难逢的历史性发展契机。大数据、人工智能与传统农业、工业、服务业深度融合将逐步形成新的生态系统，这一系统将成为国家综合竞争力最为重要的组成成分。对一个国家而言，原创性创新直接影响其在全球范围内的科技竞争能力。有自主可控权的原创性创新是无法通过金钱"买"到的，也不能通过任何资源来换取。因此，应当把科技创新置于更加重要的位置，大力实施创新驱动发展战略，为原创性创新培育沃土（王天恩，2018）。

3. 生产动态化，更加需要前瞻性管理

伴随生产线的智能化水平越来越高，生产要素的配置方式将从以消费为中心实现逆向的生产要素整合，同时实现基于精准感知的信息平台动态化组织生产过程，并且生产的动态化程度将越来越高。生产过程和组织方式的动态化，势必需要更加前瞻性的管理，需要建立来源丰富、数量庞大的大数据平台，运用更加先进的大数据分析技术和深度学习算法，对原材料、车间、资金、人力、技术和市场等要素实施更为深入、复杂和灵敏的计算分析，在决策之前生成更加精准的方案预测和比较结果。同时，扁平化、网络化及去中心化加速的企业组织方式也要求更加前瞻性的管理决策。

4. 价值数量化，更加依赖透明性权属

数据的广泛采集、开放共享让人们对自身劳动价值的感知更加具体和明确，信息不对称的藩篱将会不断地被突破。例如，对于相同行业、相同城市和相同职位的薪酬数量将逐步透明化；对于参加相同项目、推出相同产品与提供相同服务的收入状况也将越来越容易掌握和分析。因此，就生产资料的所有权和使用权而言，其权利归属关系更加需要被清晰界定。尤其是数据的权属关系将变得至关重要，在很多产品和服务的生产与提供过程中，消费者会直接参与数据的供给。没有消费者的数据生产，很多产品和服务将会失去存在和发展的前提。明确数据权属是很多产品和服务创新的基础，包括公共产品和服务。

5. 利益多元化，更加依赖可信任交易

众筹、众包、众智、分享经济和共享平台等新型商业和服务模式的涌现，将使相关主体的利益关系日益复杂化；同一主体将会涉及众多的商业模式、公共服务，利益将日趋多元化。对于任何商业模式而言，交易的可信任将变得至关重要；同时，由于大型网络商用平台的发展和成熟，它们自身也将促进形成可信任的交易空间，吸引更多的消费者涌入其中。对于政府而言，需要突破行业和平台之间的限制，在整个社会层面建立可信任的交易空间，确保相关主体能够在这一空间中方便实现利益表达、利益分配与利益争取。

6. 交往虚拟化，更加依赖多空间融合

诸多技术创新形成的物理空间、网络空间以及人类自身的生物空间，将会给人类交往带来新的难以预料的生命体验，将会更加虚拟化，让人们在现实与幻想之中自由切换，体验到以前体验不到的感受。对于任何一个个体而言，需要在多空间中转换，享受技术带来的全新体验。对于这个社会而言，新一代信息技术与文化融合的深度将会进一步提升，越来越能够探索到每个生命个体的文化感受和需求；通过技术创新与平台搭建生成更加丰富、多元和个性化的文化产品及服务，用于鼓励每个人去探寻独特的生活乐趣和内在意义。

7. 治理全球化，更加需要价值共同体

目前，在全世界范围内配置生产资源及消费市场，是数据互通和万物互联格局下的必然选择。尽管目前逆全球化有所抬头，但是长远来看开放不可阻挡。"一带一路"倡议得到世界大部分国家的响应和支持就是一个例证。在世界范围内建立互信互惠与相互激励的价值体系和规则体系，实现国内治理走向全球治理的宏愿，要求全球相关人士共同努力，打造全新的生态和价值共同体。

2.1.3 智慧社会建设的技术理论基础和社会科学理论基础

智慧社会是建立在信息技术发展与应用基础上的社会形态。因而，相关的理论基础主要体现在技术理论和社会科学理论两个层面。

1. 智慧社会建设的技术理论基础

就信息理论而言，主要的发展轨迹体现了从系统论、控制论、信息论（老三论）到耗散论、协同论、突变论（新三论）的演变。在当下这个快速发展的时代，信息作为重要的关键词之一，其地位不言而喻，在人类漫长的社会发展历程中留下了深深的烙印，成为人类生活中必不可少的一部分。物质、能量和信息被哲学家与科学家普遍认为是支撑物质世界的三大中坚力量，人类社会依靠这三大核心要素得以生存和持续发展。其中，信息作为关键要素之一，具有普遍性、可传递性、存储性、再生性、共享性和时效性等特有属性，其促进人类在认识世界和改造世界上更进一步。围绕信息生成、处理与应用等全生命过程的探索，以及在此基础上所构成的社会形态的分析，便构成了从老三论到新三论的核心议题。无论是老三论还是新三论，都试图寻找横跨不同领域、不同学科的统一方法论，其所提出的理论观点不仅适用于自然科学领域，还适用于社会科学领域。

系统论是把系统当作研究对象的基础理论，其核心贡献在于提出了系统性的思维方式和研究方法。系统论的重点是对具有差异的系统的关系和属性进行识别和厘清，对其活动的相关规律予以揭示和说明，并对系统的各种理论和方法进行深入探究与讨论。就系统论的观点来看，所有系统都具有共同特征，这既是系统的基本思想，又是系统的分析方法所要遵循的基本原则。随着系统论的不断发展，其也从自然科学和工程技术领域逐渐转移至社会科学领域，并成为后者的基本方法。

与系统论对于整体视角的强调不同，控制论和信息论更多注意到在整体之下系统的微观机制及运行机理。控制论的诞生是建立在数学、物理学、生命科学和计算机科学等多学科的融合发展基础上的，生命科学提出的"稳态"概念标志着控制论雏形的形成。在控制论视角下，无论是自然科学领域，还是社会科学领域，其都具有相似性，任何系统都可被视为吸收信息（或能量）并通过反馈机制实现稳态的过程。在对于此种过程的描述中，控制论与信息论建立了密不可分的联系。在系统论的视角下，要实现控制就需要具备信息这一重要的基础前提，要达到控制的目的，信息的传递这一环节不可或缺，同时，控制的实现还必须借助于信息的反馈。对于社会科学而言，控制论和信息论对于"稳态"和"信息"的强调同样适用，并有助于指导本书对于智慧社会顶层设计的探索。

系统论、控制论和信息论构成了三个基础性的思想与方法，但这仍然不足以支撑横跨人类社会不同领域的统一理论框架，而20世纪六七十年代陆续提出的耗散论、协同论和突变论则对此做了进一步的推进，它们都可被视为系统论之下的衍生与细化。耗散论聚焦的仍然是跨学科领域的自然现象和社会现象，其试图探索相关机理、条件与规律：系统如何从混沌走向有序。耗散论的核心观点是，对于一个非平衡态的开放系统，如果外界环境不断变化，当其外界条件的变化达到一个特定的值，也就是临界点的时候，系统可通过涨落发生突变，即非平衡相变，依赖于与外界进行物质和能量交换，实现从无序到有序状态的转变。不同于控制论对于绝对稳态的追求，耗散论的创新之处在于其认为在非平衡状态的条件下，系统能够进行转变，从无序到有序，实现这一过程的前提条件包括开放系统、远离平衡态等。协同论关注系统内部各部分之间的协同作用，其本质上揭示了不同子系统在相变时所可能具有的共同规律。正因为此,不同子系统在一定条件下的协同才有可能。在耗散论和协同论的框架中,都假设了不确定状态的必然存在,或者说偏离平衡态的可能性,这也正是讨论远离平衡或者初始无序状态走向有序的起点,但耗散论和协同论没有指出这种不确定性或偏离平衡态的原因,这由突变论来完成。突变论认为突变是普遍存在的,而这些突变的事件往往造成重大影响和后果。对于突变论来说,核心概念是"临界点",重心在于其建立系统的临界点模型。

系统论、控制论、信息论,以及耗散论、协同论和突变论都试图通过分析类比,寻找共同规律,理解不同学科、不同系统和运动现象如何从无序转向有序。它们认为无论是自然系统中的激光、生物,还是社会系统中的工厂、农村或个人,尽管所属性质不同,但在探究机制时,其从无序转向有序却是类似的,甚至是相同的。本书以信息技术的发展以及相应形成的新业态为基础,探索未来智慧社会建设的顶层设计,本质上正是要寻找横跨自然科学和社会科学领域,适用于不同系统的统一的理论框架。正是因为有这些理论作为基础,我们对于智慧社会建设的探索才具备了坚实的条件。

2. 智慧社会建设的社会科学理论基础

智慧社会建设的另一大理论支柱来自社会科学,这又尤其体现为不同学者对于数字技术推动社会变革的考量与探索。从理论发展的历史沿袭来看,"智慧社会"发轫于 20 世纪六七十年代左右,成长于数字科技发展大背景下。在《美国的知识生产与分配》这一著作中,美国学者马克卢普率先提出了新概念"信息社会"(Machlup,1972)。随后在未来学家尼葛洛庞帝等的努力下,演变成"大数据时代"、"数字社会"与"零边际成本社会"等。上述观点仅仅在技术层面刻画,未能深入分析"智慧社会"的生产组织模式。曼纽尔·卡斯特(2009)以静态结构作为维度,把"网络社会"概念作为突破口,但仍然对生产要素、组织模式和治理结构等要点予以回避。还有学者在"学习型社会"、"后资本主义社会"和"知识社会"等主题的研究中做出了有益探索。彼得·德鲁克指出,"知识的运用与创造"成为提振经济的动力源泉,而非"资本",因此"知识社会"从本质上来讲是"后资本主义社会"(Drucker,1993)。其在《后资本主义社会》一书中对什么是"知识社会"这一问题做出了回答。后来,彼得·德鲁克的观点被经济学家索罗发现并提出了基于技术和知识的内生增长理论。索罗和彼得·德鲁克的观点都是在以计算机和网络为代表的信息技术革命的背景下提出的。正是在这样的背景下,"知识"在经济增长中的推动作用才展露出来。此外,如何通过对"知识"这一要素的协调组织来推动生产进步,是急需解决的关键问题。"学习型社会"和"后福特主义"主张从实践中学习,强调分工和合作,认为应当实行动态生产, 二者讨论了当下社会形态的组织模式和生产特点, "开源组织" 和 "开放创新" 则以其 "开放性" 的理论特点从另一个角度响应了这个话题。不难看出, "信息社会" 和 "数字社会" 等概念的出现, 对于 "智慧社会" 的面貌刻画有一定贡献, 然而并没有触及 "智慧社会" 的要义, 即没有对智慧社会中生产组织模式及要素进行深入讨论。对此, 彼得·德鲁克的 "知识社会" 对 "智慧社会" 的内在逻辑进行了完整的阐释, 构成了 "智慧社会" 的又一理论基石。

图 2-1 对本节的相关阐述进行了总结, 回答了智慧社会建设背景和理论基础这两大问题。由此不难发现, 智慧社会建设是在数字技术推动下社会形态演进到当前程度的必然趋势, 已有研究在技术理论和社会科学理论方面的探讨都为此准备了条件。

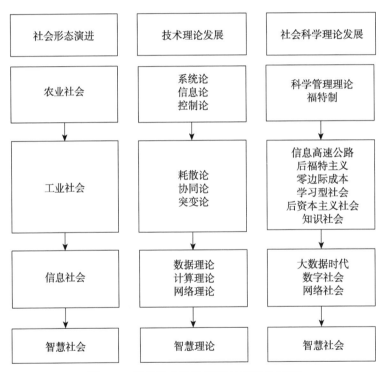

图 2-1　智慧社会建设的背景和理论基础

2.2　智慧社会的内涵与核心特征

2.2.1　智慧社会的内涵

近年来, 共享经济、数字经济和平台经济等新业态的出现和加速变革有赖于大数据、云计算、区块链、人工智能等新一代技术的飞速发展。"智慧社会" 的概念应运而生，出现在十九大报告中，并作为报告关键概念之一而备受关注。例如，汪玉凯认为，"智慧社会"是一种基于数字科技的发展与应用，如大数据和人工智能技术，形成的高度智能化和自动的社会形态（郝宏伟，2017）。该理解虽有一定合理之处，但忽视了宏观制度创新而过于强调技术层面。建设智慧社会仅仅强调单一层面的技术逻辑是不够的，如何创新构建制度体系和推动规范层面的观念变革这一类问题也应当被放在重要位置，并纳入考虑和讨论范围内。哈贝马斯认为认知与科技意识的结构和道德与实践意识的结构共同构成发展的知识基础。福柯指出，技术是政治行动者，而非工具或达到目的手段，手段和目的两者不可截然分离。其实，上述两位学者提出的两个方面，不仅适用于推动智慧社会建设，也是推动新兴技术和业态发展的客观要求。所以，尼葛洛庞帝在 20 多年前所提出来的"数字化生存"不适用于"智慧社会"议题，如何通过数字科技改变生活并非我们面临和所要探讨的问题。我们要思索和解决的是如何进行制度层面的改革，构建新的社会形态，形成新的生产关系以适应全新的生产力发展需求。

具体而言，本书认为，智慧社会的内涵可被解释为：在信息技术快速发展引发社会变革的时代背景下，通过激发全社会创造力和汇聚发展合力，实现创新驱动发展，提升国家治理体系和治理能力现代化，解决发展不平衡不均衡的主要矛盾，以最终实现人民对美好生活的向往。

2.2.2　智慧社会的核心特征

本书从"知识社会"、"学习型社会"、"后资本主义社会"与"后工业社会"等相关研究中获得了一些有益启示。本书认为"智慧社会"作为适应"知识经济"生产力发展要求的社会形态，创新性、包容性和开放性是其三个显著特征。

区别于农业社会和工业社会，智慧社会建设更多依赖于人的创造力。人的创造力可具体表现和演化为信息和知识等形式。"边际报酬递减"更加适用于土地和资本等传统的生产要素（Unger et al.，2017），而对于边际成本几乎为零的知识的适用性大大下降。"创新"在智慧社会形成规律上的本质变化是其适用性下降的更重要原因。区别于农业社会和工业社会中的"间断性"创新，即以产品或工具创新为主的技术创新在改善生产力时，作用范围很有限，且会随着产出增加而逐渐丧失优势，迫使人们不断寻求新的技术突破，智慧社会中的创新是已有成就的累进，拥有"连续性"的特点。这得益于创新载体从产品、工具等实物载体转换成知识本身，即更高水平的知识积累能更容易获取更多知识，从而维持和提高现有生产力。所以，智慧社会应具备的特点是"连续的创新"和"边际报酬递增"。

"包容性"与"开放性"两大特点分别从国内各主体关系和国际各主体关系的角度对智慧社会的生产关系进行了调整和要求。包容性的内涵不仅通过再分配实现社会公平，还强调通过金融、教育和产业等领域的改革为个体提供平等的机会以参与到经济活动中。既要实现社会层面的合作与技术扩散，又要实现经济层面的共享收益和平等获取。所以，"政府数据开放"与增强人民获得感和幸福感的政策拥有相同的本质，都是为了实现智慧社会的包容性。社会各主体在开放的政府数据获取途径中按需获取数据并利用，才能真正释放数据的价值。

另外，Barlow（1996）在其具有标志性意义的著作 *A Declaration of the Independence of Cyberspace* 中指出，分散的网络结构使得基于地理界限的国家主权与互联网之间有一种"天然"的排斥。智慧社会以互联网为基础，为了适应时代的发展同样要求跨越国界。值得注意的是，全球性问题的解决呈现出逐步依赖国际合作的趋势。因此，互惠互利的"公地喜剧"效应成了继"（直接或间接）网络效应"（即网络价值随着网络规模的增大而增大）之外，智慧社会要求开放的另一原因。开放合作的阻碍因素将对各国的收益造成不利影响，也会阻碍"公地喜剧"的形成。

智慧社会具备创新性、包容性和开放性这三个核心特征。究其原因，则在于这三个核心特征是在对"知识经济"生产模式进行归纳的基础上所得出的与此相适应的社会关系的总结。其也因此是"知识经济"发展的必然要求，是解决"知识经济作为最先进生产力与既有治理体系作为旧生产关系之间的冲突"的必然路径。

2.3　智慧社会建设的体系建构

2.3.1　习近平关于智慧社会建设的论述

在党的十八届三中全会中审议通过的《中共中央关于全面深化改革若干重大问题的决定》指出了全面深化改革的指导思想、目标任务和重大原则。2017 年 10 月，习近平在十九大报告中指出，"坚持全面深化改革"[①]。智慧社会建设作为全面深化改革的一部分，自然应该紧密结合这一时代背景与时代要求。

中国正处于高速信息化的背景中：截至 2020 年 3 月，网民规模已达 9.04 亿，互联网普及率已经位于全球平均水平和欧亚的平均水平之上，达到了 64.5%[②]。如今，移动支付、共享经济和电子商务等新兴经济模式正在向世界亮出三张崭新的中国名片；在移动互联网、大数据和人工智能等方面取得不断突破；社会治理和政府管理正在以"互联网+"为特征的国家发展规划下发生前所未有的深刻变革。

---

① 《习近平：决胜全面建成小康社会 夺取新时代中国特色社会主义伟大胜利——在中国共产党第十九次全国代表大会上的报告》，http://www.gov.cn/zhuanti/2017-10/27/content_5234876.htm，2017 年 10 月 27 日。

② 《第 45 次中国互联网络发展状况统计报告》，http://www.cac.gov.cn/2020-04/27/c_1589535470378587.htm，2020 年 4 月 28 日。

这一切都表明，信息科学技术正以惊人的速度发展。然而，随之而来的治理挑战也困扰着决策者：网络中的各类犯罪活动干扰着网络空间正常秩序，信息社会发展成果在"数字鸿沟"的阻碍下难以得到共享，受制于部分核心技术，我国信息社会持续稳定发展的基础与保障受到不利影响，与此同时，全球治理体制机制在全球互联网络空间中不同治理理念、网络霸权、持续内在冲突等的影响下，需要不断调整甚至重新建构。

面对这样的机遇与挑战，习近平近年来高度重视信息技术快速发展所引发的社会变革，并提出了一系列的指导思想，发表了一系列的重要讲话。系统梳理和深入研究习近平的相关论述，分析信息革命背景下的基本内涵和基本要求，对于构建智慧社会体系顶层设计具有重大导向意义。

2014 年 2 月，中央网络安全和信息化领导小组召开了第一次会议，习近平在会议上表示，"信息化和经济全球化相互促进，互联网已经融入社会生活方方面面，深刻改变了人们的生产和生活方式"①。在信息技术飞速发展之下，大力推进信息化建设成为一种必然和基础，信息技术革命更加强调个体行为、产业组织和制度变革的各个方面的创新，而不仅仅是从工具层面看待信息技术革命。同时，信息技术大变革对社会形态产生了深刻而全面的影响，具体而言，技术、组织、行为和制度四个方面互相接洽，形成了一套严密的体系。技术层面强调以关键技术突破和网络基建为重点的信息技术的发展；组织层面聚焦于经济模式、政治模式和社会治理模式的变革与调整，即集体行为及其组织现象；行为层面强调以网络空间行为规制与引导为重点的个体行为及其外部影响；制度层面则涉及包括国家内部制度变革和全球治理体制变革在内的规则体系的架构。

1. 技术层面习近平论述智慧社会建设

中国在新一轮信息技术革命特别是移动互联网迅速发展的背景下成为数字时代中世界经济的重要角色，这可归结于国内宽松的市场环境和庞大的市场规模。面对新一轮信息技术革命所提供的历史性机遇，我国争取先发优势，正在进行赶超发展甚至转换思路实现跨越式发展。与此同时，这也对信息化建设在核心技术突破和普惠性发展方面进一步提出了客观要求。目前，我国在自主创新的核心技术研发方面仍然有所欠缺，并且鉴于新一轮技术革命存在开放创新的内在特性与规律，诸多普惠性发展措施，如完善基础设施、共享发展成果等也同样是建设智慧社会亟待解决的重要问题。习近平非常重视科技进步与推广，基于这一挑战与机遇，将论述重点放在突破自主核心技术和完善互联网基础设施上。

---

① 《中央网络安全和信息化领导小组第一次会议召开》，http://www.gov.cn/ldhd/2014-02/27/content_2625036.htm，2014 年 2 月 27 日。

在突破自主核心技术方面，习近平在 2016 年 4 月网络安全和信息化工作座谈会上提出了"尽快在核心技术上取得突破"①的要求。2016 年 10 月就"实施网络强国战略"进行的中共中央政治局集体学习中，习近平进一步强调了"要紧紧牵住核心技术自主创新这个'牛鼻子'，抓紧突破网络发展的前沿技术和具有国际竞争力的关键核心技术，加快推进国产自主可控替代计划，构建安全可控的信息技术体系"②。

在完善互联网基础设施方面，习近平在第二届世界互联网大会开幕式上指出要"加快全球网络基础设施建设，促进互联互通""让互联网发展成果惠及 13 亿多中国人民"③。

2. 行为层面习近平论述智慧社会建设

20 世纪末期，有一部分持网络自由主义观点的人认为网络空间应该摆脱现有法律规制，建立自治的"互联网乌托邦"。然而，层出不穷的网络犯罪证明了网络法律监管的必要性，新的控制行为所具备的潜在影响力也为网络空间中新的权力结构所佐证。

习近平曾就防控网络犯罪和建设网络文明展开了详细的论述，也曾精辟地论述过自由与秩序的关系，指出了二者之间是目的与保障的关系，强调自由和秩序的并驾齐驱。

2015 年 9 月，习近平接受了美国《华尔街日报》的书面采访，其间对网络犯罪的防控工作提出了主张，指出"互联网作为 20 世纪最伟大的发明之一，把世界变成了'地球村'，深刻改变着人们的生产生活，有力推动着社会发展，具有高度全球化的特性。但是，这块'新疆域'不是'法外之地'，同样要讲法治，同样要维护国家主权、安全、发展利益"④。并且，习近平在第二届世界互联网大会开幕式上呼吁"各国应该共同努力，防范和反对利用网络空间进行的恐怖、淫秽、贩毒、洗钱、赌博等犯罪活动"③。

在网络文明建设方面，习近平在网络安全和信息化工作座谈会上的讲话中指出"网络空间是亿万民众共同的精神家园。网络空间天朗气清、生态良好，符合

①《习近平：在网络安全和信息化工作座谈会上的讲话》，http://www.gov.cn/xinwen/2016-04/25/content_5067705.htm，2016 年 4 月 25 日。

②《中共中央政治局就实施网络强国战略进行第三十六次集体学习》，http://www.gov.cn/xinwen/2016-10/09/content_5116444.htm，2016 年 10 月 9 日。

③《习近平在第二届世界互联网大会开幕式上的讲话（全文）》，http://www.xinhuanet.com/politics/2015-12/16/c_1117481089.htm，2015 年 12 月 16 日。

④《习近平九论互联网：互联网不是"法外之地"》，https://news.cnr.cn/native/gd/20151012/t20151012_520116611.shtml，2015 年 10 月 12 日。

人民利益""我们要本着对社会负责、对人民负责的态度,依法加强网络空间治理,加强网络内容建设,做强网上正面宣传,培育积极健康、向上向善的网络文化,用社会主义核心价值观和人类优秀文明成果滋养人心、滋养社会,做到正能量充沛、主旋律高昂,为广大网民特别是青少年营造一个风清气正的网络空间"[1]。

同时,习近平也指出"要发挥网络传播互动、体验、分享的优势,听民意、惠民生、解民忧,凝聚社会共识"[2]。因此在网络建设中,党政领导干部需要包容和耐心,体现对善意的互联网监督的欢迎态度,对于社会各界的意见和建议要认真学习和吸纳。

3. 组织层面习近平论述智慧社会建设

在信息化建设中,对经济发展模式、政府组织模式和社会治理模式进行改革优化和完善建构,是信息革命在革除旧模式和推动生产力进步时所要遵循的路径。唯有做到这一点,生产关系和生产力、上层建筑和经济基础才能更好地相互适应,达到解放和提高生产力的目标。

中共中央政治局于 2016 年就"实施网络强国战略"进行了集体学习。习近平在其间指出,"以信息化培育新动能,用新动能推动新发展""推动互联网和实体经济深度融合,加快传统产业数字化、智能化,做大做强数字经济,拓展经济发展新空间"[2]。习近平强调,"大力发展核心技术,加强关键信息基础设施安全保障,完善网络治理体系"[2]。

在社会治理领域,习近平认为信息化建设应当瞄准"社会治理精准化、公共服务高效化"[2]这一目标。不论是社会治理模式还是政府监管形式,都逐渐呈现出由单向管理走向双向互动、由单一主体走向协同合作的态势,且在此过程中,线上线下融合的特征日渐明显。此外,还要进一步推进公共服务均等化、普惠化、便捷化水平。

4. 制度层面习近平论述智慧社会建设

国内制度变革与重构和全球范围内的治理体制变革共同构成了智慧社会的制度层面建设。网络空间成为人类新活动领域的同时,强烈呼唤制度建设。

习近平多次强调,"要坚持促进发展和依法管理相统一,既大力培育人工智能、物联网、下一代通信网络等新技术新应用,又积极利用法律法规和标准规范

---

① 《习近平:在网络安全和信息化工作座谈会上的讲话》,http://www.gov.cn/xinwen/2016-04/25/content_5067705.htm,2016 年 4 月 25 日。

② 《中共中央政治局就实施网络强国战略进行第三十六次集体学习》,https://www.gov.cn/xinwen/2016-10/09/content_5116444.htm,2016 年 10 月 9 日。

引导新技术应用"①。与此同时，在信息革命让世界变成了"地球村"的同时，也产生了相应的治理困境。因此，构建和平、安全、开放、合作的"网络空间命运共同体"的愿景，需要对制度体系进行变革甚至重构。

2014 年 7 月，习近平在巴西国会演讲时提出，要"共同构建和平、安全、开放、合作的网络空间，建立多边、民主、透明的国际互联网治理体系"②；在 2015 年 12 月第二届世界互联网大会开幕式上，倡导"促进开放合作""促进共同繁荣""坚持多边参与、多方参与""共同构建网络空间命运共同体"③。

2.3.2　智慧社会建设的三对基本关系

1. 数字与物理

建设智慧社会要妥善把握好"数字"与"物理"这一对基本关系。信息技术的发展改变了社会形态，这种改变既包含了作为独立社会空间的网络空间，即数字世界的形成，也包括了线上线下融合后新的空间的形成。由此自然引发对于"数字"与"物理"二者关系的基本考量。具体而言，"数字（世界）"与"物理（世界）"是一对矛盾统一体，两者既相互区别，又相互联系。

一方面，数字世界与物理世界具有差异性，前者的组成单位是比特，后者的组成单位是原子。比特和原子分别是在网络世界和现实世界中的最小单位；二者在重量、易复制性和价值计量方面也有所不同，比特没有重量、容易复制且价值随着使用人数的增加而不断增长，原子则有重量、不易复制且价值和使用人数之间呈反向关系。二者的较大分殊还体现在其构成的虚拟世界与现实世界上：比特所构成的是电子世界、无形世界、信息世界，原子所构成的则是物理世界、有形世界、事物世界；前者资源丰富而后者资源稀缺；前者是相对自由的世界，后者是有较多羁绊和限制的世界。由于这样的差异性，数字世界与物理世界的运行规则也存在较大不同。物理世界力图控制数字世界，极力通过技术、法律、权力、市场、道德、教育等，将现实社会的行为规范、价值理念、权力结构、社会秩序强加给网络世界或向网络世界渗透；而数字世界虽然源于现实世界但又受制于现实世界，同时它也相对独立并可对物理世界产生一定的反作用。

另一方面，数字世界与物理世界之间又存在紧密联系。数字世界是以现实为

①《习近平对国家网络安全宣传周作出重要指示》，https://www.gov.cn/xinwen/2019-09/16/content_5430185.htm?tdsourcetag=s_pcqq_aiomsg，2019 年 9 月 16 日。

②《习近平在巴西国会的演讲（全文）》，http://www.gov.cn/xinwen/2014-07/17/content_2719171.htm，2014 年 7 月 17 日。

③《习近平在第二届世界互联网大会开幕式上的讲话（全文）》，http://www.xinhuanet.com/politics/2015-12/16/c_1117481089.htm，2015 年 12 月 16 日。

根基的，与现实具有同源性；虚拟同时又是对现实的折射、延伸和超越，是人的主观能动性的反映。有学者将"数字"形式概括为三种：对实存事物的数字化、对现实超越性的数字化、对现实背离的数字化。无论是哪种形式的数字化，都是以现实为根基的，都不可能偏离现实太远，都是对现实的反映或超越。就运行规则而言，数字世界是延伸于现实社会而非完全独立于现实社会的，是对现实社会的"重塑"、"再造"和"虚拟"，是现实社会的"显微镜"、"望远镜"和"放大镜"。人类对自身存在方式的探索，其现实性在某种意义上比虚拟性更为根本。作为人类社会系统中的一个部分和现实中人类互动的特殊场域，网络社会是归属于人类社会的特定活动空间。更重要的，数字世界与物理世界之间存在相互转化、相互影响的关系。例如，网民往往利用互联网的匿名性、跨时空性、廉洁性等特性和放大机制进行网络表达、动员与传播，但网民并不仅仅满足于虚拟参与，其往往在线下进行频繁互动，尤其是当网络政治参与没有获得及时回应的时候，就会引发猛烈的线上舆情，甚至线下行动。数字世界与物理世界的自由转换，使得网络事件的随机性与不确定性显著增强，相应地也大大增加了网络治理的难度。

2. 自由与秩序

"自由"与"秩序"作为一组对立面，具有统一和斗争的矛盾规律，是人类社会的两大价值追求。两者既有区别和张力，又有联系与引力。自由与限制并存，二者不可截然分割。20 世纪末，以约翰·巴洛发表的《网络空间独立宣言》为典型代表，早期的网络自由主义者将网络空间看作绝对自由新领地，工业世界的政府对网络空间的任何干预都将遭到其强烈拒斥，认为物质世界的政府与法律并不通行于网络空间，"隶属于过去的你们，不要干涉我们的自由。我们不欢迎你们，我们聚集的地方，你们不享有主权"这一思想固然体现了互联网追求自由、开放、多元、共享的理念，也是促进网络发展的活力、动力及人的创造力的基础；但若不对这种自由加以适当控制，则会扰乱正常的信息与社会秩序，危害他人的自由与权利，侵犯公共利益。

因此，在保护网民自由表达的同时也要防范打击不良现象，维护网络秩序。不能假借自由之名扰乱公共秩序，也不能托词公共利益而压制网民正当表达，力求实现作为社会核心价值的自由与作为社会基础价值的秩序之间的动态平衡，实现"依法保障公民言论自由，规范互联网信息传播秩序"的网络管理目标，防止"一放就乱，一乱就统，一统就死"的恶性循环的发生，在自由与秩序之间建立一种富有弹性的张力。

3. 治理与管理

治理理论在互联网崛起的过程中变得逐渐流行，扁平化的网络结构、透明的数据信息等使治理主体参与公共事务的门槛降低，多元主体参与治理变得更加可能。但制度主义认为技术只是决定制度变迁的众多因素之一，在智慧社会的建设中，基于科层制的传统管理体制机制依然有重要作用。所以，必须正确理解"治理"与"管理"之间的关系，并对此进行妥善处理。

目前中国网络管理的管制色彩相对浓厚，有传统媒体时代的管理方式的影子，如严格的技术、行政和法律手段等，对网络政治参与进行管控，较好地维护了网络空间的基本秩序。但是，也存在对网民的权利性规定不足、对网络自由参与和表达权利重视不够、对网络政治表达的尺度把握不准、对技术的滥用缺乏必要警惕、对网络民意的吸纳不够充分等弊端，管理方式显得刚性有余而柔性不足。对于这一问题，有学者认为，中国对网络信息表达与交换的法律监管总的来说是比较严格的。为了保证法律法规在互联网领域贯彻落实，相关部门花费了大量资源。然而，在对网络信息严加约束和控制的过程中，本不完善的言论环境和言论保护机制是否会因此而受到压制和损害呢？这是一个值得思考的问题。智慧社会中相关制度建设需要把平衡权力与权利、目的与手段、服务与治理、自由与秩序、政府与社会的关系，遵循适度原则作为重要考量，以促进网络政治参与朝着健康有序的方向发展。

2.3.3　智慧社会建设的总体目标

基于以上分析，本书对于智慧社会的构建，主要体现为三个维度：层次、议题与领域。

就层次而言，借鉴互联网治理相关研究中的层次理论，同时紧密结合习近平对于智慧社会相关问题的论述结构，本书提出智慧社会顶层框架设计应从技术、行为、组织和制度这四个层次成体系地展开。

就议题而言，主要参考智慧社会形态下三对基本关系的论述，本书提出智慧社会顶层框架设计的相关议题都可置于"发展"与"规制"维度之下。"发展"议题涉及如何更好地释放信息技术推动下的生产力变革潜力，而"规制"则更多考虑伴随变化过程而出现的治理风险与挑战。

就领域而言，主要参考当前国家政策的相关论述，且考虑智慧社会涵盖的国家建设的方方面面，本书拟从经济、社会、政治、文化和生态这五个方面系统性总结智慧社会建设的顶层框架。

基于上述总结，形成以下构建框架，如图 2-2 所示。

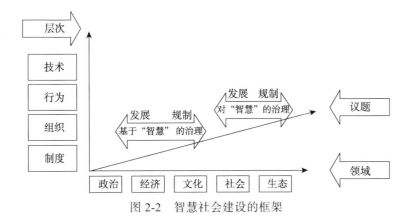

图 2-2　智慧社会建设的框架

2.3.4　智慧社会建设的体系框架

探索智慧社会建设的目标是研究智慧社会的必要切入点，厘清智慧社会的建设目标有助于我们更好地理解智慧社会以及建设智慧社会的必要性与重要性。

智慧社会是人类社会发展历程中的一次全方位、系统性变革，智慧社会建设的总体目标是在充分发挥新技术支撑作用的基础上，通过激发全社会创造力、汇聚发展合力，推进社会制度创新和社会形态重构，形成适应新的生产力发展要求的生产关系，从而解决社会发展不平衡不充分的主要矛盾，最终实现人们对美好生活的向往。智慧社会的具体建设目标是构建一个物质文明、精神文明、政治文明、社会文明、生态文明全面协调发展的社会（图 2-3）。

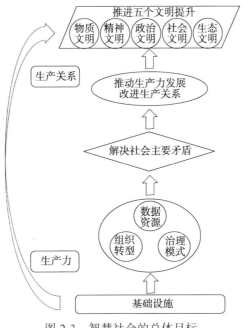

图 2-3　智慧社会的总体目标

　　智慧社会建设的体系框架事实上可以回到本章开头所提出的六个问题，即对于智慧社会建设的背景、基础、目标、内涵、关系和结构这六大部分的探讨与分析。上文内容分别对此做出了概述，由此形成了如图 2-4 所示的整体结构。

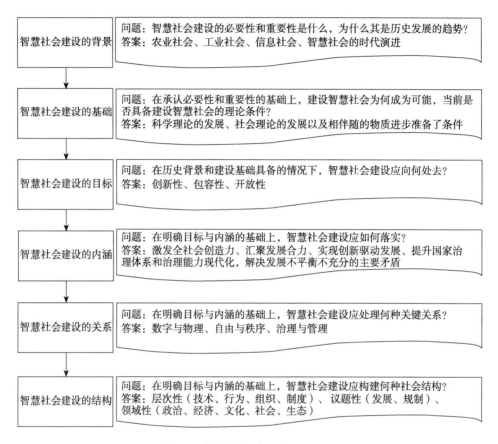

图 2-4　智慧社会建设的理论问题

　　需要注意的是，这六大问题并非相互独立的局部性问题，而是体现了整体性和系统性。智慧社会建设的时代背景点明了必要性和重要性，技术理论和社会科学理论的演进为智慧社会建设准备了条件。在此基础上，我们便有可能开始探讨智慧社会建设的目标和内涵，而目标和内涵之间相互促进、相互影响的关系也使之成为一个整体，并贯穿智慧社会建设始终。理论的探讨最终需要落实到具体实践，对于智慧社会内部根本关系及其结构的讨论，是指导智慧社会建设具体实践过程的重要遵循。由此，我们把六大问题整合在一起，进而构成了智慧社会建设的体系框架（图 2-5）。本书将沿袭这一体系框架，在后文中展开进一步的探讨。

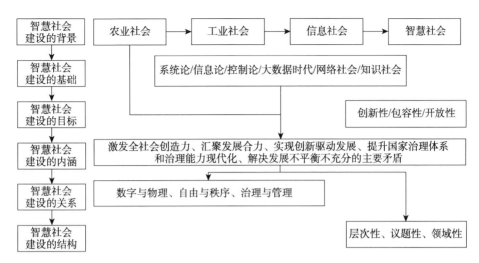

图 2-5　智慧社会建设的体系框架

<table>
<tr><td>第 3 章
CHAPTER 3</td><td>国外建设智慧社会的实践
经验与借鉴</td></tr>
</table>

从全球范围看，建设智慧社会已成为综合国力竞争的重要手段，关系着各个国家在未来一段时间内的发展趋势。国外多个国家均已意识到建设智慧社会的重要性，将建设智慧社会上升到国家战略层面，它们在建设智慧社会层面的实践与教训可为我国智慧社会建设提供借鉴，故而对国外智慧社会建设的实践经验展开梳理和探讨具有重要现实意义。基于此，本章以英国、美国、新加坡及日本等的智慧社会建设实践作为典型案例，从目标、技术、领域及实现机制四个方面对这些国家建设智慧社会的实践经验做出深入剖析，继而探讨国外智慧社会建设的经验启示，以期为我国智慧社会建设提供借鉴。

3.1 国外建设智慧社会的分析框架

智慧社会是在信息技术快速发展从而引发社会变革的时代背景下，通过激发全社会创造力、汇聚发展合力，实现创新驱动发展、提升国家治理体系和治理能力现代化，解决发展不平衡不充分的主要矛盾，以最终实现人民对美好生活的向往。从智慧社会的定义中可以看到智慧社会主要由一系列要素构建而成，其中主要包含目标、技术、领域及实现机制等要素，目标是对建设智慧社会总的统摄，从理念上对智慧社会建设做出勾勒；技术是建设智慧社会的硬支撑，充分彰显出智慧色彩；领域是建设智慧社会的内容板块，主要涉及从哪些方面入手建设智慧社会；实现机制是连接技术与领域的中间变量，技术只有在合适的实现机制衔接下才能实现与领域的充分结合，从而充分释放出技术红利，实现政策制定者的初衷。因此，本章主要从目标、技术、领域及实现机制四个方面出发对国外建设智慧社会的实践进行探讨（图 3-1）。

图 3-1　国外智慧社会建设经验的分析框架

3.2　数字英国

为了保证英国在数字经济建设上居于世界领先地位，英国实施了建设"世界数字之都"的策略，并推出许多有关数字建设的战略。这些数字战略体系共分为三个方向：方向一，为提升政府综合服务能力而制定的数字化政府战略；方向二，为确保英国科技水平位居领先地位而制定的数字经济战略；方向三，以满足公民日益增长的需求为核心的智慧城市战略（闫德利，2018）。并且，在新技术的研发、应用与监管领域，英国十分重视人工智能和机器人等技术的发展，以满足公众需求。从全球范围来看，英国在数字革命浪潮中走在世界前列，深入研究数字英国的经验做法，对推进我国智慧社会的建设具有借鉴意义。

3.2.1　目标

数字英国建设呈现出阶段性发展特征，大致可以划分为三个阶段，每个阶段内的目标具有差异性，需要分阶段地区别对待数字英国建设目标。

一是数字英国的建设奠基期（2009~2011 年）。2009 年英国政府为探索数字化建设，先后颁布了《迈向第一线：更聪明的政府》、"数字英国"计划和《数字英国实施计划》等政策。在奠基阶段，数字英国的核心理念是大力发展数字经济，主要内容涉及数字化建设的方方面面，包括数字基础设施、数字化能力和数字经济与法律的规章制度的建设。

二是数字英国的全面发展期（2012~2016 年）。在此期间，为了积极探索政府、经济和城市的数字化转型，英国政府颁布了一些政策，涉及领域包括开放政府、数字经济、数字政府和智慧城市。此外，全面发展期重视政府数据开放领域建设，并突出数字化发展同规制并行的重要性，同时还需要关注城市管理服务中对新兴信息通信技术的运用，以促进数字经济、数字政府、智慧城市和智慧民生全面发展。

三是数字英国的跃升期（2017 年至今）。在新技术革命以及英国脱欧的双重背景下，随着大数据的不断发展以及人工智能技术和工业 4.0 的推进，英国旨在推进社会转型，以确保其持续保持世界科技领域的领先地位的指导方针。英国在2017 年分别颁布了《政府转型战略（2017—2020）》、《英国数字化战略》和《产业振兴战略》绿皮书，以推进数字英国建设向全面和纵深发展。该阶段强调数字人才培养、数字治理、共享平台建设，同时还要注意人工智能领域及机器人技术的应用，并加以必要的监管，目标是满足公众的高质量需求。

3.2.2　技术

数字英国建设在技术上主要依托于互联网技术，其在以互联网为代表的新兴技术基础上发展数字政府和数字经济，同时在互联网技术发展日渐成熟的基础上，又开启了数据思维和人工智能思维，大数据技术与人工智能技术开始登上数字英国建设的舞台，数字英国进入了以互联网、大数据和人工智能等技术充分结合的时代，将互联网、大数据和人工智能等新一代信息技术充分运用到国家建设的众多领域中。

3.2.3　领域

英国数字战略关联的领域主要通过政策体系予以调控，从既有政策体系中可以发现数字英国建设主要涵盖数字政府、智慧城市、数字经济和智慧民生等领域，见表 3-1。

表 3-1　英国智慧社会的政策体系

政策类型	政策领域	具体政策	发布机构
宏观政策		数字英国	商业、创新和技能部，文化、媒体和体育部
		英国数字化战略	文化、媒体和体育部
中观政策	数字政府	迈向第一线：更聪明的政府	财政部
		开放政府伙伴关系英国国家行动计划 2011—2013	内阁办公室
		开放数据白皮书：释放潜能	商业、创新和技能部
		政府数字战略	内阁办公室
		开放政府伙伴关系英国国家行动计划 2013—2015	内阁办公室
		抓住数据机遇：英国数据能力策略	内阁办公室
		G8 开放数据宪章：英国行动计划	内阁办公室
		英国开放数据路线图 2015	英国开放数据研究所
		政府数字包容战略	内阁办公室、政府数字服务机构
		"数字政府即平台"计划	内阁办公室
		英国开放政府国家行动计划 2016—2018	内阁办公室
		政府转型战略（2017—2020）	内阁办公室、政府数字服务机构

续表

政策类型	政策领域	具体政策	发布机构
中观政策	智慧城市	未来城市计划	英国政府科学办公室
	数字经济	数字经济法案	英国议会
		数字英国实施计划	商业、创新和技能部，文化、媒体和体育部
		数字经济法（2010）	英国议会
		促进增长的创新和研究战略	商业、创新和技能部
		信息经济战略	英国政府
		我们的增长计划：科学和创新	英国政府
		数字经济战略（2015—2018）	英国技术战略委员会
		数字经济法（2017）	英国议会
		《产业振兴战略》绿皮书	商业、能源和工业战略部
		产业战略：建设适应未来的英国	商业、能源和工业战略部
		英国人工智能产业发展报告	商业、能源和工业战略部，数字、文化、传媒与体育部
		数字技能合作伙伴	数字、文化、传媒与体育部
		数字宪章	数字、文化、传媒与体育部
微观政策	智慧民生	地方政府的智慧医疗、智慧交通、智慧养老等行动计划；各地区智慧城市计划	

（1）宏观政策。2007~2009 年金融风暴席卷全球，英国在此危机期间颁布了《数字英国》；2017 年英国脱欧悬而未决，英国政府颁布了《英国数字化战略》，主张将数字化战略作为重要的手段来应对风险挑战以及重构国家竞争力，从而系统推进数字英国的建设。英国两大国家战略的背景及内容如下。

"数字英国"项目启动于 2008 年 10 月，主要目的是应对国际金融危机，防范在经济方面受到冲击从而造成重大影响，这是英国提出《数字英国》的时代背景和主要内容。为了促进英国经济可持续和稳定的发展、改善基础设施的建设以及促使公众接纳数字建设战略，2009 年 6 月，《数字英国》和《数字英国实施计划》先后由英国商业、创新和技能部（ Department for Business, Innovation & Skills，BIS ）与文化、媒体和体育部（ Department for Culture, Media, and Sport，DCMS ）联合颁布。"数字英国"主要的行动计划大致由以下几个部分组成：一是在原有科学技术手段支撑的前提下，完善现代基础通信设施建设；二是搭建一套严正与公平的法律框架，英国政府所提供的尤其是包含公共服务在内的前端宽带和内容，将促使英国在数字时代的背景下成为继工业革命后又一个世界中心；三是保证社会中所有人都是信息社会的一员，且成员具有参与繁荣的数字经济建设的能力和技能；

四是满足纳税人的需求并为公众提供更好的社会公共服务，计划的最后一步是前述四个方面由政府部门以数字化的方式具体落实。

2017 年英国脱欧悬而未决，同年 3 月，文化、媒体和体育部发布了《英国数字化战略》，这项战略计划旨在全面推进英国对世界领先的数字经济的建设与英国数字化转型。其具体内容为，到 2025 年，本国数字部门的经济贡献量达到 2000 亿英镑。一方面，脱欧未决，另一方面，英国政府主动推动数字战略再升级，足以体现英国政府在对待数字革命上所展现的态度和决心。2017 年《英国数字化战略》详细阐述了英国脱欧后将如何建设位居世界前列的数字经济，以及未来如何有效推进数字化转型。全面部署中不仅罗列出了应重点发展的领域，还针对各领域提出了相应的行动方案。主要包括七个方面：第一，英国要建设位居世界前列的数字基础设施，这是前提条件；第二，使每位公民都能利用英国政府提供的设备来学习并掌握所需要的数字技能；第三，充分考虑数字经济各行业发展所需的土壤和环境，确保英国能为全球发展数字经济及数字业务提供最佳的落脚地；第四，实现数字转型战略，帮助每个英国企业成为数字企业，在更广阔的范围内发展经济；第五，打造虚拟空间的生活和工作模式，实施覆盖全英的网络空间战略，使其成为全球安全系数最高的虚拟网络空间；第六，在数字化办公前提下，继续推进服务公民的理念，维持英国政府在线服务的领先地位；第七，在数字经济力量的推动下，提高其在民众中的公信力，再通过对顶层设计的制定与优化，对英国的政府、产业及公众数字技术设施和数字技能等方面进行全面部署。

（2）中观政策。数字英国的中观政策主要体现在以数字政府、数字经济和智慧城市为代表的发展战略和规划中。在数字政府的政策中，英国将主要精力集中在以透明化为核心的开放政府、以高效便捷为核心的政府数字化战略和以构建政策网络为核心的政府转型战略上；数字经济方面，由以数字英国计划、产业战略、数字产业法律监管和人工智能产业发展战略为代表的政策群组成；智慧城市发展政策则是在英国政府的领导下，各地区根据特色提出相应的智慧城市发展方案。

（3）微观政策。数字英国的微观政策主要体现在智慧医疗、智慧交通、智慧养老等领域的具体行动方案上。由此可见，英国在推进数字化战略中形成了政策层级全面和政策领域多元的系统化政策网络，从而共同推动数字英国的发展。

3.2.4　实现机制

数字英国建设的推进以数字经济、数字政府、智慧城市和智慧民生为重点领域，注重人工智能领域及机器人技术的应用，并加以必要的监管，目标是满足公众的高质量需求。

1. 英国数字经济建设

为继续保持在科技创新中的地位，英国提出了发展数字经济的具体战略及方案。其以数字经济为突破口，以保护使用数字化服务的公民为导向，通过建设更好的数字化基础设施，促进英国数字和通信产业在创新、投资和质量方面保持世界领先地位，见表3-2。

表 3-2　英国智慧产业相关政策

时间	政策/规划名称	愿景	方案/行动计划	发布机构
2009 年	"数字英国"计划	使英国在数字建设领域居于世界领先地位，确保英国在创新、投资和质量方面利用数字和通信产业保持尖端水平	一是在原有科学技术手段支撑的前提下，完善现代基础通信设施建设；二是搭建一套严正与公平的法律框架，通过英国政府所提供的尤其是公共服务包含在内的前端宽带和内容，促使英国在数字时代的背景下成为继工业革命后又一个世界中心；三是保证社会中所有人都是信息社会的一员，且成员拥有参与繁荣的数字经济建设的能力和技能；四是为满足纳税人的需求并为公众提供更好的社会公共服务，计划的最后一步将会由政府部门以数字化的方式具体落实	商业、创新和技能部，文化、媒体和体育部
2009 年	数字英国实施计划	推进数字英国计划实施	具体包括 20 个项目	商业、创新和技能部，文化、媒体和体育部
2009 年	数字经济法案	保护网络著作权、促进信息化发展	共 48 条，主要涉及网络著作权侵权的治理、增加电子出版物的公共借阅权、更改域名注册规则、广播电视管理规则的修改，以及视频游戏的管理等问题	英国议会
2011 年	促进增长的创新和研究战略	成为世界科技创新的领导者	对科学技术的研究开发进行资本性投资、对研发和创新成果进行政府采购、对公众开放政府采集的或由公共资金支持的研究所产生的数据、鼓励海内外以及区域性、集群性的合作	商业、创新和技能部
2014 年	我们的增长计划：科学和创新	把科学和创新置于英国长期经济发展计划的核心位置，使英国成为全球最适合科技和商业发展的国家之一	确定优先重点项目、人才培养、科研设施、一流研究、刺激创新和国际化 6 项战略。其中重点项目包括：①大数据和高能效计算；②合成生物学；③再生医学；④农业科技；⑤能源及储能；⑥先进材料及纳米技术；⑦机器人及自治系统；⑧卫星及航天技术应用	英国政府
2015 年	数字经济战略（2015—2018）	借由数字化的发展，推动经济发展，将英国建造为未来的数字化强国	五大举措：①鼓励/扶持所有的数字化创新者；②建设数字化社会，以用户需求为中心；③为个人在数字化创新方面提供尽可能的帮助；④促进跨行业信息基础设施建设，重视发展各个平台以及各个生态系统；⑤保证可持续性数字经济的创新发展	英国技术战略委员会
2017 年	数字经济法	建立更好的数字化基础设施，为使用数字化服务的公民提供更好的服务	包括通信服务、移动电话合同、电子书借阅的保护措施	英国议会

时间	政策/规划名称	愿景	方案/行动计划	发布机构
2017 年	英国数字化战略	推进数字化改革,促进数字经济发展	连接战略、数字技能与包容性战略、数字经济战略、数字转型战略、网络空间战略、数字政府战略和数据经济战略等七大战略	文化、媒体和体育部
2017 年	《产业振兴战略》绿皮书	刺激科技和研发投资,提高生产力和振兴工业生产	十大方面,包括增加科研与创新投资、技能培养、改善基础设施、支持初创企业、完善政府采购、鼓励贸易及外来投资、发展廉价能源和清洁能源、培育世界领先行业、推动全国共同增长、实现行业和地区聚集等	商业、能源和工业战略部
2017 年	产业战略:建设适应未来的英国	引领全球技术革命、立足未来产业前沿	明确了英国未来五个方面的发展目标,分别是人才、创新能力、商业环境、基础设施、地方发展,并且提出要在加大投入住房建设、科技研发、全民医疗、地方发展等方面来促进产业发展,以保障民生、增加就业,同时还要注意英国经济发展,应对"脱欧"带来的挑战与风险	商业、能源和工业战略部
2017 年	英国人工智能产业发展报告	运用人工智能(artificial intelligence, AI)技术提高生产力,创新产品及服务,满足经济迫切的需求	从提高数据获取能力、培养 AI 技能人才、加强 AI 研究与商品化以及支持 AI 产业发展四个方面提出建议以促进英国 AI 产业发展	商业、能源和工业战略部,数字、文化、传媒与体育部

1)政策愿景

英国为推动数字经济的发展发布了若干政策。2009 年金融危机期间发布了"数字英国"计划,2017 年英国脱欧悬而未决期间又发布了《英国数字化战略》,究其目的,是计划通过打造数字经济,重新回到世界首位。"数字英国"计划(2009)从战略层面提出了数字英国的宏伟愿景,目的在于规划数字技术的产业框架,并明确提出将英国打造成世界的"数字之都",同时通过详尽的安排和周密的措施指明了其发展路线。数字经济系列法案也提出了明确的发展愿景。《数字经济法》(2010)、《企业和监管改革法案》(2013)和《数字经济法》(2017)分别提出了保护网络著作权、促进信息化发展,建立更好的数字化基础设施,以及为使用数字化服务的公民提供更好的服务等政策。英国的产业发展也有十分明确的战略方向。《产业战略:建设适应未来的英国》(2017)作为英国产业总体发展战略,是面向 2030 年的总体产业战略,全面指导未来产业发展,目标是到 2030 年将英国发展成世界上最具创新力的国家。

在人工智能产业发展方面,2017 年由英国的数字、文化、传媒与体育部及商业、能源和工业战略部共同发布了《英国人工智能产业发展报告》,此项报告的重点是要在人工智能产业发展方面加强建设,致力于打造成人工智能的全球中心。具体而言,英国的主要愿景是实现在以下领域居于世界前列:使英国成为全球人工智能技术和数据创新驱动的中心；为进一步提高英国工业的生产效率，使社会生产力再升级，应提倡业界普及与应用人工智能和数据分析技术；在安全合理的范围内使用人工智能技术使英国位居世界前列，给公众和企业带来足够的信息，同时还要注重公众及企业的参与，提升透明度；通过培训帮助人们习得所需要的各种工作技能，以满足生活和工作的需要。

2）组织机构

高效的组织是英国有效实施数字战略的重要保障。随着数字英国战略的不断深入与推进，文化、媒体和体育部所承担的数字化工作不断增加，为了更加契合数字战略的发展，2017 年 7 月文化、媒体和体育部在其名称中加入了一个新概念——数字部门，即改称为数字、文化、传媒与体育部，但简称仍是 DCMS。

具体而言，在推进数字英国计划方面，商业、创新和技能部与文化、媒体和体育部联合发布《数字英国实施计划》，通过设立机构和建立工作机制等推进实施，共设立 20 个项目，每个项目都由政府主管成立专门工作组进行具体实施。该计划提出，责任相关部门为商业、创新和技能部与文化、媒体和体育部，此外，关于具体的工作内容要及时向内阁部长报告；同时还成立了名为“数字英国项目董事会”的部门，该董事会不仅囊括了众多参与数字英国战略的部门，具体有文化、媒体和体育部，商业、创新和技能部，政府首席信息官，知识产权办公室，财务部以及通信办公室，还扮演着英国数字战略掌舵人的角色。具体表现在，董事会定期举行进度会议，会议上主要讨论研究并监督具体计划的实施情况；为了方便文化、媒体和体育部或者商业、创新和技能部与英国广播公司等相关机构之间的沟通，专门设立了“数字合作联络组”，以进行实时联络。此外，该项计划还明确划分了各个部门应该负责的范围，同时明晰了部门权责范围、报告机制和时间安排表。政府还通过专门设立工作小组的方式，协助董事会及相关小组工作的具体展开，以保持工作的顺畅。除此之外，英国的市场战略在一定条件下能够反映英国政府政策情况与趋势，英国的相关部门需推动由数字经济催生的新兴数字产业的发展，以确保英国的市场战略能大致演绎英国政府的战略规划。

在推进人工智能技术发展方面，英国政府主要通过成立新的有关人工智能发展的机构，发挥战略、咨询及领导的作用。英国政府为了适应及促进人工智能的全面发展，成立了三类新的机构相互联动：政府协调机构、咨询机构和研究机构。这三类新机构的具体情况如下：①政府协调机构。该机构是协调英国人工智能发展的政府机构，由 AI 委员会和政府 AI 办公室组成。其中，AI 委员会是由英国政府、社会和技术专家共同建立的。②咨询机构。给政府提供建议的咨询机构，由数据伦理与创新中心组成。该机构是全球第一个旨在就“符合伦理的、安全的、具有创新性的数据和人工智能使用”给政府提供政策建议的咨询机构。③研究机构。全国 AI 研究所，其身份是阿兰·图灵研究所。该研究所不仅通过借鉴加拿大、美国和德国等在 AI 方向上的宝贵的成功经验，还通过加大国内对人工智能研究的投资来引领英国在未来技术领域的发展，它的最终目的就是搭建一座全国人工智能研究的枢纽（曹建峰，2018）。英国报告中提出了设置专门的机构为人工智能的发展制定发展规划、监管标准、监管制度，并承担鼓励公众参与的职能。这对我国有重要的借鉴意义，我国人工智能的发展和应用领域不断拓展，成立新的专门机构开展领导和协调工作有利于人工智能的有序快速发展。

3）行动计划

英国在推进数字经济中，注重发展和规范并重。一方面，通过《信息经济战略》和《数字经济战略（2015—2018）》鼓励数字经济发展，通过《产业振兴战略》绿皮书（2017）和《产业战略：建设适应未来的英国》（2017）发挥科技创新对经济发展的驱动作用，通过人工智能产业行动计划推进 AI 发展，致力于将英国塑造成欧洲数字经济的领头羊；另一方面，确保数字经济战略的成果和公众权益也是数字战略必不可少的一环，因此构建数字经济法体系也尤为重要。

2. 数字经济发展战略

2013 年：《信息经济战略》。2013 年 6 月，英国政府发布《信息经济战略》，进一步提出繁荣信息经济，增强国家竞争力的愿景，对政府、企业和公民三方都提出了发展目标。政府方面，通过建立一个强健的、创新的信息经济部门，面向世界范围内输出卓越的产品及服务；企业方面，尤其是刚起步不久或规模有限的企业，可以通过现代的信息技术或未来技术这座高效便捷的桥，充分自如地在虚拟空间实现生意往来，从而实现国内外市场份额与收入的增加；公民方面，数字时代的便捷和高效不仅能使公民从中获益，还能更好地满足公众的需求。该项战略从技术创新、集群发展、公众需求、人才教育和市场产业链等多个方面入手，同时还囊括了一系列专项建设，明确了近年来英国信息经济的蓬勃发展。

2015 年：《数字经济战略（2015—2018）》。2015 年 2 月，英国技术战略委员会"创新英国"发布《数字经济战略（2015—2018）》，力图将英国建设为数字化强国，目的在于在数字化战略基础上，支持企业运用高新技术，在创新产业模式下推动经济高速发展，实现跨行业合作，以期实现最终目标。该战略强调了五大目标：激励企业和组织利用数字技术、数字才能和数字设施进行创新；构建一个数字技术发展终将服务于民的社会；降低数字经济行业的进入门槛，为创新者提供帮助；确保数字经济基础设施、不同平台和生态系统的动态平衡，保障三者间的相互依存；确保数字经济的可持续性、生态的稳定性及发展的创新性。

2017 年：《产业战略：建设适应未来的英国》。为了实现英国未来居于全球工业前列的目标，该白皮书指出了四项英国面临的重大挑战及其战略行动，分别是：人工智能和数据经济、清洁增长、未来移动、人口老龄化。在人工智能和数据经济层面，英国政府将大部分精力集中在人工智能和数据革命上。从如何获取数据、人才培养模式、支持研究与应用发展方向四个方面促进英国人工智能产业的发展。鼓励学术界、产业界和政府携手并进，加强英国在全球人工智能竞争中的实力。在提高数据获取性方面，强调让数据更加开放，提高机器可读性。为了提高对人工智能的信任感，应增强数据的隐私保护。为了培养出更多人工智能领域的优秀人才，强调将未来人工智能行业中技能不高的劳动力也纳入产业发展的人才的参考范围，不能将眼光局限于专业人士与研发人员。支持人工智能产业发展方面，政府帮助行业降低合作壁垒，增强学术界与企业界的联系，推进人工智能行业的发展与应用。此外，为了推进未来英国人工智能应用的发展，政府采用与行业协会及专家合作的方式，构建了英国人工智能委员会。

3. 数字经济规范战略

立法是英国促进数字经济发展的方式之一。1998 年，英国就保障数据经济发展颁布了《数据保护法案》。而后英国通过数字经济立法，推动《数字英国》战略的实施。

2010 年，根据《数字英国》中的建议，英国政府提交了《数字经济法草案》，同年 4 月，由英国议会通过的《数字经济法》主要涉及著作权侵权的网络治理、增加电子出版物的公共借阅权、更改域名注册规则等问题。该法共涵盖 48 条内容。《数字经济法》的问世，展现了英国在充分保护网络著作权及促进信息化发展方面积极主动的态度，对于其他发展数字经济的国家有宝贵的借鉴意义。

2013 年，英国政府公示了《企业和监管改革法案》，在该项法案中主要涉及开放数据机构的具体数量和名称、开放数据对象的具体领域和用途以及开放数据的具体内容和参考用法。

2017 年 4 月，在英国王室及政府的应允下，2010 年出台的《数字经济法》被全新的《数字经济法》（2017）取代，这意味着英国数字化战略探索产生了阶段性的成果。新法主要内容中有对通信服务、移动电话合同、电子书借阅的保护措施。《数字经济法》（2017）包含了一些领域尚未涉及的内容，弥补了法律空白，且规定了具体的法律框架，明确了数字经济发展的监督管理机构。

3.3　美国智慧社会

"智慧"一词是由美国企业首先提出的，如"智慧星球"（smart planet）的概念则由 IBM 于 2008 年 11 月首次提出，其重点关注新兴通信技术的建设以及智慧城市的设想（李灿强，2016）。数字时代的智慧社会，不仅需要普及与应用物联网、大数据和云计算等新兴的信息技术，还需要与社会创新 2.0 方法论相结合，以此实现社会发展创新的可持续性。

3.3.1　目标

美国智慧社会建设主要经历了数据开放、大数据战略与人工智能三个阶段，每个阶段中的目标定位截然不同。在数据开放阶段，2012 年 5 月，美国《数字政府战略》提出通过协调方式，改变当前联邦政府的工作形式，新的目标在于时刻关注信息和顾客并以它们为中心，提供更好的公共服务。该项战略主要包括三大目标。一是在不同时间、不同地点、不同的设备条件下，美国人民能够获取高质量的政府信息与服务。二是抓住机会，通过智能、安全的方式进行购买和管理，确保美国能迅速适应快速变化的世界。三是开发政府数据，刺激国家创新，不断提升服务质量。换句话说，就是保证美国公民可以随时随地利用不同端口访问政府或政务平台，以实时获取政府发布的政策、计划和战略信息以及各州和联邦政府提供的公共服务（何军，2013）。在大数据战略阶段，2016 年 5 月，联邦政府发布了《联邦大数据研究与开发战略计划》，该计划启动了未来技术中与大数据相关的研究开发，该计划的意义是提升美国和世界解决严峻社会问题的能力、发现潜在社会隐患的能力以及维持和谐社会状态的能力，以保证美国位居世界各国领先地位。在人工智能阶段，2016 年 10 月，美国白宫颁布了《国家人工智能研究和发展战略计划》，该战略着重明确了人工智能技术在美国未来技术研究中的重要地位，由此提出相关战略：人工智能具有远瞻性的投资战略；人类与人工智能、社会与人工智能以及环境与人工智能的交互战略；人工智能相关法规、道德与伦理研究战略；人工智能可靠度、底线和关闭策略战略；人工智能技术升级研发和适应性培训战略；人工智能测量评估和审计预测战略；更好地了解人工智能人力资源需求的战略（刘红芹等，2019）。

3.3.2　技术

与数字英国建设相同的是美国智慧社会建设也起步于对互联网技术的运用，将互联网技术与智慧城市建设充分结合，随后日渐引入了大数据和人工智能技术，从而实现互联网、大数据和人工智能技术与国家建设的结合。除此之外，美国智慧社会还强调云计算和物联网在政治、经济、社会等方面的运用，以期打造智慧社会创新 2.0 方法论，构建一种创新性与可持续性相结合的新型社会形态。因此，美国智慧社会建设充分运用各种信息技术与全领域相结合，这与其高度发达的科学技术密切相关。

3.3.3 领域

美国智慧社会建设是一个整体而系统的工程，涉及的方面复杂多样，包含数字政府、数字经济、智慧城市等众多领域。

电子政府是数字政府的雏形，电子政府的概念在 1993 年美国发布的"信息高速公路计划"中被首次提出。为应对政府管理与公共服务面临的诸多问题与挑战，时任美国副总统戈尔（Gore）发起了"国家绩效考察"运动，并提出了构建电子政府的重要改革方向。为了尽快实现数字政府建设，联邦政府先后发布了《数字政府服务》和《数字政府：构建一个 21 世纪平台以更好地服务美国人民》等战略规划。联邦政府的此举致力于为美国人民提供一套可以随时随地通过各种端口访问州和联邦政府的政务服务平台，以实时获取所发布的政策、计划和战略信息与公共服务。

为促进数字经济发展，联邦政府于 2012 年发布"联邦云计算机计划"。该计划提倡对传统信息基础设施进行升级与改造，采购搭建新型信息基础设施，以保证传统信息技术向未来 IT 服务转化。联邦政府于 2013 年推出"先进制造业发展计划"，该计划强调应对传统制造业的升级改造提供相应的协助，以确保传统制造业向先进制造业的转化。联邦政府于 2016 年又进一步提出"国家人工智能研发与发展策略规划"，该计划明确指出在探索未来科技的道路中，美国应重视大数据、云计算、人工智能和量子计算机等产业的发展，此举将进一步深化美国数字产业的基础，并奠定其在纳米微电子器件、计算机语言、量子计算机和大数据等产业的世界领导地位。可以说"信息高速公路"为数字经济腾飞奠定了基础，而美国商务部构建的完备的政策体系是数字经济发展的制度保障。

IBM 提出了"智慧城市"概念，即充分利用新一代信息技术，以整合化、系统化的方式管理城市运行，让城市的各个功能彼此协调运作，为城市中的企业提供优质的服务和无限创新的空间，为市民提供更高的生活品质。美国的智慧城市建设走在世界的前列，自 2015 年 9 月白宫提出了智慧城市的概念和计划后，通过一系列的财政支持，鼓励全国共同参与智慧城市的建设。为了让社会问题在智能社会下得到更好的解决，国土安全部等相关部门拟获得约一亿美元总额的资金支持。譬如，美国交通部每年都会举办智慧城市挑战赛，促进智能交通系统的建设，以期实现更加高效、实惠的出行方式。美国 28 个州的 54 个城市均在规划并实施智慧城市项目。与此同时，政府还大力支持民营企业、高等院校就智慧社会的建设进行合作与知识共享，主要举措如下。

1. 改进现代电网建设

2009 年 1 月，奥巴马在发展振兴计划报告中强调，为了推动国家电网现代化、数字化的发展, 联邦政府申请投资 40 亿美元, 同时还为全美的普通民众免费安装 4000 万台智能电表。在奥巴马宣布发展振兴计划的同时, 美国博尔德市也启动了现代化智能电网城市项目。该项目在现有的电网基础上, 升级改造了一个强大且具有动态性的国家通信网络电力系统, 为民众提供了一套双向高效的服务。

2. 联邦式智慧性交通系统

智慧性的联邦式交通下有两个子系统, 分别是与智能相关的基础设施和交通系统。基础设施领域主要有事故预防系统、公路管理、道路天气管理、道路养护运营等。

3. 智能道路照明工程

2009 年 4 月, 圣何塞启动了智能道路照明工程。这项新技术与灯无关, 其可以有效地节省能源, 降低成本, 实施远程监控, 主要面向各种室内和室外照明市场, 为其提供高质量、全方位的服务。其主要原理是网络技术进行智能控制, 通过及时检查出现故障和损坏的路灯, 以及停电检测和智能调光的方式降低成本并为公众提供更好的服务, 与此同时还能保障街道的安全。该措施取得了良好的效果, 不仅节约了能源, 还为城市带来了安全和美丽。

3.3.4 实现机制

美国智慧社会的建设主要缘于以下几个方面的有机结合。

第一, 数据开放领域不断趋于透明化。数据是基础性的支撑, 特别是在城市管理中尤为重要, 涵盖领域也很广泛, 大体有需求、消费、管理等方面。将相关受益公民的信息与政府公开透明的数据相结合, 以优化社会管理、促进社会发展以及营造开放透明的社会管理环境。

第二, 以人为本愈发突出。从城市规模大小、多样性和复杂程度以及社会差距与公平公正上, 可以看出城市是一个多元复杂并充满挑战的环境。通过将科技创新及大数据应用与城市居民的需求相结合, 充分发挥群众群策群力的作用来助力城市的改革和创新。通过拓宽公民参与城市改革和创新的渠道, 来增强公民的参与意识, 这是智慧城市贴近公民发展的重要方式之一。

第三, 技术变革提上日程, 不断完善。建设智慧城市的最终目的是以人为中心, 同时还要不断地升级改造已有的城市基础设施。因此, 技术变革是重中之重。一方面, 重视技术创新的作用, 创新依赖于上述人力资本投入的加大及技术变革; 另一方面, 还要重视高新技术的使用, 特别是光纤等先进通信技术的使用。建设数字化相关基础设施是智慧城市实施"硬性"战略的保证, 也为实施"软性"战略提供了支持, 给城市创新和发展提供了更多机会。

第四，智慧城市资源的优化配置。建设智慧城市的目标是智慧城市资源的合理优化配置。具体而言，即经济、社会和环境都要实现长期可持续性的发展。经济领域的可持续性指的是要不断优化城市资源的配置，使得发展经济的同时又实现社会的发展；社会领域的可持续性是指保证所有的美国公民能够被公平合理地对待，确保未来世代的可持续发展；环境领域的可持续性指的是减少生活和工业的不必要资源投入、减少污染源、增加植树造林的面积和增加资源再循环。这三个方面的可持续性发展是推动智慧城市发展的重要一环，需要三者有机协调。

3.4　新加坡智慧国

新加坡政府在智慧国建设中，紧扣政府、企业、公民、社会组织等社会建设主体，面向政治、经济和文化等城市建设广泛领域，形成了层次清晰的政策体系。这些政策对新加坡智慧国的建设目标、依托技术、建设领域和实现机制等方面进行了全面的规划。

3.4.1　目标

与数字英国建设相同，建设新加坡智慧国也主要划分为三个鲜明的阶段，每个阶段的目标理念存在差异。

第一阶段是智慧国建设奠基阶段（1980~2005 年）。在 1980 年，新加坡政府提出"国家电脑化计划"，计划目标是在新加坡的政府和企业间普及与应用电脑。在 1991 年，新加坡政府提出《国家科技计划》，该计划旨在从行政体制和技术基础上解决城市数据的共享互通问题。新加坡政府随后又提出了"信息与应用整合平台"计划，通过信息整合数据应用平台，促使行业平台数字化能力的发展。通过这三个基础的准备计划，新加坡的数字基础设施得到了迅速发展，为之后的智慧国建设政策的提出奠定了基础。

第二阶段是智慧国建设初期实施阶段（2006~2015 年）。新加坡推出了"智慧国 2015"计划，提出的主要内容是提升资源整合能力，尤其是跨地区的整合能力，并构建新一代信息与通信基础设施以实现计划。该计划旨在扶持传统信息通信产业升级、推进新型信息产业发展、全面培养新一代信息通信产业的专家、促进新加坡数字经济的发展和实现数字政府及数字产业转型升级（李林，2013）。这个阶段主要出台了以"整合政府计划"为代表的转型政策和关于智慧基础设施建设的政策体系。

第三阶段是智慧国建设加速实施阶段（2016~2025 年）。随着人工智能、物联网和大数据技术的发展，新加坡面临的全球竞争日益加剧，新加坡政府又推出了为期十年的名为"智慧国 2025"的计划。该阶段新加坡政府提出要建设全球第一个智慧国家的规划，2017 年出台的《数字经济行动框架》《数字政府蓝图》《数字准备蓝图》等文件成了智慧国建设的三大支撑战略。该阶段的政策从企业覆盖到政府和公民，强调以满足公民日益增长的需求为首要目的以及实现人工智能、云计算和物联网等新时代信息通信技术走在世界前列，并且制定了覆盖面更广和涉及程度更深的数字经济行业规范与标准（杨学成，2017）。

新加坡政府将智慧国建设上升到了国家战略层面，期望经过三个阶段的智慧国建设的铺垫，在 2025 年将新加坡建成全球第一个智慧国家。这个智慧国家是一个由数字创新驱动的领先经济体，是一个拥有数字政府的世界级城市，能够为新加坡公民提供更好的家园，并满足他们不同层次和不断变化的需求。经济是推动新加坡竞争力增长的关键因素，它将得到政府的广泛支持，政府倾向于促进包括公共部门在内的所有领域的增长和创新。新加坡的公民、公司和公共机构都可以在这种转变中发挥作用。通过正在进行的数字革命和数字技术的进步，改变我们的生活、工作和娱乐方式。这些目标实现的基础是确保社会各阶层都能够利用数字技术并从中受益。

3.4.2 技术

新加坡智慧国建设率先依托于互联网技术，在 2006 年制定的"智慧国 2015"计划中，新加坡政府主要在培育新加坡信息技术产业上投入，旨在实现新加坡高水平的国家信息化和新经济竞争优势，2017 年出台的《深化生态系统能力计划》确定了人工智能、大数据、物联网和虚拟现实等四种前沿技术的深度能力建设。针对人工智能行业，政府会提供政策框架和产业指南来帮助人工智能行业密切合作与发展；针对大数据行业，政府通过遍布全国的传感器网络获取实时数据并对数据进行保护、管理及分享，以促进行业应用；针对物联网行业，政府将与业界建立伙伴关系，发布行业标准与加强行业能力，实现物联网解决方案的开发与采用；针对虚拟现实行业，政府将会协助新加坡媒体公司和专业人士，通过技术开发，增强虚拟现实技术的广泛使用。为了进一步促进人工智能行业的发展，2017年，新加坡政府颁布了《国家人工智能计划》，2018 年出台了鼓励企业应用区块链技术开发新的商业模式、解决业务难题和超越金融应用的《区块链挑战赛计划》。由此可见，新加坡智慧国建设也是充分依托互联网、大数据、人工智能、物联网等新一代信息技术。

3.4.3 领域

新加坡政府在智慧国建设中，紧扣政府、企业、公民、社会组织等社会建设主体，面向政治、经济和文化等城市建设广泛领域，形成了层次清晰的政策体系。新加坡智慧国建设最主要的政策是 2006 年新加坡政府公布的"智慧国 2015"计划和 2016 年新加坡政府推出的"智慧国 2025"计划。在"智慧国 2015"计划中，新加坡政府计划利用十年时间并投资 40 亿新加坡元培育新加坡信息技术产业，旨在实现新加坡高水平的国家信息化和新经济竞争优势。在"智慧国 2025"计划中，规划了未来新加坡智慧国建设的发展路线及目标，旨在让新加坡成为全球第一个智慧国家。

此外，新加坡政府还先后颁布了《数字经济行动框架》《数字政府蓝图》《数字准备蓝图》三项政策，出台了为实现智慧国建设的数字经济、数字政府和数字社会的发展战略和具体规划。经济建设方面，以推动新加坡企业数字化转型的政府扶持政策和为人民提供就业机会的培训政策为主体，涉及智慧行业标准和智慧产业法律等多个方面，期望新加坡成为世界领先的数字经济体。政府建设方面，以构建整体政府通用的数字平台和公职人员数字化能力提升为政策核心，期望政府公共服务更加精简和强大。社会建设方面，主要聚焦民族数字素养提升和通过技术改造社区建设，确保每个新加坡人都能成为新加坡智慧国的中心，每个新加坡人都可以体验到技术的好处；还出台了智能交通建设和智慧家居、智慧医疗等民生政策，渴望通过现代技术的发展提升公民的生活满意度。

3.4.4　实现机制

1. 智慧国经济建设实施路径

经济基础决定上层建筑，数字经济是智慧国建设的基础。新加坡是亚洲较为发达的经济体之一，基础设施和地理位置极其优越。近年来随着新兴经济体的崛起，新加坡具有国际竞争优势的贸易和运输行业、金融服务业面临巨大冲击，寻找新的产业增长点十分迫切，但是新加坡腹地狭窄，产业选择具有非常显著的局限性。在这样的背景下，为了实现产业升级、保持经济增长和紧跟科技发展，新加坡政府出台了数字经济建设框架和具体政策，通过积极扶持企业数字化转型提升运营效率，以为公民提供更多的工作机会和实现经济发展为目标，以企业数字化为核心推动智慧经济发展，旨在推动新加坡智慧产业的发展，为智慧国建设提供更加坚实的经济基础。

1）技术基础

为了获得经济建设的技术支撑，2017 年出台的《深化生态系统能力计划》确定了人工智能、大数据、物联网和虚拟现实等四种前沿技术的深度能力建设。为了进一步促进人工智能行业的发展，2017 年还颁布了《国家人工智能计划》，出台了以下措施：①实施能助力企业和研究人员应用人工智能解决实际问题的 100

亿新加坡元项目；②推出人工智能业务伙伴关系计划，由新加坡资讯通信媒体发展局来促进各公司共谋人工智能解决方案；③新加坡资讯通信媒体发展局促进行业出台关于人工智能的法律和道德的商业守则并进行监管。2018 年出台了鼓励企业应用区块链技术开发新的商业模式、解决业务难题和超越金融应用的《区块链挑战赛计划》。新加坡政府还出台了一系列旨在提升公民数字素养的政策，以期为企业数字化提供相应保障。为了使企业职员能熟练掌握应用数字技术，提升业务能力，新加坡发布了《加快培训专才计划》，并制定了信息与通信技术技能框架，设计了结构化和可认证的技能培训，以在职业指导、数字化领导力和数字技能等方面尽可能地提供资源。

2）个体行为

2017 年发布的《中小企业数字化计划》从四个方面帮助企业实现数字化。首先，帮助企业实现业务数字化和培训员工的数字技能；其次，预先批准与企业业务相关的数字订购、电子交易和供应链优化方案；再次，在数字技术中心设置数字咨询顾问，为企业提供高级的数字咨询服务，指导企业数字化的发展战略和具体技术运用；最后，在政府的促成下成立企业数字基金会，帮助企业提供数字化解决方案。新加坡资讯通信媒体发展局在 2017 年颁布了《战略伙伴合作计划》，从而为新加坡科技公司迅速扩大规模和提升数字化水平能力、与全球知名跨国企业合作提供帮助，主要措施有两个方面：①改善科技公司的业务范围，通过政府引荐，促进本地企业与跨国公司捆绑或共同开发新应用程序的产品，学习合作伙伴提供的技术；②指导新加坡本地科技公司建立一个合作伙伴和供应商的网络，增加它们在新加坡的产品和组合。2017 年出台的《数字经济行动框架》包含了三项行动计划战略：一是强调加速，促进新加坡企业的数字化，提高生产力，提高效率与收益和增加新的就业机会；二是强调竞争，引导企业融合客户的需求，通过数字化培养新的竞争力综合生态系统，提升行业的经济效益；三是强调变革，发展数字产业作为下一代产业的经济增长引擎和驱动力，促进所有行业的数字化。为了配合三项战略，新加坡资讯通信媒体发展局陆续出台了一系列配套政策。2012年新加坡议会通过了《电子交易法》，对电子交易、电子签名和电子合同以及其他事项进行了法律规范。《知识产权（修正）法案》鼓励新加坡公众进行知识创新，为自己的创新积极申请知识产权保护，并借此形成竞争优势。2018 年通过的《网络安全法案》强调建设公民的信息保护基础设施和建立网络安全监管框架，为网络安全提供法律保障。

3）组织模式

针对新加坡智慧国的经济建设，在智慧国家和数字政府办公室成立之前，国家和各行业信息化建设与发展政策由新加坡资讯通信媒体发展局制定。总统府下的智慧国家和数字政府办公室确定智慧国家重点项目，推动政府的数字化转型，为公共部门建立长期的数字能力，并推动公众和工业界在数字化方面达成共识，建立智慧国家的工作指南。新加坡资讯通信媒体发展局与智慧国家和数字政府办公室的实施机构政府技术局一起被称为"智能国家和数字政府组织"。为了推进企业数字化，新加坡政府布局了全国电子发票框架，由电子发票框架预算和供应委员会全面负责全国电子发票事务和在线公共采购事务；同时为了保证数字环境安全，成立了网络安全局负责网络安全；政府通过《认证新加坡计划》鼓励公司和个人共同努力，在数字经济中茁壮成长。未来经济委员会制定了新加坡未来经济增长的具体计划，为数字经济建设提供了清晰的目标。在整合原先的新加坡资讯通信媒体发展局和政府技术局的基础上，2017 年 5 月，智慧国家和数字政府办公室正式成立，由副总理兼国家安全统筹部长领导的部长级委员会掌管督导，将总体规划、资源集中、跨部门协作与政策执行等工作集中实行，以期加速国家智慧化，加强企业、机构和公民的合作，强化信息基础设施支撑，推动数字和智能技术应用改善公众生活，推动公共服务数字化。

4）制度建构

从 2014 年《认证新加坡计划》开始，到 2017 年正式出台完备的《数字经济行动框架》，新加坡政府颁布了一系列政策与法规来布局数字经济建设，力图将新加坡打造成世界领先的数字经济体。数字经济框架从战略层面提出了新加坡数字经济建设的未来愿景，并制定了新加坡的数字经济的产业规划，明确了推动企业数字化转型，改变企业运营方式，创造企业的新增长前景，为人民提供新的就业机会，将新加坡建设成世界领先数字经济体的发展目标。《电子交易法》《知识产权（修正）法案》《网络安全法案》等的颁布，明确要求保护网络著作权、促进信息化发展，建立更好的数字化基础设施，并为使用数字化服务的公民提供更好的服务。《研究、创新与企业计划 2025》计划将 250 亿新加坡元用于进一步推动新加坡全社会的研究、创新与创业的发展，并制定了先进制造业和工程技术领域的战略目标。

对于高新技术产业的发展，新加坡在 2017 年由新加坡资讯通信媒体发展局颁布了《深化生态系统能力计划》和《国家人工智能计划》，提出发展人工智能产业战略并支持下一代数字产业发展，深度建设人工智能、大数据、虚拟媒体、物联网等技术并加大投资。新加坡政府的主要目标是通过对前沿技术的扶持，其可以成为新加坡产业升级的增长动力，从而确立新加坡国际先进行业的领先地位。具体而言，支持企业结合人工智能改造业务，提升运营效率；加大基础设施建设，合理利用物联网解决方案；广泛使用虚拟现实，发展行业能力，同时为新加坡国民提供更加优良的数字能力培训计划；《国家电子发票计划》通过建立数据平台，支持电子交易和电子发票数据平台建设，帮助企业加快商业交易和减少商业服务成本，为新加坡公民提供能够帮助其适应企业未来数字化工作的培训。

2. 智慧政府建设实施路径

新加坡政府是数字化的核心和公共服务供给的中心。构建智慧政府，就是要充分运用新一代信息技术建设高效、可持续和可考核的成本低廉的全新政府形态，并为此做到线上与线下公共服务相融，办公、监管、服务和决策智能化。

1) 技术基础

政府技术局为新加坡政府数字化提供了基础的技术支持，以加快政府数字化进程。《新加坡政府技术堆栈战略》力图建立一个为政府提供数字服务集合的基础设施，帮助所有政府机构建立自己的应用程序。其主要手段包括：①构建数据中心和托管平台；②构建支撑应用程序的基础设施；③打造微服务图书馆；④构建国家数字身份系统；⑤与服务代理商一起设计最能满足市民需求的数字解决方案。通过该战略，市民可以期望在各种政府数字服务中体验无缝、一致且互联的用户体验。《信息通信技术和智能系统卓越中心计划》提出政府将会使用人工智能和大数据技术构建信息技术平台。这个中心包含 ICT 基础设施、应用程序开发、传感器、物联网和网络安全等，并有助于提高 ICT 从业人员的能力和政府领导者的数字能力。

2) 个体行为

新加坡政府针对数字基础进行了长期的准备。从 1980 年的"国家电脑化计划"开始，新加坡实施了公务员计算机化，实施大规模的公务员信息技术培训，将 250 套计算机信息系统应用于各政府机构，建立整合统一的政府为公民提供更加便捷的服务。《国家科技计划》自 1991 年推出后，造就了主要部门连接数量多达 233 个的计算机网络，实现了政府之间、政企之间的信息数据流通。2006 年新加坡政府出台了《整合政府计划》，建立统一的政府网站，使公民一站式办理业务。2012 年新加坡议会通过了《个人数据保护法案》，为保护个人数据的披露提供了法律保证。2014 年为建立一个提供数字服务的集合平台，新加坡政府在 2015 年颁布了《网络和智能系统战略》，通过加强监测和检测、强化审计制度和提高公务人员的网络安全意识，增强关键系统的抵御能力，保障政府和公民的数据安全。2017 年颁布的《数字政府蓝图》为提升新加坡政府数字能力提供了全面系统的框架，该框架主要从这六个方面实施：①围绕公民和企业需求整合服务；②加强政策、业务和技术的整合；③建立共同的数字和数据平台；④操作可靠、有弹性且安全的系统；⑤提高政府部门追求创新的数字能力；⑥与公民和企业共同创造，并促进技术的采用。

3) 组织模式

为了推进政府数字化发展，新加坡政府构建了权责分明的组织架构。由新加坡政府技术局负责提供相应的技术支持，各个政府部门机构参与合作，开发和提供以市民为中心的数字服务、平台和解决方案，利用新兴技术改进政府制定政策和运营的方式。新加坡政府还大力推动人工智能的使用，提供个性化和预期服务，以及预测交通或安全事件等情况。2016 年出台了《首席数字战略官员计划》，首席数字战略官员被任命来领导和实施其部委和各自机构内的数字化计划。这些首席数字战略官员将与部长一同配合管理下属信息官员，并将从技术角度支持他们。在中层领导层面，中央政府还给下级政府负责政策制定和管理运营的官员提供了解技术的培训和指导，并向技术专家和负责人解释政府部门间的运作流程与联系，使他们洞悉政府对各项业务的需求，从而设计出一套切实可行的后端系统（沈霄和王国华，2018）。

4）制度建构

新加坡政府数字化是基于电子政务的总体规划进一步发展的。新加坡政府的电子政务起始于 20 世纪 80 年代的"国家电脑化计划"，为新加坡公务员提供了第一轮的计算机化培训；1991 年新加坡政府还出台了《国家科技计划》，旨在从行业和技术层面解决城市信息互联互通和数据共享问题，从而推进电子政务建设；2017 年出台了《数据科学培训》，其目的是帮助政府公职人员提高数字能力。2017 年颁布的《数字政府蓝图》正式建立在以前的电子政务总体规划的基础上，通过更好地利用数据和新技术，构建政府通用的数字和数据平台，使公共服务更加精简和强大，借此推动更广泛的数字经济和数字社会建设，从而支持智慧国家的建设。

3. 智慧国社会建设实施路径

数字社会建设是为了确保所有新加坡人都能获得可以改善日常生活的技术，并为人们提供安全和自信地使用技术的技能和专业知识。为了使新加坡人能够最大限度地利用数字社会的机会，改善他们的生活，并有平等的成功机会，新加坡政府发布了《数字准备蓝图》。这标志着新加坡政府对合作伙伴的承诺，确保人们成为新加坡智能国家工作的中心，每个人都可以体验到技术的好处。

1）技术基础

为了获得社会建设的技术支持，新加坡政府与私营部门合作，成立了 Tech Able 平台，此平台包括支持创新中心和工程支持技术中心。Tech Able 是一个综合辅助技术空间，为公民提供技术展示和辅助评估服务，同时为数字社区建设提供支撑平台。新加坡政府技术局与私营科技公司合作，推出 Sing Pass 平台，这是一款允许公民在旅途中进行更多交易的应用程序。随着交易日益数字化，政府希望确保每个人都平等地有机会受益于技术的使用。

2）个体行为

为了提升公民的数字能力，适应数字社会的发展，新加坡政府出台了一系列数字能力培训计划。2007 年出台了《银发族资讯通信计划》，通过政府协助，让非营利社会组织为老年人提供价格合理的数字技能定制培训课程。2014 年颁布了《未来技能培训计划》，针对日常工作和生活的技术变革，政府与相关企业合作提供了全面的数字能力培训课程。同期为了储备数字人才，新加坡教育部出台了《新加坡学生 21 世纪技能和目标框架》和《新加坡学生学习空间计划》，通过提供与信息技术相结合的学校教育和在线学习平台，帮助学生提升全球意识、跨文化交际能力和沟通合作能力。2016 年推出了《TOUCH 社区服务计划》，政府扶持成立 TOUCH 社区组织，为公民提供网络教育计划和网络家庭事务协调。2017 年颁布的《数字准备蓝图》提供了全面的数字社会行动指南，首先，它要求通过技术设计与改造，扩展和增强数字访问的包容性；其次，它计划通过一系列的数字能力培养将数字素养融入人民族意识；最后，强调扶持社区和企业能够广泛采用信息技术来解决具体事务。针对基础设施建设方面，新加坡在 1996 年就发布了《打造世界一流的陆路交通系统》，制定了交通与土地一体化规划，打造综合的交通网络，改善公共交通服务，计划用 10~15 年的时间来完成陆路交通系统的建设。《新加坡陆路交通总体规划》（2008）则强调了优先发展公共交通，利用信息技术满足不同群体需求的行动计划。《新加坡陆路交通总体规划》（2013）明确要减少对私人汽车交通的依赖，通过物联网、大数据和人工智能等技术，加大对城市交通的智能监测，打造智慧的综合交通系统，通过应用程序为公民提供更加便捷的公共交通服务。

3）组织模式

在 2017 年建立数字准备计划办公室之前，多个部门依据职能内容参与了新加坡数字民生的建设。新加坡政府技术局与各个社会机构合作，开发和提供以市民为中心的数字服务平台和解决方案。通信和信息部通过培养人才，加强业务能力以及提升新加坡的信息通信技术和基础设施水平来支持智慧国家愿景。新加坡陆路交通管理局与新加坡政府技术局通过合作，打造智能、高效、便民的综合交通系统，统一高效地推进数字社会建设。教育部出台结合信息技术改革教育方式的政策，以培养适合的 ICT 人才，从而提升公民的数字能力。建筑和施工管理局开设了蓝天实验室，为建筑环境部门提供了相关建筑技术及测试技术。新加坡金融管理局负责电子支付专业金融方案的制定与监管。2017 年 5 月由通信和信息部设立了数字准备计划办公室来负责推动数字准备的全国战略。同年 8 月，通信和信息部召集来自公共部门、私营部门和公民社区的代表，组成数字准备工作组。该工作组致力于增强公共部门、私营部门和公民社区在智慧国建设领域的协同合作，通过整合各方努力和资源，制定了相关的数字准备政策，并设计实施方案、监测进度以及开展管理和评估。

4）制度建构

为了让每个新加坡人都能享受到智慧国建设带来的便捷，适应技术变革，更好地使用数字技术，新加坡政府出台了多方位的政策。2001 年新加坡教育部颁布《网络健康教育计划》，通过社会组织进行学校集会讲座，为学生以及居民营造良好的网络环境。为了能让每一个居民使用数字技术改善自己的生活，新加坡政府出台了一些数字能力提升政策。2007 年出台的《银发族资讯通信计划》，鼓励老年人掌握 IT 技能和信息通信能力。贫困生电脑资助加强计划（NEU PC Plus Programme）旨在帮助低收入家庭的残疾学生和残障人士以合理价格购买数字产品。新加坡协助残障者自立局旨在帮助残疾人获得数字服务。2014 年颁布的《数字工作未来技能计划》旨在为新加坡公民提供适应未来生活的数字能力培训。同期还出台了《IT 残疾人计划》，其目的在于为弱势群体提供无障碍的 IT 技术服务。2015 年新加坡资讯通信媒体发展局联手新加坡金融管理局出台了《数字交易计划》，旨在让每一位公民都能够以数字的方式安全地参与交易。2017 年颁布的《数字准备蓝图》更是完备了勾勒数字社会的框架，提供了广泛的技术帮助，推动了公民数字素养的提升，鼓励每个人加强数字准备，以确保人们成为新加坡智慧国的中心，让每个新加坡人都可以通过技术提升他们的生活质量。

3.5　日本超智能社会

日本政府在 2016 年发布的《第五期科学技术基本计划》中提出，在大数据、人工智能与物联网等信息与通信技术快速发展的背景下，日本政府与社会应加快加深技术本身的发展及基于技术的应用，将网络虚拟空间与现实物理空间进行深度融合，以提供个性化产品和服务为核心，推动继狩猎社会、农耕社会、工业社会、信息社会之后的又一社会形态——"社会 5.0"建设，其又被称为"超智能社会"。"超智能社会"在《第五期科学技术基本计划》中被理解为生活生产皆宜的活力社会，其能够通过充分结合技术与社会，精准化识别社会生活中的各项需求，让资源及时地按需配置，提供不分年龄、性别、语言等的高质量服务与生活。

3.5.1　目标

在《第五期科学技术基本计划》中，超智能社会被认为是一种可以促进人类持续繁荣的社会形态，它主要体现在以下两个方面：第一，超智能社会能够锁定并识别社会公众的发展需求与生活需要，在规定的时间内以恰当的数量为相关人士提供必要的服务和产品；第二，超智能社会需要体现公共产品与服务的非排他性，不会因年龄、性别、地域和语言的不同而提供差异性的服务，而是尽可能地满足全体公众随时获得高质量服务以及充满活力和具有较高舒适度的生活的需求。2016 年日本政府发布了《科学技术创新综合战略》，该战略计划再一次对日本所要构建的超智能社会进行了解释与汇总，具体包括构建超智能社会是以满足日本民众的需求为首要任务，以人为中心通过运用虚拟网络空间技术与真实物理技术，将虚拟空间与物理现实进行有机结合，透析社会生活生产中已有和潜在的需求，以实现发展数字经济和解决社会问题的动态平衡，从而使日本民众生活在充满机遇和幸福的理想环境中（郭雨晖等，2020）。

不难看出，超智能社会的核心思想是"人"，它以人为中心建构其中心理念与最终目标，融合以信息通信为代表的网络技术和以基础设施建设为代表的现实技术，创造服务于公众生活生产的新服务、新产品和新价值。具体来讲，超智能社会首先是基于公众生活所进行的全方位布局，包括交通、医疗、养老、产业经济、能源环保等多个方面，强调公众的多样化潜在需求实现。虚拟网络和物理空间的有机融合能更快实现超智能社会这一理想目标，而实现过程离不开由网络安全技术、物联网互通技术、大数据采集分析技术和人工智能技术等构成的虚拟网络技术，也缺不了由自动机器人技术、遥感传感技术、芯片处理器技术、生物技术和人机人脑交互技术等构成的物理空间技术。总之，日本试图以解决社会现实问题为出发点，通过在技术上融合网络空间与物理空间，深度应用 ICT 技术提升服务供给的精准化程度和个性化程度，从而酝酿新价值和新服务，让社会变得更加富裕和有活力，见图 3-2。

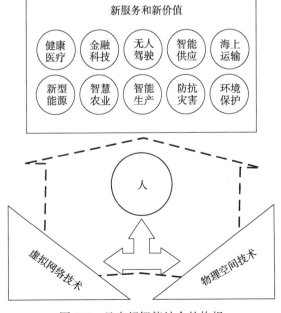

图 3-2　日本超智能社会的构想

在经济和社会迅速变革的前提下，为应对日本国内和全球范围内所爆发的各类问题，确保日本社会的可持续发展与全球化进程，日本内阁根据经济、国家安全、外交关系和教育等方面，提出推进《第五期科学技术基本计划》和建设超智能社会的主要目标：①实现可持续增长和自我维持的区域发展。②确保国家及其公民的安全及高质量的生活方式。③在全球化挑战面前，为全球化发展做出一定贡献。④促进知识创新创造，推动知识产权的持续性创新。

3.5.2　技术

人工智能、大数据、云计算、物联网等 ICT 技术，是日本建设超智能社会（社会 5.0）的核心技术。在日本长期以来经济低迷、人口老龄化给社会带来沉重负担的情况下，日本政府越来越重视信息与通信技术的发展，并期望通过技术手段解决当前经济社会问题。因此，日本政府从技术领域出发，随着超智能社会的推出，制定了一系列人工智能、大数据和物联网方面的科技政策，以建设高水准、泛应用的智能社会为目标，大力促进各级政府和大中型企业在科技创新技术中的应用与实践，推动传统行业的智慧化转型升级。

人工智能作为日本推进超智能社会建设的核心技术之一，其发展与应用受到了日本政府的高度重视。日本政府为提高人工智能相关产业的生产率，陆续发布《日本复兴战略 2016》等相关战略文件，对人工智能技术本身的发展以及基于人工智能技术的应用实践进行了重要部署，从而推动人工智能在各行各业中的应用。目前，日本总务省主要负责人工智能相关通信技术的发展，文部科学省负责人工智能的基础研究，经济产业省则致力于人工智能技术与产业的结合，促进其效能的转换。为了加强人工智能产学研各方面的融合与沟通，总务省、文部科学省与经济产业省进行深入合作，开展了"人工智能技术战略会议"，以谋求人工智能发展战略的推进与落地。

大数据方面，日本政府提出《创建最尖端 IT 国家宣言》《官民数据活用推进基本法》《开放数据基本方针》《为实现数据流通平台间合作的基本事项》，这些政策以实施开放数据战略和促进大数据应用为核心，希望数据在社会中的流通更加自由、便捷和开放，同时要求政府部门最大程度地提高所开放数据的质量，从而真正让数据在公共事业、经济活动中产生更多更大的边际效应。

在 2015 年，日本经济产业省发布《日本机器人战略：愿景、战略、行动计划》，从而进一步巩固日本机器人相关产业发展的优势地位。该项战略将人工智能软件技术与机器人硬件技术充分结合，指出在未来大力发展机器人产业，在医疗卫生、灾害防御与应对、生产制造等多元领域应用机器人。总的来看，近年来日本政府发布的有关超智能社会的技术政策见表 3-3。

表 3-3　超智能社会的技术政策

序号	发布时间	政策名称	关键技术	发布部门
1	2013 年	创建最尖端 IT 国家宣言	大数据	内阁
2	2015 年	日本机器人战略：愿景、战略、行动计划	机器人	日本经济产业省
3	2016 年	日本复兴战略 2016	物联网，人工智能	内阁
4	2017 年	人工智能技术战略	人工智能	人工智能技术战略委员会
5	2017 年	官民数据活用推进基本法	大数据	内阁
6	2017 年	开放数据基本方针	大数据	内阁
7	2017 年	为实现数据流通平台间合作的基本事项	大数据	总务省、经济产业省
8	2018 年	第 5 版下一代人工智能/机器人核心技术开发计划	人工智能	内阁

3.5.3　领域

日本建设超智能社会，除了涉及数字政府、数字经济等领域外，还包括健康医疗服务、自动驾驶与无人交通运输工具、智能供应链、基础设施与海上运输信息化、金融科技、传统能源与新型能源等，其建设焦点主要在于与公众生活息息相关的场景、领域和行业，从而促进智能化管理和公共服务的提升，打造能为公民提供优质的个性化服务的智慧社会，见表 3-4。

表 3-4　超智能社会的领域建设

序号	领域	发布时间	政策名称	发布部门
1	经济	2015 年	改革的契机——推进"改革 2020"战略	日本内阁府
2	教育	2016 年	加强产学官合作和联合研究——对承担创新的大学和研究开发法人的期待	文部科学省
3	教育	2016 年	为加强产学官合作和联合研究的指导方针	文部科学省
4	能源	2016 年	能源及环境创新战略	内阁官房国家战略室
5	交通	2017 年	官民智能交通系统构想路线图 2017	信息技术综合战略本部
6	知识产权	2017 年	知识产权推进计划	知识产权战略本部
7	农业、医疗	2017 年	规制改革实施计划	日本内阁府

（1）金融科技领域。受制于风险防范与隐私安全，日本在金融科技方面的发展相对较慢，行业进入的门槛也相对较高，而区块链技术的推出与应用实则为日本数字金融建设提供了可能。一方面，区块链进入可以大幅提高金融行业的工作效率，促进日本金融发展处于世界领先地位；另一方面，区块链技术的引入降低了公众与企业金融交易过程中的隐私数据泄露风险。因此，日本政府与金融公司、

银行签订了多层面的合作协议。法律法规上制定了有利于民间资本和社会金融生态系统的法规制度，重新修订了《分期付款销售法》，具体操作上采取了推广行业数据交换标准和电子票据，提倡电子债券交易等措施（朱启超和王姝，2018）。

（2）教育与科研领域。超智能社会建设需要新型科技人才和管理人才来推进，尤其需要通过"产学官"合作的方式，提高研究经费、培养新型人才。基于日本教育的现状，文部科学省相继出台了《加强产学官合作和联合研究——对承担创新的大学和研究开发法人的期待》《为加强产学官合作和联合研究的指导方针》等政策，强化了资方企业在教育科研中的主导地位，以便企业及时将社会需求反映到相关研究并推进成果转化，有效刺激了企业与科研院校的研发积极性。

（3）新型能源领域。新能源的开发利用对于维持国家的正常发展至关重要，是一切其他领域发展的前提保障。在超智能社会建设方面，日本政府正在大力推广新型能源，提出"氢能社会"的概念，并发布《能源及环境创新战略》，计划逐步建立更多的商业氢气加气站，并能够提升氢能产业的产值规模，以达到能够满足未来超智能社会发展的新型能源利用水平。

（4）交通领域与无人驾驶。交通作为日本超智能社会建设中必不可少的一环，其智能化发展有利于公众出行效率和质量的提高。日本政府发布了《官民智能交通系统构想路线图 2017》，在超智能社会发展战略中确立了要全面推进无人驾驶技术和自动巡航技术的发展。根据该路线图，日本政府整合相关智能技术研究机构，改进现有相对落后的制度，简化行政审批流程与手续，制定具体的超智能交通开发发展计划，并在现在的基础上促进交通基础设施的建设，使无人交通工具和自动驾驶辅助技术及装置在日本的发展拥有良性的产业发展环境。在无人驾驶方面，逐步将日产车辆安装自动制动装置，并配备安全驾驶辅助系统，使得新型交通系统能够充分体现超智能社会的建设。

（5）知识产权领域。日本在建设超智能社会的过程中，个人的知识产权和信息安全权益也日益受到重视，逐步构建起知识产权及信息安全保障机制，以期能够在新的社会环境中激发企业知识创新和研发投资的动力。为此，知识产权战略本部在 2017 年制定了《知识产权推进计划》，旨在解决社会 5.0 构想下现有知识产权政策不适应的问题，如数据共享交换所涉及的数据权问题。该项计划的推出，为超智能社会的知识、数据与信息安全提供了保障，也在一定程度上增强了研发机构的生产动力。

（6）医疗健康领域。在超智能社会构想下，日本政府致力于公众个性化的健康管理和诊疗系统，形成公众日常健康、疾病医治、康复护理为一体的综合医卫系统。日本政府从智慧医疗出发，构建区域卫生系统、智慧医院系统和家庭健康系统。物联设备可便捷地传输医疗信息，并在授权后对医患双方开放。同时，针对健康、医疗、护理等多元数据，构建医疗数据平台，一方面用于医学研究工作，推动医学数据与案例的建立；另一方面，促进相关医疗行业对数据的应用，如保险行业在出险时对相关数据的调用。

3.5.4 实现机制

超智能社会的实现主要依靠组织推动和系统的政策体系。

1. 超智能社会的组织推动

在推动超智能社会实现的过程中，发挥主要作用的是日本综合科学技术创新会议，其前身是科学技术会议（1959~2000 年）、综合科学技术会议（2001~2013年）。在阶段性演变过程中，其机构功能与核心地位不断提升，这代表着日本政府科技创新理念的更新迭代。综合科学技术创新会议在日本国内的科技创新领域中主要发挥参谋咨询的作用，对各项科技创新政策进行总体规划、编制与审议，并在执行阶段中进行监督与审议，推进各项科技创新政策的落地实现，很好地连接了政府、企业与科研院校，是日本科技创新组织体系中名副其实的"司令塔"。该组织是推动《第五期科学技术基本计划》的核心部门，其主要任务是督促超智能社会的实现，在这个科学技术基础计划中起着领导性的核心作用。

从组织架构看，日本综合科学技术创新会议主要由理事会及专项调查会构成，二者承担着不同的功能职责。

理事会：由首相担任会长，同时包括其他内阁成员和执行成员共 15 人负责科技政策的落实，具体包括内阁官房长官、科学技术政策担当大臣、总务大臣、财务大臣、文部科学大臣、经济产业大臣等。作为辅助首相与内阁的重要部门，理事会是日本综合科学技术创新会议中推动科技创新决策的核心智囊团，直接作用于内阁政策的形成，理事会原则上是按月召开，每月一次，主要内容是对日本科技创新政策、技术发展规划及发展方向进行计划性立案或阶段性综合审议。

专项调查会：其作为日本专门的评估性机构，通过营造良好的科技创新氛围与环境，为企业、政府的科技创新项目提供有利的孵化空间，同时推进跨部门合作与国际交流。日本综合科学技术创新会议下设若干专项调查会，针对具体领域进行专门的指导与评估，并给予方向性对策建议。截至 2019 年，已成立五个专门的调查会负责科技创新政策推进、重要领域课题、生命科学伦理等方面的专项调查。

2. 超智能社会的政策体系

日本超智能社会的政策体系主要体现为纵向有序推进和横向领域发展两个方向。首先，在纵向有序推进方面，2016 年内阁发布《第五期科学技术基本计划》，其主要内容涉及如何推进"社会 5.0"以及与之相关的六大措施。之后陆续出台的

《科学技术创新综合战略》与《综合创新战略》，一方面是对具体建设领域的落实与迭代，另一方面又是逐步完成对日本超智能社会概念的扩充与深化，展现出在超智能社会阶段性建设过程中对旧问题的解决以及对新问题的挖掘。其次，在横向领域发展方面，以推动人工智能为主，建设超智能社会的技术领域政策体系与实践应用。例如，由日本内阁颁布的《日本复兴战略 2016》和《官民数据活用推进基本法》，以及日本人工智能技术战略委员会发布的《人工智能技术战略》，都反复强调促进人工智能、大数据、物联网等技术的发展与应用，这是推动日本政府解决当下社会经济重大问题的关键一环。

《科学技术创新综合战略》（2016）规定了主要以网络平台和信息技术来推动超智能社会的深化，重点强调了网络空间和物理空间的双向深度交融，并详细布局了人力资源发展、科学研究与教育、新兴产业建设、科技创新技术四个主要方面。具体包括培养年轻一代科学研究人员，为青年学者提供更好的科研条件，促进女性进入科学创造与行政管理工作中并承担主要角色，全面深化高校管理制度以及科研经费相关分配使用的改革，从而构建覆盖人才创造、知识创新、资金流通的良性科学创新循环系统，加快科学创新技术的发展（表 3-5）。2017 年，日本政府再次更新《科学技术创新综合战略》。该战略继续沿革之前超智能社会的建设历程，针对暴露出的问题进行补充，并对已有建设进度进行拓展与完善。同时，在 2017 年的《科学技术创新综合战略》中，强调了官民共同投资的推动作用，以及呼吁政府和社会共同建设超智能社会的重要性，这也是日本政府由于财政状况的恶化和科研投入的低迷而想要推动本国科技发展的现实选择。除此之外，在 2016年的战略基础上，2017 年的战略额外指出了在应对经济和社会问题上，应确保国家和国民的生活品质，以及在全球挑战下超智能社会对世界发展的贡献。2018 年发布的《综合创新战略》对科研与教育改革的重要性进行了重申，明确了日本超智能社会应重点改善的具体现实领域，如培养更多涉及人工智能专业的科技人才，促进智慧能源的实现以推动环境改善，提倡农业生产领域的自动化。

表 3-5　纵向政策推进

领域	《科学技术创新综合战略》（2016）	《科学技术创新综合战略》（2017）	《综合创新战略》（2018）
总体	超智能社会的深化和推进 ——构建超智能社会发展平台 ——建设超智能的基础技术	实现超智能社会（社会 5.0）的必要举措 ——继续推进超智能社会（社会 5.0） ——稳步扩大科技创新官民投资的主导权 ——稳步实行"针对社会 5.0 的推广和政府研发投资目标的实现"计划	

领域	《科学技术创新综合战略》(2016)	《科学技术创新综合战略》(2017)	《综合创新战略》(2018)
人才	加强人才力量 ——注重青年人才的培养 ——注重女性人才的培养 ——注重人才培养的多样化		扩大人工智能专业的人才 ——防止科技人才出现短缺问题,大力培养信息与通信技术相关人才,扩大理工类专业教育水平
教育与科研	推进大学改革和研究经费改革 ——管理体制上,推行校长领导下的持续管理改革 ——研究经费上,投入资金以支撑大学和教育领域的稳定可持续发展	加强资金改革 ——强化对科研院校相关创新研究的经费支持 ——促进科研项目的成果转化	大学改革 ——形成政府资助、企业运营的模式,促进官产学研相结合,通过相关配套政策激励社会资本向高校科研项目与教育的投入 ——提出创立"大学改革支援产学官协议会",促进产学官一体化发展
产业与创新	构建包含人才、知识与资金的系统,推动循环发展 ——强化结构,推动创新 ——加强创造中小风险企业,挑战新任务	面向创新人才、知识、资金良性循环的创新机制 ——优化产学官充分协作,促进科学技术创新发展 ——鼓励中小型风险企业发展 ——构建有助于"地方创生"的创新系统	
技术发展	加强科学技术创新的推进功能 ——推进大学和国立研究开发机构的改革 ——初级国际交流合作,建立针对国内外一体化战略的布局与规划 ——强化日本综合科学技术创新会议的"司令塔"功能,从战略角度进行 PDCA 循环,即规划(plan)-执行(do)-监督(check)-完善(act) ——掌握科学技术创新政策的整体蓝图,并有效利用本综合战略,从而将有限的资源适当分配在必要的领域中	加强科学技术创新的推进功能 ——推动高等院校和研究机构的改革 ——根据研究开发的特性提升政府办事效率 ——制定与完善科技政策,深化日本综合科学技术创新会议的"司令塔"功能	加强政府对创新的支持 ——突出创新技术在政府购买服务和社会保障服务中的地位,从而通过公共服务和社会治理,促进科技应用
社会		应对经济社会问题的策略 ——可持续性发展和社会按地域区划自主发展 ——打造舒心安全的高品质生活 ——解决全球性问题,应对世界发展	加强农业发展 ——强化农业发展中的智能技术应用,建立数据型基础设施,推动农业供应链的智能化,将准天顶卫星技术用于农业实践 推广新型能源 ——加强氢能源的推广与应用,构建新能源管理系统的技术路线,促进环境领域中能源数据基础设施建设,实现能源数据的共享与应用

3.6 国外智慧社会建设的经验借鉴

纵观国外建设智慧社会的实践活动,可以发现一些值得借鉴的有益经验。

3.6.1 重视人本主义

人本主义是建设智慧社会的核心思想,这在诸多国家建设智慧社会中得到了印证,以英国和新加坡为例。英国的数字政府、数字经济以及智慧城市的建设都展现了以人为中心的发展思路。智慧社会的建设是为了满足民众的需要与提升民众的体验。在具体的建设过程中,更多围绕民众关注和急需解决的民生服务,如医疗、教育、交通、社保、就业等,应用信息通信技术手段,提高政府服务水平与能力,更好地满足民众需要,强化市民体验感,提升智慧社会中民众的幸福感和满意度,从而实现智能社会中人的智能。新加坡智慧社会的建设是为了确保所有新加坡人都能获得可以改善日常生活的技术,并具有能够安全和自信地使用这些技术的能力和专业知识,最大限度地利用数字社会的机会,从而改善人们的生活。新加坡政府在智慧社会建设中,不仅注重建立高速、广覆盖、智能化的通信基础设施,对城市实施实时监控预防,打造弹性社区;还强调多元主体协同参与,推出了一系列公民数字技能提升培训计划,让公民能够充分参与智慧社会的建设,并积极引入企业组织和非企业组织参与社区建设,供给公共产品和服务。

3.6.2 重视制度系统性与连续性

利用国家政权力量为智慧社会建设营造有力的政策支持,包括宏观的国家政策、具体领域的政策和技术发展政策,形成政策体系。智慧社会的建设是一个系统工程,因此政府政策的引导对智慧社会的建设起到了明显的推动作用。此外,政策系统性和连续性为智慧社会建设的可持续性提供了有力保障。以英国政府为例,英国将开放政府数据放在政府数字化战略的首要地位,这一举措确保了英国在开放数据领域位居世界各国前列。自 2011 年起,英国政府开始重视开放政府数据的重要地位,先后颁布了《开放政府伙伴关系英国国家行动计划 2011—2013》《开放政府伙伴关系英国国家行动计划 2013—2015》《英国开放政府国家行动计划 2016—2018》三大计划。其中,《英国开放政府国家行动计划 2016—2018》明确了开放政府具体的开放标准和开放程度、数据公开后的影响及社会对开放数据的反应、数据开放的现实价值,以及各部门的权力与责任,全面地公布了各类重要信息(黄如花和刘龙,2017)。这些政策围绕政府数字化与政府数据开放,形成了政策体系,使其战略规划具有连贯性,并且前后政策具有继承和发展的关系。

在制度建设中，应当重视合作参与，加强与高校等科研机构的合作，加大投入力度。高校等科研机构是智慧社会建设重要的组成部分。因此，政府非常重视科研机构参与智慧社会相关技术的研发，并对其进行扶持。2017年，英国政府发布《英国数字化战略》指出，为了保障英国在科技领域位居世界各国的前列，2017~2020年大力投资科技研发。对于日本政府来说，为了丰富科学研究的参与主体，使政府、企业、学校和独立研究所等主体能共同参与科研，促进技术专家、科研载体和科研经费形成良性循环体系，日本政府特地设立科学、技术和创新委员会。该委员会旨在完全打破技术专家、科研载体和科研经费之间的壁垒，以确保《第五期科学技术基本计划》中设定的6万亿日元战略投资计划能圆满实现。具体而言，日本政府持续推进开放创新，建立适应企业、大学和公共研究机构合力推进科学创新技术发展的体制机制框架，促进人力资源在产学官各主体中的流动、聚拢，防止人才分散与重复建设；对于中小企业和风险投资企业，鼓励投资具有挑战性的技术研发与应用行业，加大中小企业在创新发展环境中的市场份额；政府推动知识产权与标准的灵活利用，营造更为科学、公平、健康、可持续的创新创业制度环境（王玲，2016）。

3.6.3 重视数字基础设施建设

重视数字基础设施建设，提升智慧社会建设的硬实力。2017年《英国数字化战略》的七个组成部分中，第一部分的内容就是为英国建立世界一流的数字基础设施。英国颁布《数字经济法》的目的就是建立更好的数字化基础设施并为使用数字化服务的公民提供保护。数字政府战略中也将数字化基础设施建设作为重要内容。人工智能作为超智能社会的技术核心力量，将成为大数据、云计算、物联网等新兴科技之上的另一技术体系。日本在提出超智能社会之后，陆续发布以人工智能为主的科技政策，并指出人工智能在日本构建超智能社会中的两条主线：①替代人力参与生产自动化、无人配送和物联网；②应用于医疗健康和护理、自动驾驶等领域，以缓解人口老龄化问题。

3.6.4 重视人才的培养

强化人才培养，推进大学相关专业发展与改革。"超智能社会"的概念定型后，重点领域是大学管理和科研体制改革，在政府的财政支持下，形成政府、企业联动，并开展公益性的大学运营模式。日本政府鼓励大学从民间渠道筹集科研资金。我国高等院校逐步进行学科优化，加强理工类学科的发展实力，尤其是形成以人工智能为主的相关学科人才培养体系，建立人工智能学院与研究中心，培养人工智能基础理论与技术应用人才。同时，深化人工智能技术与社会领域学科的融合交流，建立公共管理、城市管理等多元化的复合型人才体系建设。新加坡政府认为产业结构升级转型是新加坡必须面对的新经济挑战，其通过项目制驱动，出台了《中小企业数字化计划》等企业数字化转型扶持政策，联合行业协会构建统一的数字标准和商务人才数字化培训计划，以推动新加坡传统产业结构向数字化转型。

第4章

我国建设智慧社会的现有
基础和风险挑战

智慧社会的建设并非另起炉灶。我国在智慧城市、农村信息化、信息基础设施建设等方面已经积累了较为丰富的技术经验与扎实的制度基础。因此，本章将首先从技术和制度分析的视角研究我国建设智慧社会的现有基础；其次，构建智慧社会建设的全生命周期阶段模型，分析建设智慧社会的过程中可能面临的风险挑战。

4.1　建设智慧社会的现有基础

4.1.1　基于技术与制度的分析维度

智慧社会的建设需要有相应的制度基础和技术基础。从技术积累和制度构建两个角度来看，我国在多年的发展中，已经在智慧城市、农村信息化和信息基础设施建设方面打下了较好的基础，这也成为本书选择从技术视角和制度视角这两个在演化经济学中扮演重要角色的维度对中国现有基础进行审视的原因。

本质上讲，技术与制度是人类经济社会生活中所创造和积累的两种知识体系（王俊和王树春，2018）。技术是关于人与自然的知识的集合，制度则是关于人与人、人与社会的知识的集合，同时技术与制度也是交融的（黄其松，2018）。可见，技术与制度是我国智慧社会建设中两个最为重要的维度。以云计算、互联网、人工智能等为代表的新兴信息技术将构成推动智慧社会建成和发展的直接动力。梳理当前我国建设智慧社会的制度基础，有助于明确当前我国存在的技术短板，展望未来支撑智慧社会建设的技术趋势。同时，在技术应用的过程中，必然会出现一系列的经济社会问题，如信息安全、个人隐私、道德伦理等方面的问题。这时需要相应的制度规范，一方面，着力解决技术应用中出现的问题；另一方面，发挥政策的指引性作用，加强智慧社会关键领域的建设，并提供相应的保障。总的来说，技术与制度维度为本书的研究提供了很好的分析视角。

4.1.2 建设智慧社会的技术基础

数字时代中人们的生活会发生哪些变化，尼葛洛庞帝在其著作《数字化生存》中给出了答案。目前，数字科技的发展及其对于人类社会的渗透远远超过了这位著名未来学家的预测与想象，不仅人类个体的日常生活已经被数字科技包围，整个社会形态也在数字科技的冲击下迅速发生改变。信息技术的进步给社会形态带来的深远影响被人类达成共识，建设智慧社会显然离不开广泛信息技术的支撑，因此有必要对当前我国建设智慧社会的技术基础进行梳理，明确其对智慧社会建设的作用。

1. 技术体系框架

中国通信标准化协会于 2013 年发布《智慧城市总体框架和技术要求》，将感知和延伸层、网络和信息设施层、数据和平台层、应用层分别作为智慧城市的技术体系架构的内容。按照这一基本规律，结合智慧社会的内涵，可将智慧社会的技术架构从最低层到最高层依次划分为物理层、网络层、数据层、智能层和应用层，如图 4-1 所示。

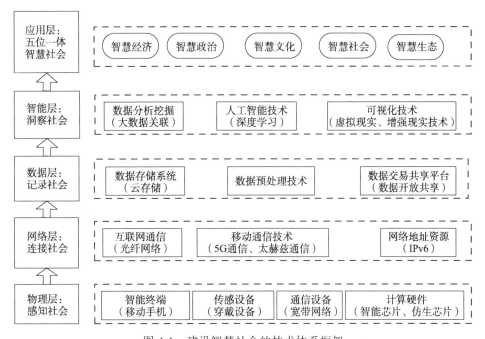

图 4-1 建设智慧社会的技术体系框架

IPv6 的全称为互联网协议第 6 版（Internet Protocol Version 6）

物理层由各类物理设备和硬件组成，主要提供了智慧社会的硬件载体，主要包括各种智能终端、传感设备、通信设备、计算硬件等。连接物理硬件的网络和通信技术是网络层的主要元素，能够实现对硬件设备及物理层使用主体的连接，主要包括光纤网络代表的互联网通信、逐渐兴起的移动通信技术以及网络地址资源。数据层是对智慧社会各主体的全面记录与描述，也是智慧社会的重要资源，主要的技术涉及数据存储系统、数据预处理技术和数据交易共享平台，以实现数据的最大化价值为目的，为数据的智能分析提供基础。智能层则是对记录的数据资源进行智能挖掘分析，发现隐藏在数据中的潜在规律和特征，实现对智慧社会的洞察，主要技术包括以发现关联性为主要特征的数据分析挖掘、以深度学习为代表的人工智能技术、虚拟现实和增强现实下的可视化技术（张龙鹏等，2019）。应用层负责将各类功能整合在一起，以提供完整有效的智慧社会建设方案，包括智慧经济、智慧政治、智慧文化、智慧社会、智慧生态。

2. 技术基础分析

下面具体将从物理硬件、网络通信技术、大数据资源、人工智能技术、智慧应用等角度阐述我国智慧社会建设的技术基础。

1）物理硬件：智慧社会的触觉感知

A. 传感设备技术及应用状况

在进入 21 世纪后，各国纷纷走向传感器技术领域竞技场，并将作为信息技术三大基础之一的传感器技术纳入本国优先发展的高精尖技术范畴。传感器技术涉及大量知识，其研发活动与其他领域的技术创新密切相关。现阶段，我国已经有了含开发和系统搭建在内的较为完整的产业链，能够实现芯片、设备和软件平台的开发，能够完成系统集成、电信运营和物联网服务的搭建。截至 2015 年，数据算法模型在我国的连接数已经超过 7200 万，同比增长 45%。射频识别产业规模超过 290 亿元，传感器市场规模将近 1100 亿元（李赞，2018）。

工业和信息化部于 2021 年印发的《"十四五"信息通信行业发展规划》进一步凸显了信息通信行业的功能和定位，是进一步推进信息通信行业高质量发展的指导性文件。该文件指出，到 2025 年，基本建成高速泛在、集成互联、智能绿色、安全可靠的新型数字基础设施。

B. 通信设备技术及产业状况

通信运营商及内容服务商提供相应的设备和软件，为用户提供各种用于终端接收的应用设备，在通信产业中起着举足轻重的作用。以交换机为例，通信网络中的数据交换和业务控制功能是核心网设备所承担的重要内容。华为技术有限公司、中兴通讯股份有限公司等国内高科技企业在核心网设备方面显示出了极强的竞争力。在我国，当前承担终端接收任务的主要是移动通信设备，如手机和电脑，二者主要在移动通信网络中发挥作用，在固定通信网络中起作用的设备主要是宽带网络终端、xDSL（x digital subscriber line，数字用户线路）接入终端、IPTV（interactive personality TV，交互式网络电视）机顶盒等。在我国，接入方式没有借助铜线、光纤同轴电缆混合和以太网，而是以无线接入和光纤接入为主。过去的几十年中，网络强国、大数据、"互联网+"等战略的确为我国通信业的增长注入了强劲的动力，2016~2020 年通信运营商的投资完成额表现优异就是有力的证明。根据工业和信息化部印发的《信息通信行业发展规划（2016—2020年）》，我国仅剩不到 10%的城市地区的家庭不具备光纤接入能力，不到 25%的行政村未能开通光缆。并且，我国在 4G 建设上取得了夺目的成绩，超 180 万个基站覆盖于全国各地，成了全球第一规模的 4G 大国。以上表明，经过"十三五"规划的五年时间，我国已经在信息通信基础设施建设方面取得了进一步成绩。

此外，工业和信息化部发布的《2016 年通信运营业统计公报》中显示：我国电信固定资产投资规模在 2016 年达到了 4350 亿元，与 2010 年相比投资完成额增加 1328 亿元，年复合增长率达 6.26%。我国拥有庞大的通信设备需求市场，这得益于 2015 年与 2016 年连续两年均超 4000 亿元的电信固定资产投资完成额，极大地刺激了市场需求。

目前，我国第四代移动通信系统关键技术已入围国际 4G 主流标准，通信设备制造业产业良性发展，产业链正朝着更高水平方向迈进，科研能力大有进步并在关键领域取得突破性进展，包含固定宽带相关设施在内的基建水平显著提高。同时，随着移动通信系统技术的不断迭代升级，5G 在中国经济社会高质量发展中的潜力正在逐步释放，2023 年，三家基础电信企业和中国铁塔股份有限公司共完成电信固定资产投资 4205 亿元，其中，5G 投资额占全部投资的 45.3%，其规模化应用有望实现强势发展，助力千行百业实现转型升级和提质增效。这一切都得益于中国在过去几十年中在借鉴海外先进技术的背景下坚持自主创新，相信在国家大力支持和国际社会日益认可的背景下，中国的通信设备制造业必将更上一层楼。

C. 计算硬件设备技术状况

第一，AI 芯片。虽然 AI 芯片没有公认的定义，但一般认为 AI 芯片就是应用于 AI 技术的芯片，并可以根据设计方式的差异分为加速芯片、仿生芯片和通用AI 芯片。由于 AI 的计算任务和性能的要求较具多样性，所以高度并行的处理能力能够支持各种长度数据的按位运算、固定运算、浮点运算，实现计算元件和内存之间的灵活且多样的连接是理想 AI 芯片所必须具备的。同时，理想 AI 芯片要满足低能耗、高效率的条件（尹首一等，2018）。AI 领域里，算法和应用都在高速发展，但由于芯片产品的开发成本和生产周期都是根据其独有的应用程序、算法或脚本得出，因此很难在短期内进行调整。AI 芯片设计的一个指导原则是针对特定领域设计而不针对特定应用，具有可重构能力的 AI 芯片可以广泛地在各类应用中使用。

截至 2019 年，全球 AI 芯片的市场规模已超过 30 亿美元。随着国外著名互联网企业如 Facebook（脸书）、Amazon（亚马逊）、Microsoft（微软）、Google（谷歌）的参与，以及腾讯、百度、阿里巴巴等国内互联网巨头相继进军 AI 芯片行业，全球 AI 芯片行业水平在人才、资金、技术等方面得到了显著提升，市场规模极速扩张。AI 芯片行业在我国同样发展迅速，目前市场规模已超 25 亿美元，且有继续扩大的趋势。目前全球各大芯片厂商都在积极地对 AI 芯片展开布局，如国际知名芯片供应商英特尔推出了可高速访问的神经网络计算架构，其反应速度及运算能力居世界前列。许多新生代公司也将目光瞄准了 AI 芯片行业，竞相推出相应的 AI 芯片产品和配套硬件系统。遗憾的是，目前尚无一款能够通用的处理器级 AI 芯片。在语音识别、机器翻译、图像识别、交通规划、自动驾驶、安防监控、智慧物联网等领域，AI 技术已经起到了至关重要的作用，然而达到 AI 应用普及和大规模商业化还有很长的距离。

第二，GPU（graphics processing unit，图形处理单元）技术。GPU 通过将大量核心集中在一起，组成一个集成性的并行计算架构，进而实现多任务处理。由于中央处理器并不具备处理复杂图形的能力，所以对于复杂 3D 图形的处理能力是 GPU 区别于传统 CPU（central processing unit，中央处理器）的特殊性能，也是其最初的设计目的。GPU 的核数远超 CPU，所以 GPU 能在执行复杂的并行计算并快速进行图形渲染上起到关键的作用。相比 CPU，GPU 的核心拥有的缓存更少，运算逻辑更简洁，因此拥有更快的任务处理速度。

目前，鉴于 GPU 较为成熟的发展状态，一些公司也开始利用 GPU 进行搜索优化和图像分析等，其中包括腾讯、阿里巴巴和谷歌这样的互联网巨头。与此同时，GPU 已经走进虚拟现实/增强现实行业。此外，GPU 芯片在无人驾驶技术中也起到了至关重要的作用。Tractica LLC 公司曾指出 GPU 将出现爆炸式增长的趋势。其中，GPU 在人工智能领域的市场规模将从 2016 年的不到 1 亿美元增长到 2025 年的 140 亿美元。

第三，处理器技术。作为一种大型综合信号处理设备，数字信号处理器用以实现信号处理任务，在信号与信息处理、通信与信息系统、航天航空等领域广泛应用。由于其应用领域需要大量的计算，数字信号处理器通过内部配有的独立乘法器和加法器对其运算效率进行了提升。处理视觉系统的数字信号处理器是目前应用于 AI 领域的主力军，同时其在无人驾驶、监控安防、无人机等方面也有广泛的应用。数字信号处理器在深度神经网络方面拥有一套特有的加速部件，如矩阵乘法加速器和累加单元（累加器）、全连接的激活层和池化层等。由于数字信号处理器具有高速灵活、体积小、能耗低和可编译等特点，其在终端设备中也得到了广泛的使用。

作为 CPU 的协处理器存在，众核处理器将多个分处理核心集中在一起进行运算，高性能计算是其主要的服务领域。在气象模拟、基因测序等需要高度并行的密集型计算任务中，众核处理器也起到了重要的作用。与 GPU 相比，众核处理器能处理更加复杂的运算。2000 年起，众核处理器的研究一直是行业的重点内容，如 Kalray MPPA 和 IBM Cell，以及英特尔的 Xeon Phi 都是典型的众核处理器，其中 2017 年发布的基于英特尔第二代 Xeon Phi 代号为 KNL（Knight's Landing）的处理器是当时世界上最先进的众核处理器。

第四，仿生芯片技术。当今，类脑仿生芯片主要以神经拟态芯片为基础，通过计算机技术对生物脑运行模式进行模拟，从而构建类似于生物脑的电子芯片。神经拟态是对生物神经元的数字模拟，神经拟态计算主要是通过使用模拟、数字或模数混合超大规模集成电路和软件系统等方式构建神经网络模型，并在此基础上构建智能系统的研究。神经拟态工程发展为一个包含众多理工学科的大型交叉学科。神经拟态研究越来越多地出现在人们的视线中，如欧洲脑计划、美国脑计划，以及中国的脑科学与类脑研究计划等都受到了各国政府的高度重视和大力支持。脑结构研究的结论启发了复杂神经网络研究，将能耗低、延迟低、处理迅速和多时空连接转化为自身的特点。在材料技术的选用上，硅和非硅技术是当前神经拟态芯片的主要设计方式。

2）网络通信技术：智慧社会的连接纽带

智慧社会的网络层主要是连接物理硬件的网络通信技术，能够实现对硬件设备和物理层使用主体的连接，主要包括光纤网络代表的互联网通信、5G 技术逐渐兴起的移动通信技术以及网络地址资源。

移动网络技术在当前万物互联的背景下将成为重要的通信网络支撑。2013 年，以欧盟第七框架计划为标志，5G 技术开始进入研究阶段。我国也在 5G 领域全力追赶，典型的表现如华为经过近十年深耕，摘下全球 5G 标准核心必要专利数量桂冠，达到 1970 件。目前，即使在世界范围内，华为的 5G 事业也呈现出优异的表现。

目前在我国信息化高速发展的背景下，自动化、集成化和智能化成为网络技术与行业的重点。智能化移动互联网技术更是当前的技术焦点，并将在与移动互联网深度融合下成为未来的主要发展趋势和技术焦点，二者的融合更是未来发展的主要趋势之一。

太赫兹以其更大的信息传输量、更高的频段实现了在大容量传输场景的应用，从而逐渐在通信基础技术领域崭露头角。在空间通信方面，太赫兹波可以作为高速宽带的通信载体，具有极高的方向性和穿透能力，因此适用于恶劣环境下的短距离保密通信，也适用于高带宽需求的卫星通信领域。近年来，由国内知名高校联合共建的太赫兹科学协同创新中心，取得了很多技术突破，成为通信基础技术的一个关注点。

3）大数据资源：智慧社会的资源记录

对智慧社会各主体的全面记录与描述所形成的大数据，也是智慧社会的重要资源。大数据是人工智能运行的燃料，同样智慧社会的成功运行也离不开社会运行中涵盖企业和个人多种形态的数据资源的支持。大数据已成为社会治理创新的技术驱动力，数据驱动的智能化社会治理成为社会治理创新的发展趋势（刘冬雪等，2018）。

大数据技术涉及大规模数据的并行存储技术、数据的预处理技术和数据的交易共享技术等，以实现数据的最大化价值为目的，为数据的智能分析提供基础（王静远等，2014）。在大数据的交易与共享中方能实现价值生成，让数据真正成为一种与劳动力、土地和能源无异的生产要素，引导资金、人才和技术流动，推动产业升级和模式创新。数据交易与共享是我国大数据发展的关键环节，也是数据价值生成的必由之路。为了实现大数据的价值，一些地区和企业已经开始尝试在政策引导下为数据制定价格和交易方面的标准。但由于我国在大数据交易方面仍在探索，主要的交易类型集中在原始数据"粗加工"交易上，尚未大规模开展数据预处理、数据模型、数据金融衍生品等内容的交易。此外，供需矛盾也是交易中的痛点，社会有效需求得不到满足，成交率和成交金额受到制约。最后，缓慢的数据开放脚步、全国性的规范体系与法规保障的缺失，也限制了解决数据交易体量小、定价难、确权难等问题的速度。

4）人工智能技术：智慧社会的核心洞察力

智慧社会智能层是对记录的数据资源进行智能挖掘分析，发现隐藏在数据中的潜在规律和特征，实现对智慧社会的洞察研判，主要技术包括以发现关联性为主要特征的数据分析挖掘、以深度学习为代表的人工智能技术，以及虚拟现实和增强现实下的可视化技术。

人工智能技术的快速发展和应用推广为智慧社会建设提供了很好的基础。1956 年约翰·麦卡锡首次提出人工智能概念后，该概念迅速升温，然而莫衷一是。尽管如此，学界一般认为，人工智能学科的基本要义为：让机器模拟人类行为规律，使其能够像人一样学习、思考和工作。经过了多年发展，人类已经在某些领域中取得了人工智能技术的可观进展，甚至在某些情境中超越人类智力表现。

在全球人工智能迅速发展的背景下，我国经过数十年的发展，在 2018 年实现了领域内论文总量和高被引论文数量全球第一，培育出了 100 多家人工智能企业，排名世界第二，在视觉识别、机器翻译、中文信息处理等多个领域走在世界前列。我国人工智能不仅发展成果可喜，发展时间也较短，现已拥有齐全的研发机构和数量可观的高质量研发产出，短时间内的快速发展离不开多样化的政策支持和充足的资金注入。

5）智慧应用：技术与生活的融合

中国网民规模已于 2018 年突破 8 亿大关，达 8.29 亿人，互联网普及率达到59.6%[①]，庞大的网民数量构成了智慧社会应用的用户基础。具体应用中，电子商务、移动社交、互联网文化传播等与人民生活日益密切的领域已经发展得相当成

---

① 《中国网民规模达 8.29 亿》，http://www.gov.cn/xinwen/2019-02/28/content_5369303.htm，2019年 2 月 28 日。

熟，成为经济增长的重要动力。此外，在政府治理方面的应用尽管起步较晚，但也逐渐发展并形成特色。

我国在线政务服务用户于 2018 年突破 3 亿人，年底在线政务服务用户已达到 3.94 亿人，占整体网民的 47.5%[①]。近年来，我国"互联网+政务服务"深化发展，各级政府依托网上政务服务平台，推动线上线下集成融合，实时汇入网上申报、排队预约、审批审查结果等信息，加强建设全国统一、多级互联的数据共享交换平台，通过"数据多跑路"，实现"群众少跑腿"。但是，当前的政务服务在数据交互共享、在线智能服务、精准服务推送等方面依然有待进一步发展（陈涛等，2018）。在智慧社会治理及其他应用方面，利用大数据、云计算、人工智能等信息技术推动社会治理创新，破解治安防控、环境污染治理、信息安全保护等难题已有显著发展，如解决城市难题的"城市大脑"、党组织管理的"智慧红云"（黄娟等，2016）等典型应用。尽管基于信息技术的智慧社会应用不断发展，但背后的风险也值得关注，如个人隐私安全风险、法律风险、伦理风险等（马长山，2018）。

4.1.3　建设智慧社会的制度基础

我国智慧社会的建设并非毫无基础，而是在智慧城市、农村信息化建设的基础上，进一步推进智慧社会的建设，实现我国经济社会的高质量、和谐发展。现阶段，我国已经从智慧城市、农村信息化等多个领域颁布了一系列的政策措施，从而奠定了建设智慧社会的现实制度基础。已出台的政策措施呈现一定的碎片化特征，缺乏整体性。因此，我们有必要对现有政策做一个系统的梳理，以明晰智慧社会建设的制度基础。

1. 政策体系框架

纵观我国经济发展过程，在发展过程中往往注重城市，较少关注农村，这导致中国在发展过程中长期保有二元经济结构，城乡之间存在较大鸿沟。智慧社会的提出不再区分城市与农村，而是旨在缝合城市与乡村之间的鸿沟，实现我国社会的一体化发展。智慧社会的建设需要落实到城市与农村发展的具体领域，主要包括经济、民生、生态、政务四大领域。同时，四大领域同样离不开智慧基础设施。智慧城市、数字乡村、数字经济等方面的政策均以国家信息化规划为蓝图。国家信息化规划可以说是目前我国智慧社会建设的顶层设计方案。如图 4-2 所示，我国建设智慧社会的政策体系分为四个层次：国家信息化规划，智慧城市与数字乡村建设的政策，经济、民生、生态、政府、文化等具体领域智慧化建设的政策，智慧基础设施的政策。

[①]《中国互联网络发展状况统计报告》发布在线政务服务近 4 亿用户，http://www.gov.cn/zhuanti/2019-03/01/content_5369625.htm，2019 年 3 月 1 日。

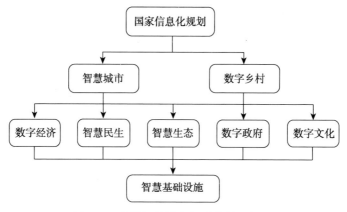

图 4-2 建设智慧社会的政策体系框架

2. 政策文本梳理

我国的公共政策是自上而下实施的，因此本部分主要就国务院及中央部委颁布的相关政策文件进行分析。表 4-1 不完全列举了智慧社会建设的政策文件。

表 4-1 我国建设智慧社会的主要政策

政策领域	政策名称	颁布部门	颁布时间
国家信息化规划	2006—2020 年国家信息化发展战略	中共中央办公厅、国务院办公厅	2006 年
	"十三五"国家信息化规划	国务院	2016 年
智慧城市	国家智慧城市试点暂行管理办法	住房和城乡建设部办公厅	2012 年
	国家智慧城市（区、镇）试点指标体系（试行）	住房和城乡建设部	2012 年
	国家新型城镇化规划（2014—2020 年）	中共中央、国务院	2014 年
	关于促进智慧城市健康发展的指导意见	国家发展和改革委员会等	2014 年
	关于开展智慧城市标准体系和评价指标体系建设及应用实施的指导意见	国家标准化管理委员会等	2015 年
	新型智慧城市建设部际协调工作组 2016—2018 年任务分工	国家发展和改革委员会等	2016 年
	关于组织开展新型智慧城市评价工作务实推动新型智慧城市健康快速发展的通知	国家发展和改革委员会办公厅等	2016 年
	新型智慧城市评价指标（2016 年）	国家质量监督检验检疫总局等	2016 年
数字乡村	关于开展信息进村入户试点工作的通知	农业部	2014 年
	关于开展农民手机应用技能培训提升信息化能力的通知	农业部	2015 年
	关于推进农业农村大数据发展的实施意见	农业部	2015 年
	"互联网+"现代农业三年行动实施方案	农业部等	2016 年

续表

政策领域	政策名称	颁布部门	颁布时间
数字乡村	"十三五"全国农业农村信息化发展规划	农业部	2016 年
	全国农业现代化规划（2016—2020 年）	国务院	2016 年
	数字农业建设试点总体方案（2017—2020 年）	农业部	2017 年
数字经济	促进大数据发展行动纲要	国务院	2015 年
	大数据产业发展规划（2016—2020 年）	工业和信息化部	2016 年
	"互联网+"人工智能三年行动实施方案	国家发展和改革委员会等	2016 年
	机器人产业发展规划（2016—2020 年）	工业和信息化部等	2016 年
	新一代人工智能发展规划	国务院	2017 年
	关于深化"互联网+先进制造业"发展工业互联网的指导意见	国务院	2017 年
	高端智能再制造行动计划（2018—2020 年）	工业和信息化部	2017 年
智慧民生	关于智慧物流配送体系建设实施方案	商务部办公厅	2015 年
	智慧交通让出行更便捷行动方案（2017—2020 年）	交通运输部办公厅	2017 年
	推进智慧交通发展行动计划（2017—2020 年）	交通运输部办公厅	2017 年
	智慧社区健身中心建设试点工作方案	国家体育总局办公厅	2018 年
	智慧健康养老产业发展行动计划（2017—2020 年）	工业和信息化部等	2017 年
	最高人民法院关于加快建设智慧法院的意见	最高人民法院	2017 年
智慧生态	中国智慧林业发展指导意见	国家林业局	2013 年
	"互联网+"绿色生态三年行动实施方案	国家发展和改革委员会办公厅	2016 年
	关于推进"互联网+"智慧能源发展的指导意见	国家发展和改革委员会等	2016 年
数字政府	关于加快推进"互联网+政务服务"工作的指导意见	国务院	2016 年
	"互联网+政务服务"技术体系建设指南	国务院办公厅	2016 年
	推进"互联网+政务服务"开展信息惠民试点实施方案	国家发展和改革委员会等	2016 年
	关于加快推进全国一体化在线政务服务平台建设的指导意见	国务院	2018 年
数字文化	关于进一步加强公共数字文化建设的指导意见	文化部、财政部	2011 年
	关于推动数字文化产业创新发展的指导意见	文化部	2017 年
	关于推动数字文化产业高质量发展的意见	文化和旅游部	2020 年
	关于推进实施国家文化数字化战略的意见	中共中央办公厅、国务院办公厅	2022 年
智慧基础设施	关于推进光纤宽带网络建设的意见	工业和信息化部等	2010 年
	"宽带中国"战略及实施方案	国务院	2013 年
	关于加快高速宽带网络建设推进网络提速降费的指导意见	国务院办公厅	2015 年
	信息基础设施重大工程建设三年行动方案	国家发展和改革委员会等	2016 年

中国在 2006~2020 年执行的信息化发展战略，也是我国建设信息化社会长期坚持的发展战略。《2006—2020 年国家信息化发展战略》的截止期限快要到来时，《"十三五"国家信息化规划》进一步落实了这一长期发展战略，以更好地完成战略目标。在我国由信息化社会向智慧社会过渡的历史进程中，我们应该重新审视我国智慧社会建设的制度基础，提出适应未来发展的顶层设计方案，以使我国在未来智慧社会的建设中走在世界前列，做出中国方案。

智慧城市和数字乡村建设相关政策文件主要由住房和城乡建设部与农业部（2018 年已撤销，现为农业农村部）颁布，前者遵循"顶层设计→实施路径→绩效评估"的逻辑搭建起我国智慧城市建设的制度框架。譬如，《国家新型城镇化规划（2014—2020 年）》、《关于促进智慧城市健康发展的指导意见》和《新型智慧城市评价指标（2016 年）》三个文件，就分别从方向、路径和评价体系三个方面勾勒出了智慧城市建设蓝图。但是，关于数字乡村的制度体系尚未搭建完善，现有的建设重点主要集中在农业的信息化和数字化上。

就智慧应用层面的政策而言，数字经济方面的政策主要聚焦于新一代信息技术产业中互联网、大数据、人工智能等产业的发展，主要由国务院负责顶层设计，工业和信息化部等部门出台具体的实施方案。例如，继《促进大数据发展行动纲要》颁布后，《大数据产业发展规划（2016—2020 年）》进一步勾勒了中国大数据产业的中期发展路径。智慧民生方面涵盖了物流、交通、养老、社区、法治等，范围较广。政策制定部门同时也是智慧社会建设的主管部门，更有利于相关政策的实施。智慧生态方面的政策较少，也缺乏相应的顶层设计。数字政府基本由国务院出台统一的政策，各地区参照执行，以确保公共服务的均等化。数字文化方面的政策较少，多由文化部（2018 年已撤销，现为文化和旅游部）等部门出台具体的建设方案。相比其他政策领域，智慧基础设施领域的建设文件出台得更早，可追溯到 2010 年工业和信息化部等出台的《关于推进光纤宽带网络建设的意见》。更为重要的是，2013 年的《"宽带中国"战略及实施方案》构建了我国智慧基础设施建设的顶层设计。

3. 政策文本分析

基于对上文提到的政策文本的梳理，本部分借鉴刘红波和林彬（2018）的分析框架，从目标、任务与措施三个维度对以上政策文本进行进一步分析。

1）国家信息化规划

我国信息化建设的两大目标是实现经济的高质量发展以及社会信息能力的显著提升。为实现这两大目标，中国智慧社会建设的相关政策主要围绕信息产业、电子政务、信息基础设施、信息安全、信息资源开发利用、信息人才队伍等方面，并将它们作为重点建设任务。为保障重点政策任务的顺利实施，国家信息化规划文件从体制、资金、队伍、治理等方面提出了相应保障措施。智慧城市、数字乡村、数字经济、智慧民生等领域的政策措施也与国家信息化规划文件里的政策措施大体一致，这为智慧社会的建设奠定了制度基础。

2）智慧城市与数字乡村

中国智慧城市相关的政策除了关注到基础设施和产业发展以外，还从公共服务角度勾勒了我国智慧城市建设的目标，明晰了当下亟待推进的重点任务。智慧城市建设的目标是实现信息网络宽带化、规划管理信息化、基础设施智能化、公共服务便捷化、产业发展现代化、社会治理精细化。针对各个领域的建设目标，智慧城市政策也给出了实现路径与政策任务。在推动智慧城市建设的政策措施中，评价指标体系的构建与完善是被反复强调的。住房和城乡建设部、国家发展和改革委员会、国家标准化管理委员会等部门先后联合出台了智慧城市建设的评价指标，不断完善智慧城市的评价指标体系。

围绕智慧城市颁布的相关政策涵盖了丰富的内容，但不难发现，围绕数字乡村制定的政策主要关注农业智慧化。《"十三五"全国农业农村信息化发展规划》进一步细化了"十三五"时期数字乡村的总体部署。从政策目标来看，关注到了信息技术应用比例、网销农产品金额占农业总产值的比重、村级信息服务站覆盖率、农村互联网普及率，并出台了具体文件落实这些目标，如加强信息技术与农业生产融合应用、促进农业农村电子商务加快发展、推动农业政务信息化提档升级等。但与智慧城市相关政策相比，目前还没有出台专门指导数字乡村建设的评价指标体系。

3）数字经济、智慧民生、智慧生态、数字政府、数字文化

在数字经济方面，相关的政策目标是：促进以互联网、大数据、人工智能为代表的新一代信息技术产业的发展；促进新生代信息技术融入传统制造业，将新动能注入传统制造业，加速其升级和转型。国家已经明确未来人工智能、互联网各个阶段的发展目标。在政策任务方面，从构建体系、把握双重属性、坚持三位一体、强化四大支撑等几个方面着力，打造新型信息技术产业发展模式。

智慧民生方面的政策较多，范围较广。其总体目标是更好地为公众服务，提升公众的获得感和幸福感。《智慧健康养老产业发展行动计划（2017—2020年）》勾勒出了一幅宏大的关于智慧养老的蓝图。智慧交通相关政策则关注基础设施、生产组织、运输服务、决策监管等方面，并提出了智慧交通建设的目标与任务。

目前关于智慧生态的政策较少，缺乏宏观指导层面的政策，主要由国家发展

和改革委员会联合其他部委出台了一些具体领域的政策措施，如林业、能源等。智慧生态建设方面的政策目标就是实现经济、社会、环境的协调发展。虽然智慧生态建设方面的政策较少，但在能源领域，国家发展和改革委员会等部门明确了一系列建设智慧能源的政策任务。这些政策任务包括了技术创新、基础设施建设、产业发展、业态创新、标准体系建设等方面。

在数字政府方面，我国旨在借助新兴信息技术助力实现全国政务服务的一体化与均等化，形成政务"一张网"和"一网通办"。《关于加快推进全国一体化在线政务服务平台建设的指导意见》将中国数字政府建设分为四个关键节点：2018年底前、2019年底前、2020年底前、2022年底前。由于数字政府建设涉及各个政府部门业务与数据的整合和优化，因此国务院办公厅印发了《"互联网+政务服务"技术体系建设指南》，以加强顶层指导。

数字文化方面的指导性政策围绕着推进公共数字文化服务高质量发展展开。例如，中共中央办公厅、国务院办公厅印发《关于推进实施国家文化数字化战略的意见》，致力于推进公共文化数字化建设跃上新台阶，研究制定扶持文化数字化建设的产业政策，落实和完善财政支持政策。

4）智慧基础设施

《"宽带中国"战略及实施方案》作为领域内引领性的文件，规定了中国智慧基础设施建设的主要两步，旨在从国家层面对智慧基础设施建设做出政策规定。

"宽带中国"的宏图要求落实五大任务：宽带应用水平提升、宽带网络升级、区域协调发展、产业链升级完善、安全保障能力加强。这五个任务也是基于我国宽带网络领域存在的城乡差距、技术依赖过重、发展生态不友好等状况所提出的。

从政策措施看，推动智慧基础设施建设的政策措施是多维度的。首先，强调加强组织领导、完善制度环境、规范建设秩序，这相当于统一了思想意识，为智慧基础设施建设提供了法治保障。其次，财政政策、金融政策、技术政策、人才政策多管齐下，为智慧基础设施建设提供了要素保障。最后，通过深化国际合作，为智慧基础设施高质量建设提供了更大的政策空间。

4.2 建设智慧社会的风险挑战

在由传统社会形态向智慧社会过渡和转型的过程中，复杂多元的社会问题和社会利益分化，以及技术迭代加速带来的不稳定性、不确定性、高度复杂性和模糊性等挑战（傅昌波，2018），给智慧社会建设增加了不可预期的风险。对智慧社会建设中可能出现的风险进行预估和分析，能带来政府对智慧社会的合理预期，有助于智慧社会的建设实践。

4.2.1　全生命周期分析框架

1. 全生命周期视角下智慧社会建设风险的内涵界定

国内学界对智慧社会建设会面临的风险和挑战其实不无察觉。诸如，王波等（2018）认为，智慧社会建设的挑战与风险主要来源于"基于技术决定论的观点将智慧社会发展等同于 ICT 的不断突破"，因此产生信息垄断和"数字鸿沟"等问题；朱启超和王姝（2018）率先从社会认知程度不高、安全风险的可控性、伦理道德和法律因素等角度综合探讨智慧社会建设所面临的挑战与风险；孙田田（2018）通过阐释智慧社会分布式的认知与传统责任观之间、人工智能与道德批判之间的关系，具体探讨智慧社会发展可能遇到的伦理挑战和风险。上述研究从不同视角出发，揭示了智慧社会建设的风险因素，这为本书的研究提供了珍贵的启示。然而，智慧社会建设是一个全面系统的过程，包括战略规划的制订、建设方案的实施以及建设完成之后的管理维护等整个建设过程的所有内容，已有研究偏重从静态的视角分析智慧社会建设面临的状态风险，却忽视了从过程的角度分析智慧社会建设不同阶段的风险表现。

风险是复杂系统中的重要概念，被定义为"未来结果的不确定性产生损失的可能性"（丁义明和方福康，2001）。在本书中，智慧社会建设风险是指在智慧社会建设过程中，基于经济、社会和文化等单因素或多因素作用的不确定性所带来的非预期后果，其目的是考察这种不确定性及其非预期后果对实现智慧社会建设目标的影响程度。具体而言，需要从多维的角度理解智慧社会建设风险的内涵：首先，智慧社会建设风险是涉及从战略规划制订、方案实施再到管理维护等整个建设过程的风险，其核心任务是分析并得到智慧社会建设过程中可能引起不确定性和非预期后果的关键要素；其次，智慧社会建设风险是面向智慧社会基本目标的风险，其关注经济、社会和文化等单因素或多因素对智慧社会基本目标实现的影响力。不可否认，智慧社会建设风险并不可以与智慧社会风险等同视之，后者是一种相对静态的视角，关注到智慧社会本身的不足之处，前者则从动态角度出发，考虑建设中的过程性风险。

2. 智慧社会建设的全生命周期阶段及风险表现

在国际上，项目全生命周期理论一般将项目建设周期过程分为启动期、规划期、实施期和完成期等四个阶段（金德民和郑丕谔，2005）。全生命周期集成化管理认为项目建设过程可以从三个部分进行拆解，分别是决策阶段管理、实施阶段管理和运营阶段管理，以这三个阶段为基础，对项目全局进行系统分析、提升和统筹，达成项目目标。不难看出，上述理论对项目生命周期阶段的认识不同，但本质上都将项目建设视为持续发展和不断创新的过程，它从理念形成、战略规划开始，经过技术、资金和人才等各种资源充分整合到具体建设实施中，到完成功能架构、制度建设和推广应用，最终实现项目管理和运营的系统性与协调性。

　　智慧社会作为一项系统性的建设工程，同样具有与一般项目工程的共性，其建设过程必然要经历从理念形成、战略规划制订阶段，到资源整合的建设方案实施阶段，再到保证系统稳定运转的运营和维护阶段的全生命周期，而风险也潜藏于智慧社会建设全生命周期的各个阶段。基于此，本书将智慧社会建设过程划分为战略规划阶段、建设实施阶段和运营维护阶段（图 4-3），并据此分别探讨智慧社会不同建设阶段所面临的潜在风险。

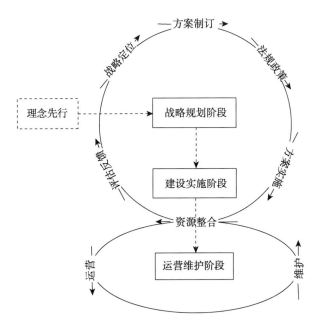

图 4-3　智慧社会建设的全生命周期阶段

　　具体而言，在智慧社会建设的全生命周期阶段中，由于各阶段的建设内容和重点不同，其面临的风险表现也各不相同。首先，战略规划阶段是从宏观上考虑形成和制定智慧社会建设的基本理念、战略定位、规划方案、现有或未来的法规政策体系等条件，与之相应的风险表现为价值理念的技术导向性、战略定位的趋同性、决策方案制订的偏差性和法规政策体系缺位等。其次，建设实施是指在战略规划的指导作用下实现智慧社会建设目标的过程，该阶段包括组织协同的不确定性、公众参与"悖论"、资源分配的"马太效应"、城乡一体化建设失衡和建设规范标准缺失等风险因素。最后，运营维护阶段关注智慧社会系统的"正常运作"，其风险来源有两类：一是系统管理和运行风险，表现为运营维护模式的可行性、技术的可靠性和安全性；二是系统衍生性风险，主要是信息渗透导致的文化冲突。

4.2.2　建设智慧社会的风险分析

1. 战略规划阶段风险分析

战略规划是智慧社会建设项目管理过程的第一阶段，该阶段的主要内容侧重于从社会发展的战略全局出发研究制定智慧社会建设的价值理念、战略定位、决策方案和法规政策体系等。与上述内容相对应，具体分析智慧社会战略规划阶段可能面临的价值理念的技术导向性风险、战略定位的趋同性风险、决策方案制订的偏差性风险和法规政策体系缺位风险。

1）价值理念的技术导向性风险

"无处不在的网络"构成了智慧社会中的通络，全天候智慧化回应人们的一切需求，全天候智慧化应对人类与自然的一切突发事件，从而保持其和谐可持续发展（王俊，2018）。尽管智慧社会的建设离不开新一代信息网络技术的支撑作用，但以人为本应该成为其价值理念的本质体现。当前对智慧社会的理解过于局限在技术范畴，并将智慧社会发展等同于 ICT 的不断突破，表现为过多强调基于技术导向的物联网、云计算、大数据等信息技术和各个业务系统的建设，追求领先的网络信息技术在社会管理、服务和基础设施等领域的立竿见影的效果，而忽视社会资本、公众参与度和实际社会需求等问题，导致难以回归到以人为本的基本价值观，最终可能会使得智慧社会的系统功能与社会实际发展所需相去甚远。

2）战略定位的趋同性风险

尽管智慧社会建设的整体顶层设计和引领战略往往是确定的，但我国不同区域和城市的具体建设方案与步骤应该依照自身社会发展的信息化水平、经济状况和文化特征等基础条件而定。当前全球多数国家和地区相继提出并积极落实"智慧社会"战略举措，国家层面的支持和鼓励往往形成巨大的惯性推动力，从而形成在世界范围内通过借鉴其他国家和地区暂时领先的建设经验来制订智慧社会发展规划、加快智慧社会建设进程的局面，但是未能充分考虑所在国家和地区的实际情况，这可能导致模式嵌入的不适应以及带来智慧社会建设战略定位的趋同性风险，甚至可能造成各国家和地区在人才、资本、技术等高端资源配置上的竞争和资源浪费。

3）决策方案制订的偏差性风险

智慧社会建设是政治、经济和社会系统的整体性升级甚至跃迁，是一个非常复杂的过程，这种复杂性给政府部门管理者的决策制定带来较大风险。当前，政府的管理决策制定主要采用两种模式：一是由政府主导的"自上而下"的单向度控制与集中型决策；二是"自下而上"的协同合作与分散式决策（崔庆宏和王广斌，2018）。在智慧社会建设的政府决策制定过程中，倡导企业、社会团体和公众等整个社会系统"自下而上"的参与，建立起政府与整个社会系统决策力量之间的良性循环，是提高政府决策质量的基本保证。但是，由于当前我国存在行政体制和权力关系的局限、公众参与"悖论"等问题，管理者在进行决策分析时很容易采用政府主导的单向度控制和集中型决策，从而难以避免出现决策制定的偏差现象。

4）法规政策体系缺位风险

智慧社会强调新的网络和数据环境对社会活力的激发作用，因而势必会改变人与人之间的社会交往方式，那么原有的用于约束人们社会行为的法规政策的适用边界也必然会被打破，重新构建适应智慧社会需要的新型法规政策体系是大势所趋。然而，法规政策体系的构建从来都不是一蹴而就的，其相对缓慢的过程容易导致原有法规政策体系与网络信息技术的快速更新及智慧社会变革之间的脱节，模棱两可的法规政策环境将造成智慧社会建设缺乏正式的制度引导，那么在信息技术应用过程中便容易出现法规政策的"空白地带"，尤其以用户隐私与安全得不到保障的问题最为突出，这必将阻碍智慧社会建设的纵深发展。

2. 建设实施阶段风险分析

智慧社会建设实施是基于现有智慧社会战略规划的指导作用，统筹协调经济社会系统的技术、资金和人才等各类资源要素，并通过有效的组织管理活动实现发展目标的过程。整体上，该建设实施阶段的风险主要包括组织协同的不确定性风险、公众参与"悖论"风险、资源分配的"马太效应"风险、城乡一体化建设失衡风险和建设规范标准缺失风险。

1）组织协同的不确定性风险

在当前协同治理的时代背景下，实现跨越政府部门边界的协同是推动社会变革与创新的必然选择。协同理论认为，系统能否发挥协同效应是由系统内部各子系统的协同作用决定的，系统中各子系统之间的相互协同、合作或集体行动的有效性直接影响系统整体功能的发挥（常荔，2018）。智慧社会建设是一项相当复杂的长期性工作，需要政府部门与企业、社会组织和公众等多元主体之间开展持续的跨界合作，实现"1+1>2"的"互补效应"和"协同效应"。组织协同的潜在效能使我国在协同政务、政务云平台、远程办公等协同机制的建设方面不遗余力，但目前整体上仍属于信息化社会建设的初步成果，组织协同的领域、内容和效果存在较大的不确定性，因此难以满足智慧社会建设对社会各领域力量或资源高度整合的需求。

2）公众参与"悖论"风险

公众参与"悖论"在智慧社会建设过程中主要表现为两个方面：一是象征性参与过度，如当前政府网站的功能和应用仍停留在政策文件发布、政务活动告知等向公众单方向提供信息与在线服务的阶段（Norris and Reddick，2012），而有关"建议征集""民意调查"等互动性内容则更新缓慢；二是实质性参与无力，公众相对于政府部门、企业以及其他社会组织而言，在信息获取和分析方面始终处于弱势地位（吴楠，2018），政府和公众之间难以建立全方位、多层次的对话机制，导致公众的真实诉求无法在公共政策中得到切实表达。公众参与"悖论"风险的存在，容易造成公众在智慧社会建设的规划、监控和评估过程中的参与程度不够，政府作为单一的建设主体缺少多元力量的平衡和制约，甚至独自成为智慧社会建设的"运动员"和"裁判员"。

3）资源分配的"马太效应"风险

20 世纪六七十年代，莫顿提出了一种势积累效应，并将其命名为"马太效应"，用以描述"强者愈强、弱者愈弱"的现象。当前，马太效应已经成为我国经济社会发展中的一种普遍现象，其也将难以避免地体现在我国智慧社会建设进程中的资源分配领域，即由于我国东部沿海地区（京津冀、长三角和珠三角）在区位、交通和国家政策支持等方面具有先天性的优势，因此对技术、人才和资金等资源的流动产生巨大的吸引力，容易导致在智慧社会建设过程中，绝大多数的社会资源都涌向东部沿海经济发达地区，而中西部地区由于自身发展力的不足难以获得充足的资源。最终基于"马太效应"的势积累作用，经济发达地区始终握有优质资源，这不仅造成智慧社会发展速率失衡，而且随着社会财富的不断分化将产生更多新的社会矛盾，这与智慧社会致力于实现"人类美好生活"的初衷相违背。

4）城乡一体化建设失衡风险

作为一种新型的社会形态，智慧社会中城乡差距将进一步缩小，城乡发展趋于协调和平衡。要实现城乡一体化，就要抓住生产要素互相融通、经济社会协调发展这一本质特征。因此，智慧社会将通过新一代信息技术的运用，实现对资金、人才和技术等生产要素在城乡之间的合理配置，推动城乡发展鸿沟的消弭。然而，由于我国城镇化进程在时间维度上极度压缩，城乡经济社会系统各要素很难在短时间内得到全面均衡的发展（李云新和杨磊，2014）。随着资源要素在竞争市场中大规模自由集聚和流动，城乡发展的差距迫使资源单向流动的趋势明显，而同时有些政府部门对各种资源要素的发展秩序缺乏有效的治理，这将加剧城乡一体化发展失衡和激化社会矛盾。

5）建设规范标准缺失风险

智慧社会建设离不开规范标准的引导作用，制定完善的建设规范标准体系能够为各地智慧社会建设程度、水平和效益评估提供统一依据，也将为政府部门从整体上综合分析各地区智慧社会规划和建设情况提供统一维度。然而，由于我国的智慧社会建设尚处于"窗口期"（杨述明，2018），对数据传输控制技术、智慧基础设施建设、网络与信息安全管理等方面的管控都缺乏统一完善的标准体系。《智慧城市评价模型及基础评价指标体系 第4部分：建设管理》（GB/T 34680.4—2018）虽针对智慧城市建立了指标体系，但由于智慧城市与智慧社会之间的明显差异性，其只对智慧社会建设起到指导性作用而难以有实质性的法律约束效力。智慧社会建设是一项渐进的、分阶段逐步实施的庞大系统工程，建设规范标准的缺失容易出现不同地区或部门各自为政以及建设标准混乱的问题，即各地区都有自己不同的标准、各标准之间存在较大差异，无助于资源要素智慧互联、完善基础设施建设以及实现资源共享。

3. 运营维护阶段风险分析

智慧社会旨在通过重塑人们的生活方式、价值理念和服务感受，实现管理的精细化、服务的人性化和智能化的全响应等。该目标的实现，需要在按照战略规划目标完成建设任务的基础上，对智慧社会系统进行运营维护以保证其安全稳定地运行。运营维护风险包括：系统管理和运行风险与系统衍生性风险，前者主要威胁到运营维护模式的可行性以及技术的可靠性和安全性，后者主要是信息渗透导致的文化冲突风险。

1）运营维护模式的可行性风险

智慧社会运营维护模式的可行性风险主要体现在三个方面。首先，在主体责任落实方面，智慧社会建设涉及住房和城乡建设部、国家发展和改革委员会、工业和信息化部等诸多重要部门。因此，如果在智慧社会建成以后难以确定其运营维护的主体责任，就会容易出现当系统运行出现故障时各职能部门相互推诿扯皮的问题，造成智慧社会长期维护主体缺位。其次，在投资与收益回报方面，由于信息基础设施的快速更新换代、网络安全管控的高额成本需求等，智慧社会的运营维护需要长期和大规模的资金投入，而回报收益率难以保证。与此同时，当前我国智慧领域普遍采用的是地方政府和社会融资的 PPP（public-private partnership，公私合作）模式，在融资平台设立、定价机制和还款方式等方面仍有待完善，这无疑加剧了智慧社会运营维护过程中的融资风险、收益保证的复杂性，导致多数投资单位因不愿意承担巨大风险而却步。最后，在绩效考核与评价方面，智慧社会建设尚处于探索和试点阶段，有关运营维护阶段的考核方法和评价指标尚未开始构建，这可能导致智慧社会继续重蹈其他智慧领域的"重建设、轻运营"

所带来的后期运行失效的覆辙。

2）技术的可靠性和安全性风险

技术的可靠性和安全性风险是指在智慧社会运营维护过程中，由于相关技术自身发展水平的限制、技术安全可控性不足等因素，智慧社会无法健康平稳运行所产生的风险。一方面，当前我国智慧技术发展水平尚未成熟，尤其表现为网络覆盖范围还未实现互联互通，大数据的利用仍停留在初级阶段，智慧技术发展水平与智慧社会所要求的万物感知互联、深度智能应用之间还存在较大的差距；另一方面，为了全天候智能化感知回应社会经济系统的发展需求，必然要在全社会覆盖基于摄像头、传感器技术、数据处理技术等各类智能设备的"无处不在的网络"，如此庞大的网络系统一旦出现技术故障或受到黑客攻击，不仅将对国家的信息安全造成严重威胁和挑战，也会给公众带来"隐私缺失"的隐形风险。

3）信息渗透导致的文化冲突风险

有研究认为，智能化的社会将是一个覆盖全球的社会。人类多年积淀下来的文化、价值观和伦理，即使再影响深刻，也会在智能革命的冲击下被击碎重构。万物互联、人工智能以及新的生产生活方式将彻底击碎地区与地区之间、文化与文化之间和历史传统之间的藩篱。基于此，以基于"数字化"和"虚拟化"的生产生活为载体的新文化形态逐渐形成，它在推动人们不断反思传统的占据主流地位的文化价值的同时，也将无形中极大地扩充人类的文化价值体系。然而，由于社会文化的变迁存在滞后性，根深蒂固的传统社会文化与新文化形态之间产生冲突在所难免，即基于大众传媒、强调思想传播单一化的传统文化，与基于新网络技术、强调多元互动的新文化之间，在一定时期内既无法相互融合，也无法彼此替代。这既无助于提高公众对智慧社会发展的兴趣和热情，也无助于增加公众的社会归属感。

第 5 章

建设智慧社会顶层设计的方法论

随着智能传感及芯片设备兴起、5G 移动网络与太赫兹技术异军突起，大数据已成为驱动社会经济发展的新动力，人工智能技术开始了新一轮浪潮，智慧社会建设的技术基础逐步夯实。智慧社会的发展中心要更加聚焦民生与服务，发展观念上要更加鼓励创新与发展，发展路径上要更加关注共享与协同，发展手段上要更加强调物联感知与智慧分析，这要求智慧社会的顶层设计做到覆盖全服务对象、全业务领域、全服务环节和全技术要素。

为此，智慧社会的建设需要在充分借助物联网、传感网的基础上，从满足单一主体需求向关注不同服务对象间的融合需求转变，面向移动、数据和信息服务等业务领域，覆盖规划、集成、建设、运营、维护等服务环节，涵盖物联网、移动互联网、云计算、人工智能、数据分析挖掘、可视化等信息技术要素。据此，本章将面向智慧社会顶层设计的内涵，对系统科学、战略管理与国家治理中的顶层设计方法论，以及基于方法论的智慧社会顶层设计研究方法进行阐释。

5.1 智慧社会顶层设计的内涵

"顶层设计"可以简单理解为一种自顶端向下的设计（top-down design）。具体来讲，"顶层"可理解为决策层；而"设计"则是指在系统论的指导下采取一些方法对全局和战略进行描绘。综上所述，"顶层设计"即从全局出发对系统内各层次和各要素给予系统性的考虑。"顶层设计"一定是基于战略需求，从全局层面制定全面的长期规划和实现路径，是一种弹性化的定性设计，它要求定位准确、结构优化、功能协调、资源整合、目标清晰、方法具体、逐步递进，最终实现顶层设计目标。

"智慧社会顶层设计"的内涵可以从以下三个方面理解。

一是整体的战略性。"智慧社会顶层设计"一定是基于我国社会长期发展的需求，从决策层已经明确了智慧社会发展的总目标，因此"顶层"就围绕实现这个总目标，系统地"设计"了一系列的战略性规划和实现路径。

二是理论到实践的耦合。"智慧社会顶层设计"固然应先从顶层开始考虑，再逐步渗透到底层。但是，顶层的战略目标并不是空中楼阁，它是基于目前科学技术和社会发展的形势综合分析预判出来的，具有可实现性；智慧社会的实现路径应紧紧围绕目标分步骤、分阶段实施，设计具有可实施性和可操作性。

三是高效协同的执行性。"智慧社会顶层设计"的战略蓝图的实现基于科学技术、政府组织、社会公众等各方面的发展、协同和高效执行，任何一方具有短板都无法实现智慧社会建设的有序推进。

5.2　基于系统科学的顶层设计方法论

5.2.1　系统科学理论

智慧社会顶层设计是一个跨学科的系统研究，这种跨学科性、系统性具体体现在两个方面。一方面，"顶层设计"作为自然科学的思维方法，被引入社会科学并指导制度、组织、政策的设计与制定；另一方面，"智慧社会"的提出背景是信息技术推动下的社会形态演变，因而其顶层设计要兼顾信息技术的发展规律和新的社会形态演变逻辑。正是由于这种跨学科性和系统性，智慧社会的顶层设计必须建立在能够适应不同学科特征的统一的方法论基础上，这样最终才能实现理论内部的自洽性。换言之，指导智慧社会顶层设计的方法论，必须能够同时适应自然科学和社会科学的发展规律，且在此基础上能够提炼出统一的概念、思想，甚至模型。

正是出于此种考虑，本书选择系统论、控制论、信息论，以及在它们基础上的更新发展（耗散论、协同论、突变论）作为指导智慧社会顶层设计的方法论基础。作为自 20 世纪中叶以来逐渐发展成熟并形成体系的科学理论，系统论、控制论、信息论以及耗散论、协同论、突变论都旨在建构横跨自然科学和社会科学的统一方法论和理论观点。

系统论的关注对象是系统，以考察各系统之间的关系与属性为重点，旨在揭示系统之间的活动规律，探求系统有关的各种方法和理论。系统论认为系统之间都具有共性，如整体性和关联性，这便是系统论的基本思想和系统分析的基本原则。系统性的思维方式和研究方式的诞生对人类科学史做出了重大贡献。在不断发展的过程中，其逐渐应用至社会科学领域，并成为其基本方法论。相较于系统论，控制论和信息论更关注系统的微观机制及运行机理。控制论是建立在数学、生命科学、计算机科学等多学科融合的基础上，其强调通过自动调节机制维持自身的稳定状态或平衡状态，即稳态；而信息论强调信息的有效处理和传输。在此过程中，控制论与信息论建立了密不可分的联系，因为控制的前提是要有信息在系统内外流动、传递和反馈。控制论和信息论对"稳态""信息"的强调有助于指导本书对于智慧社会顶层设计的探索。

耗散论、协同论和突变论是在上述三个方法论基础上的衍生发展。其中，耗散论关注系统如何走向有序的过程，其核心观点是：一个远离平衡态的开放系统（不论是自然系统还是社会系统），通过与外界交换能量和物质，促发系统的非平衡相变，使得系统从混沌无序转变为有序状态。协同论探讨组成系统的各子系统之间的协同作用，其旨在概括自然界和人类社会各种系统的共同演变规律。正因为有了共同规律，不同子系统的协同才成为可能。耗散论和协同论都预设了不确定状态或偏离平衡态的存在，却没有指出出现非平衡态的原因。而突变论正关注于此，其认为系统发生突变是普遍情况，系统从一个平衡态转变为另一个平衡态是由突变形成的。因而，突变论的重心在于建立系统的临界点模型，以解释自然界和人类社会各系统的突变现象，从而更好地理解系统的稳定状态。

上述各方法论都试图寻找共同规律，解释自然系统和社会系统中各种现象如何从无序转向有序。本书探索智慧社会建设的顶层设计，本质上正是要寻找横跨自然科学和社会科学领域，适用于不同系统的统一分析方法和思想原则。鉴于此，本书与系统论、控制论、信息论以及耗散论、协同论、突变论产生了共鸣。反过来，这些方法论所提出的关键概念又对智慧社会顶层设计具有极强的指导意义。在本书的后续研究中，读者便可以不断地发现诸多概念的重复应用，这既包括系统、稳态、信息，也包括开放、协同、临界点等。

5.2.2　系统科学中的顶层设计方法

顶层设计的概念是由尼克劳斯·威斯（Niklaus Wirth）于 20 世纪 70 年代提出的。最初的核心理念是采用软件工程设计方法，即采取"自顶向下、分而治之"的方法进行管理。随着进一步的发展，顶层设计演变成一套综合性的方法，其作为一种复杂应用系统在系统工程学领域尤为有效。自底向上设计（bottom-up design）模式与之相对，且相互关联。顶层设计的方法应用到智慧社会中，需要从全局出发，关注到智慧社会复杂工程的整体性，综合考虑各要素，将城市规划与社会需求相融合。顶层设计虽在系统整体性、结果可控性方面更具优势，但也有其弊端，操作复杂系统具有较大难度。

目前，顶层设计可以通过绘制技术路线图、搭建体系结构或者进行能力分解等主要方法实现。其中，就单体系结构这一方法来说，其主要通过规范化的设计过程，从不同视角对智慧社会体系建设进行描述，关注智慧社会体系的整体情况及主要功能。其过程一般由需求工程、体系结构工程、评估验证等阶段组成，并且通过一系列的相关制度和方法，建设具有多元、创新特点的体系架构，以高度契合智慧社会的设计。就系统工程理论来看，要建立智慧社会系统，首要任务是规划一个具有开放、弹性、可扩充等特点的成熟体系结构，主要包括 Zachman 框架、开放组体系结构框架、美国联邦企业框架、面向服务架构框架等。

1. Zachman 框架

IBM 公司的约翰·扎科曼（John Zachman）于 1987 年提出 Zachman 框架。该框架自提出后，代表企业观点进行信息表示和企业管理，一直受到众多计算机组织的使用。Zachman 框架被用来总结与整合和企业发展系统相关的信息，且由于其在实际的作用中具有规范性与条理性，该框架也被广泛应用于多个领域，作为一种用于组织体系中进行流程管理及组织识别改进的主要手段。Zachman 框架基于项目类型及诸多方面，以横纵两个维度为框架，横向表示系统内各类观点，纵向代表系统的不同方面。

就 Zachman 框架的纵横向矩阵来看，受众不同，在同一层面可能存在不同的观点。详细来看有如下几个方面：组织未来的发展走向、组织的界限；组织的基本组成部分、运行状况和趋势；提高企业模型，从更细节的程度组织进行架构。

从纵向看，Zachman 框架表示的是究竟从模型中提取出了什么要素。主要内容是（Sowa and Zachman，1992）：组织涉及的对象，即数据，同时也要考虑受众和实体，即构成要件间的关系；如何支持客户及自身发展的功能活动；履职活动的具体部门；责任人及其具体责任；活动的时间节奏；任务计划及其细则。

Zachman 框架由多个子模型构成，这些子模型间存在一定的约束和影响关系，表现出多视图的特征，能够将复杂的系统进行拆解描述，同时还要顾及各个利益相关者。该框架能够将需求与技术层面对接，呼应智慧社会建设。可以通过借鉴 Zachman 框架，在顶层设计方面从整体出发，明确在智慧社会系统中不同角色具有的不同作用与关注点。此外，考虑到随着社会及公众需求的不断增加，需求与技术不匹配、系统冗余情况的出现，在进行设计前就要优先考虑架构。但就现实的情况来看，Zachman 框架也不是尽善尽美的，该框架只是一种内容分类的方法，在具体创建过程与设计方面还缺乏指导性，设计结果的展示方面也存在不足。

2. 开放组体系结构框架

开放组体系结构框架于 1995 年诞生于英国，最初是一个非营利组织发布的一个开放组织架构框架。该框架也被视作一种用于企业架构的方法，如用于设计企业信息系统。就该框架的整体架构来看，主要划分为四个层面，分别涉及业务、应用、数据与技术。

业务层面的焦点集中在组织目标的实现，如何通过关键业务的管理达成这一点是业务层面需要回答的。组织逻辑与组织资源构成数据层。应用层关注配置个人应用系统，达成业务要求。技术层由众多的软件基础设施构成。由于开放组体系结构框架能向外界开放并及时可调，加之其能紧密结合当前的企业架构管理，所以该框架目前在国际上受到领先企业的高度认可。

开放组体系结构框架的特点在于设计了一套可服务于企业架构规划的架构开放方法。框架体系如图 5-1 所示。

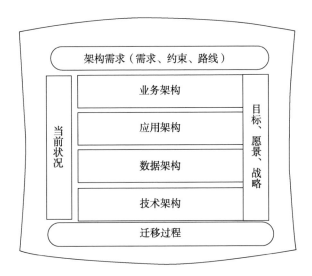

图 5-1 开放组体系结构框架企业架构模型

一个完整的业务架构应该囊括具体内容、业务战略的基本组成部分、组织职能及其与环境的关系、系统状态，为企业构建系统所需的投入和产出模型提供相应的支撑，从逻辑和物力两个角度分别描述数据资产并对数据资源的结构进行管理。技术架构为应用架构和数据架构指明了具体的技术路径。借鉴开放组体系结构框架模型，有助于理解工作间的协同关系以及它们之间是如何相互影响的，有助于智慧社会不同业务的设计形成较为标准、通用的结果。但开放组体系结构框架过于复杂，容易使使用者产生顾虑。

3. 美国联邦企业框架

美国联邦企业框架是从整体的角度，通过构建一体化的信息机构，作为美国联邦政府信息化顶层设计的方法，其作用是促进联邦政府部门之间实现信息交换共享、互通互用以及业务开发。

　　整个美国联邦企业框架由表及里分为四层，第一层是体系结构框架的最高层，通过制定组织未来发展蓝图，从全局的角度提出未来一段时间内组织的发展目标、发展模式、发展方向和体系构成；第二层规定了目标业务的体系框架，解释总体战略目标所需的相关动力因素；第三层的要点是在体系框架及实际需求的双重推动下，通过建立体系及技术标准的方式，支撑业务发展；第四层是数据体系架构，此外，应用与技术架构也被放到第四层。

　　美国联邦企业框架涵盖了包括绩效、业务、服务、技术和数据在内的多个组件。

　　（1）绩效参考模型。该模型关心绩效改善，提供一套适用于组织内部的绩效指标和评价体系，致力于帮助组织从战略的高度对组织业务进行管理。

　　（2）业务参考模型。该模型的重点在于描述政府业务框架，其前提是要厘清政府职能。在理顺政府职能的前提下，通过业务设计体系架构，打破部门和机构的壁垒，实现信息共享、交流互通，促进部门合作。

　　（3）服务参考模型。业务参考模型和技术参考模型的融通在该模型中完成。组件之间的连接将实现某些业务功能，但服务组件是与具体业务相独立的，这样就能将服务组件化，从而将服务利用于各业务中，进而为系统节约成本。

　　（4）技术参考模型。制定服务访问端、如何实现传输、服务平台建设、接口实现等方面通用的标准和实施细则。通过该模型能够实现业务协同和互通互用。此外，可以在技术参考模型中找到用于构建、交换和发布等方面的支持服务组件等。

　　（5）数据参考模型。要实现数据共享就必须借助该模型，因为它正是用来实现信息交换共享、系统功能的。

　　4. 面向服务架构框架

　　面向服务架构框架的主要原理是将各应用程序设置为小的单元格式，同时也为用户提供相关服务，还可利用服务之间的接口实现与用户相互连通，但又可以与硬件平台、操作系统、网络环境和编程语言的接口保持独立。因而，其具备粗粒度、松耦合的特征，同时具有高度灵活性和维护的便利性。

　　面向服务架构框架构建统一的框架目录，该目录包含企业内部的所有信息，企业能够实时调取信息，实现企业内部所有信息平台的整合。与此同时，面向服务架构框架由于相互操作性、灵活性、连接性等特点比较突出，其提供的服务质量较高，同时还能根据服务进行组合，进而服务于企业。

　　面向服务架构框架使得在智慧社会中的数据与服务融合有了支撑，这不仅能适应复杂的业务系统，还能在实现重用的同时节省投入。但面向服务架构框架也存在局限性，由于其重点在网络服务，对于非面向服务架构框架系统，很难实现互通，因此在智慧社会顶层设计中，要与其他框架进行综合分析。

　　从上述体系结构方法的设计中可以看出它们与智慧社会顶层设计还是有很多

共通之处的，如重点都要注意各子系统之间的状态及相互关系，在目标设计方面要实现资源共享和业务互通。在组织定位方面，都强调战略目标落实的重要性。同时可以发现，智慧社会顶层设计还需要重视对战略目标、组织体系、发展理念等方面进行设计。还需要强调的是，不要一直沿用同一种体系结构方法，要有选择地参考其他成熟的理念。

5.3 基于战略管理的顶层设计方法论

5.3.1 战略管理理论

在西方，"战略"一词有两个主要来源，但同样表示指挥军队的艺术与科学，一个是指"将军"的希腊语"strategos"，另一个是其演变出的"stragia"，代表"谋略""战役"（王德中，1999）。因此，战略脱胎于军事领域。切斯特·巴纳德将其运用到企业管理实践中，于1938年出版了《经理人员的职能》一书，战略被视为企业生产与发展的必需条件。

之后，在私人部门领域，战略管理得到迅速发展，形成了一系列研究成果，理性阶段包括设计学派、计划学派、定位学派；非理性阶段包括企业家学派、认识学派、学习学派，此外，权力学派、文化学派、环境学派也被纳入非理性阶段范围内；除此之外，还有综合学派或结构学派的整合阶段（陈振明，2017）。

从20世纪60年代开始，公共部门开始借鉴私人部门的长期计划，公共部门引入战略管理是在20世纪80年代后期（纳特和巴可夫，2001）。首先，公共部门面对的环境十分复杂，充斥着不确定。其次，政府改革运动推动了对战略管理理论的运用。此外，企业管理与新公共管理主义不无关系。最后，私人部门战略管理同样对新公共管理产生了巨大影响，二者都可以划分为战略规划阶段和战略管理阶段。公共部门战略管理经历了从线性假设到非连续假设，从以方案为焦点到以行动为焦点，从过程导向到结果导向，从关注外部环境到关注内部要素等的变迁，提高了政府的战略性思考能力、决策能力、组织绩效（陈振明，2017）。例如，休斯于2002年指出，战略观念在公共部门领域的应用存在一定弊端，究其根本也是传统行政模式的问题。将战略观念切合实际地引入，可以在一定程度上改善该问题（休斯，2015）。

5.3.2 战略管理中的顶层设计方法

战略管理由三个基本阶段组成（图5-2）：①战略规划阶段，包括进行环境分析、战略评估与方案选择；②战略实施阶段，需要确定实施主体，再根据不同的利益相关者细化执行措施；③战略评价阶段，即依据评价体系进行评估和调整。

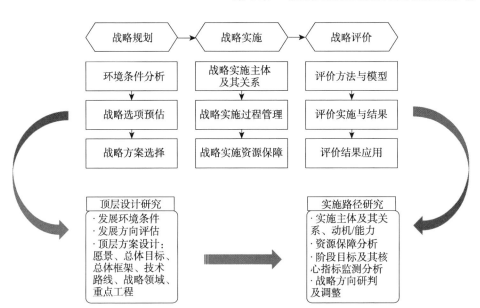

图 5-2　战略管理方法及其对本书的启示

本书并不是关注单一公共部门的战略问题，甚至不是单单关注政府的战略问题，而是关注整个社会的发展蓝图问题。因此，战略管理对本书的支持是有限的，但是战略管理关注长远发展、强调环境适应、注重资源管理等核心思想对本书是具有重要参考价值的。另外，战略管理作为一种综合的管理模式，从战略规划到战略实施再到战略评价，对于本书也是有启示的，在智慧社会的顶层设计研究和实施路径研究中都可以参考战略管理的整体性方法。

具体而言，在智慧社会的顶层设计研究中，应关注发展环境条件、发展方向评估，设计出顶层方案，包括愿景、总体目标、总体框架、技术路线、战略领域、重点工程等方面。在智慧社会的实施路径研究中，应着重分析各实施主体及其复杂关系，包括它们各自的动机和能力；对完成顶层方案所需要的物质资源、财务资源、人力资源、信息（数据）资源等进行深度分析，并结合相关资源给出相应的保障措施；在顶层方案中给出分阶段目标，并且列出相应的核心指标进行实时监测和分析；同时，应对战略方向进行及时的研究、判断和分析，当出现偏差或需要根据环境变化做出调整时，能够及时做出反应。

5.4　基于国家治理的顶层设计方法论

中国改革经历了从"摸着石头过河"到顶层设计的演变过程，无论是"摸着石头过河"还是顶层设计都属于渐进式改革范畴，与突变式改革存在本质性区别。

　　顶层设计要求从大局观视角去找解决问题的方法。其被引入社会科学领域后，学者纷纷表达着自身观点，如南开大学杨龙等认为顶层设计有两层意义，一是中央针对国家发展的基本目标和实现路径设定的总体方案，以及在主要领域对重大问题提出的基本解决之道；二是政府及其部门或公共机构做出的最高决策，其特别之处在于从上至下。在目前的中国，党政系统将按照自上而下的原则执行中央的部署。在庞大的政策体系中，顶层设计需要解决的是关乎全局的长远性战略问题，具体表现为宏观的政策、战略和法律，因此顶层设计的变动会关系到全局的调整。正如学者王曦指出的那样，精英群体把控着顶层设计的权力，对经济社会的走向进行调控，其决策具有顶层决定性、整体关联性和实际可操作性等特点。周志忍认为，顶层设计需要从核心和形式上出发考虑以下几点：一是改革必须具有一定深度，敢于啃硬骨头、敢于直面深层矛盾和体制性缺陷；二是要全面，统筹改革内容、层次和时间等方面；三是顶层设计的主体必须在领域内拥有最高地位；四是在改革实践前一次性把方案制订好。

　　通过对当前学者关于顶层设计内涵与特征的梳理，我们不难发现社会科学中的顶层设计尽管在内涵表述上存在差异，未能达成共识以形成较为权威的认定，但共通之处都是在于顶层设计往往与改革有机联系在一起，是国家为了解决重要现实问题而做出系统性、整体性的统筹布局。虽然存在相对顶层观和绝对顶层观之别，但顶层设计的主体为中央层面显然更被学界接受，这既包括中共中央、国务院，也包括中共中央及国务院的下设机构。这才符合组织行为理论，因为一系列组织结构都可以划分为上、中、下三个层级，组织上层主要负责决策，通过制定和出台政策实现组织目标；组织中层主要负责传达组织上层和组织下层的意见，即将组织上层的决策传达给组织下层，将组织下层的疑难困惑传达给组织上层，在整个组织结构中发挥承上启下的作用；组织下层主要负责执行组织上层的决策，将组织上层的决策落实到位。因此从组织行为理论来看，顶层设计固然应属于组织上层行使权力的范畴，而从政党制度和国家组织机构结构来看，中共中央、国务院及其下属机构均位于组织上层领域。

　　智慧社会建设是党的十九大提出的新时代命题，其不仅是智慧社会的扩展与深化，更是社会未来发展的愿景与蓝图。智慧社会是充分运用互联网与大数据实现信息共享、资源整合，推动全体人民美好生活向智慧化转变，保证全体人民在共建共享发展中有更多获得感的社会。以要素融合与信息共享为根基，在人民生活智慧化的转变过程中，保证实现发展成果由人民共享的最终目标。智慧社会顶层设计作为统筹智慧社会建设的纲领性要义，应秉承顶层设计的特征和要素。首先，设立智慧社会建设目标，只有明确了我们需要建设什么样的智慧社会，整个建设行动才有方向性和指向性，这便属于智慧社会顶层设计的蓝图，为整个智慧社会建设指明方向，是智慧社会顶层设计的第一部分内容。其次，找到现实与理想的智慧社会顶层设计所描绘的蓝图的差距是智慧社会顶层设计的第二部分内容。针对智慧社会建设过程中的现实问题，强化改革的整体性、系统性，直面根本矛盾，敢于碰硬和突破，确立以服务为本位的指导路线，这契合以人民为中心的发展观和服务型政府理念，践行了全心全意为人民服务的宗旨，弘扬了中国共产党从群众中来、到群众中去的优良作风。以服务为本位的智慧社会顶层设计并不停留于服务末端的智慧化，更推动着整个社会行动方式的智慧化，因为要提供好的服务，所以领导者决策、商品研发与设计等系列事项均需要实现智慧化，因而可以说服务智慧化是开启智慧社会的钥匙。最后，应针对智慧社会建设的现实问题，积极寻找解决方案，强化解决方案的导向性，充分发挥基层的自主性，在高层导向性指引下积极调动下层积极性。中国地域范围广阔，而社会主要矛盾的变化由"人民日益增长的物质文化需要同落后的社会生产之间的矛盾"转变为"人民日益增长的美好生活需要和不平衡不充分的发展之间的矛盾"。这说明地区间差异性较大，故"一刀切"的做法不符合我国国情，应根据不同地区的个性和共性，探索差异化且符合国情的智慧社会发展路径，这便是智慧社会顶层设计的第三部分内容。

5.5　基于方法论的智慧社会顶层设计研究方法

作为一个新型的巨型社会形态，智慧社会建设具备相当的复杂性，涉及众多方面，各界先进的理论体系及领域内相关研究为本书中智慧社会整体架构的相关内容提供了珍贵的启示。

首先，本书从系统科学的角度思考智慧社会的顶层设计，以信息技术的发展、创新应用的实现、基础设施的智能改造以及相应形成的新兴业态为基础，从系统论、控制论、信息论，以及耗散论、协同论、突变论中探索未来智慧社会建设顶层设计与系统科学相关理论的契合，以分析方法和思想原则构建横跨自然科学和社会科学的桥梁，促使技术与社会的充分融合，归纳具有复杂系统特征的智慧社会在不同学科、不同领域、不同阶段中从无序走向有序的规律，为智慧社会顶层设计提供理论支撑与指导思想。同时，系统科学为智慧社会提供了一系列顶层实用的方法：从整体出发，重视规划与实际的应用；将目标以自上至下的方式细化，直至分解到最基础的层次。

其次，本书从战略管理方法的角度思考智慧社会的顶层设计，虽然战略管理本身对本书的支持有限，但该方法体系以全社会发展蓝图为对象，关注智慧社会的长远发展及其可持续性，仍符合智慧社会顶层设计的核心思路。战略管理方法从战略规划到战略实施再到战略评价，能够明确智慧社会实施主体动能及其内在关系，划分智慧社会阶段性目标以及核心检测指标，研判智慧社会战略方向与实施路径。

最后，本书从改革的角度思考智慧社会顶层设计，顶层设计与"摸着石头过河"都是渐进式推动改革发展、提高决策科学性、凝聚创新理念共识的改革合力。从改革的角度考虑智慧社会顶层设计，就是要在智慧社会顶层设计过程中体现国情思维、理念思维和路径思维，正确把握和深刻认识中国复杂的社会现状以及信息技术既有实力，运用符合中国特色社会主义道路的智慧社会理念指导智慧社会建设，以实际问题为导向、改革深度为目标、实践探索为承载明确智慧社会顶层设计的实现路径。

据此，智慧社会顶层设计需要综合采用社会科学领域的技术分析方法，主要包括文献研究法、深度访谈法、专家调查法（专家咨询法与德尔菲法）、问卷调查法等。

1. 文献研究法

在研究智慧社会顶层设计过程中，文献研究法是一种不可或缺的重要方法。尤其需要采用文献研究法全面追踪有关智慧社会演进和发展现状的学术期刊文献，通过对当前智慧社会研究成果的综合分析，得到全球智慧社会发展的实时动态以及我国智慧社会发展的具体特征。文献研究的主旨是全面掌握信息社会、智慧城市和智慧社会发展的资料与信息，为针对性开展访谈活动奠定基础。

智慧社会建设的目标与原则在智慧社会建设中起着提纲挈领的作用，本书旨在厘清这一内容。为此，课题组利用中国知网、万方、Web of Science 等数据库，搜索与智慧社会相关的文献资料，并查阅相关书籍，在广泛征询专家学者意见的基础上，提炼和总结出有关智慧社会建设的目标与原则的观点。

具体来讲，本书为了得出高质量的文献分析结果，采用了系统性文献综述法。相对于传统的文献综述方法，系统性文献综述法在数据源选取、文献选择和综述过程上都有所不同，是一种完整公开可重复的研究方法。系统性文献综述法基于对文献选择的明确标准，对原始文献进行了客观的分析和系统整合，很大程度上避免了主观主义的弊病，是一种理想的结构化文献分析方法。

通过对已有研究的总结与本书研究特色的融合，本书的基本分析步骤如下（图5-3）：①以"智慧社会""智慧城市""信息社会"等与本书相关的关键词语作为检索词，将初步设定的检索词发给领域内的三名专家与两名博士生进行打分评价并根据反馈意见进行修改，最终的检索词还需要通过预检索结果的检验，检索结果数量最多的检索词方可作为最终检索词，检索词可以用布尔运算符连接；②采用国内外权威数据库作为本书的数据源开始检索；③无关或者无效文献在这一步被人工剔除，筛选标准为研究对象和主题必须与本书相关，即必须是智慧社会，剔除只提及了检索词但实际研究内容与智慧社会无关的文献；④逐篇阅读从而详细地搜集信息；⑤对搜集到的信息进行加工并形成文字材料。

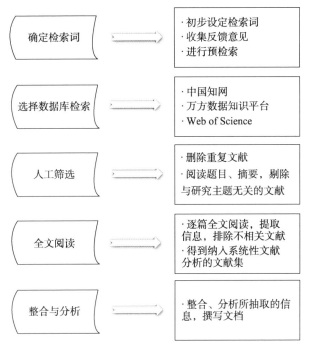

图 5-3　系统性文献综述法流程图

　　同时，为了通过集体智慧来分析和判断智慧社会发展过程中的某些态势（战略与机遇、优势与劣势、风险与挑战等），避免因个人在某方面的知识局限给智慧社会建设造成不可补救和逆转的偏差，提高战略决策和方案设计的科学性，本书邀请了业内专家进行讨论，采取当面咨询和头脑风暴的方式，针对有关智慧社会建设的目标与原则的具体内容发表观点并形成集中性咨询意见，为本书研究成果提供支撑。

　　2. 深度访谈法

　　深度访谈法有时也被称为"现场调研"，因为其是基于某一具体论题，采用一对一的谈话方式搜集资料，并且访谈者和被访谈者的交谈时长常在 0.5~1 小时，较长的谈话时间在某种程度上能够保证对具体问题有更深层次的探讨。在文献研究的基础上，本书选择关键人物（重点是智慧领域的技术专家、信息化管理领域的高层领导者和政策制定者等）开展深度访谈。

　　为了开展研究，课题组通过智慧社会建设的相关统筹、执行机构了解到广州市政府作为智慧社会建设的先行者，在从智慧社区、智慧医疗、智慧教育、智慧交通等多方面建设"智慧广州"所取得的成功经验。按照广州市智慧社会建设的时间顺序，从构思到建设初期经历的一些弯路，再到思路和管理方式的逐步调整，进而取得阶段性成果这一过程，逐步收集资料和了解情况。与此同时，课题组还会见了政策规划中的关键人物，围绕智慧社会建设的基础、实现方式、目标和战略进行半结构化和开放式访谈（访谈问卷见附录）。资料收集过程分为三个阶段。第一阶段，根据访谈提纲与受访者进行座谈，主要针对广州市政府"智慧广州"建设的总体状况、发展历程、日常工作内容等基本情况。第二阶段，向访谈对象提出开放式问题，如"智慧广州"建设的总体设计和"智慧广州"建设框架的选择方案有哪些等问题。第三阶段，随着访谈的推进，解决、明确访谈过程中的疑问和模糊信息，查漏补缺。在上述三个阶段的访谈过程中，每位受访者的访谈时间控制在 60 分钟内，访谈结束后当天对访谈内容进行整理，形成分析所需的文本材料，并对相关文本进行逐条分析，从制度的角度探寻广州市智慧社会建设思路和现实路径。另外，课题组还实地探寻了如荔湾区、白云区两个主城区的政务服务中心，以了解其如何开展政务服务一体化、建设一体化智慧城管体系、集成城市数据进行智慧监管等。

3. 专家调查法

专家咨询法和德尔菲法都是专家调查法。前者是邀请专家一起开会，采取当面咨询方式，针对具体内容发表观点并形成集中性咨询意见；后者则通过匿名信函征询专家意见，经过整合分析后，逐轮重复直至得出基本一致的意见。专家调查法的主要目的是通过集体智慧来分析和判断智慧社会发展过程中的某些态势（战略与机遇、优势与劣势、风险与挑战等），这样可以避免因个人在某方面的知识局限给智慧社会建设造成不可补救和逆转的偏差，提高战略决策和方案设计的科学性。

德尔菲法是兰德公司于 20 世纪 50 年代左右创造的，诞生之初被用作整合多名专家的意见，由于该方法能够在匿名情境下发挥百家之长，在百余年发展过程中得到广泛应用。德尔菲法的基本要点是通过匿名信函征询专家意见，经过整合分析后，逐轮重复直至得出基本一致的意见。匿名原则是此方法的首要原则，具体来讲，受访者不得互相交流意见。

本书的基本分析步骤如下：①确定与智慧社会建设蓝图相关的调查题目，拟定调查提纲，内容主要涵盖智慧社会建设蓝图的基本特征和总体框架，制作调查所需资料以向专家提供；②组成专家小组，根据本书需要，寻找和确定智慧社会相关领域内的专家，根据研究涉及面的宽窄和复杂程度，共邀请了 15 名领域内专家和业内人士参与；③澄清需要预测的问题及有关要求并附上相关背景材料，等待专家的书面答复；④各专家答复预测意见，并对答案进行支撑性阐释；⑤汇总答案并制表对比，反馈给各位专家以便调整自己的预测意见；⑥重复第五步，一直到能够得出较为一致的意见为止，根据实际情况，课题组最后经过了四轮操作；⑦最后，对各专家的意见进行综合处理，得到了包括以人民为中心、城乡融合和区域联动等在内的几点结论。

4. 问卷调查法

问卷调查法是能够使公众、企业以及社会团体等整个社会系统参与智慧社会建设的重要方法或渠道。问卷调查法使用问卷向调查者收集有关问题的答案。这种方法的特点是标准化程度比较高、匿名性强、信息收集效率高，它也是调查研究中使用频率较高的一种基本方法。问卷调查法的主要目的是搜集政府、企业、社会组织和公众等主体对智慧社会建设的真实需求情况，并通过问卷调查建立起政府与社会决策力量之间的良性循环，这是保证智慧社会规划与建设的决策科学性和民主性的必要条件。

第 6 章

建设智慧社会的总体框架

　　由于智慧社会研究系统具有跨学科性和系统性特点，智慧社会的顶层设计需要建立在跨学科的统一方法论基础之上。20 世纪 50 年代以来逐渐形成的系统科学理论以其横跨自然科学领域和社会科学领域的优势，与本书构成了相通之处。同时，智慧社会的建设关乎人类社会长远发展，作为社会形态演进中的一个阶段，智慧社会建立在发展程度较高的社会生产力水平和相对充足的自然社会资源之上，且智慧社会的成长与环境相互影响，这与战略管理理论的关注领域天然契合。智慧社会建设的顶层设计也要求考虑长期的建设与管理，战略管理理论从战略规划到战略实施再到战略评价的综合管理思维给本书提供了有益的启示。最后，改革是顶层设计的题中之义，二者有机联系在一起，以改革的视角开展智慧社会顶层设计的研究是必要且符合中国国情的。

　　基于对以上方法论基本要义的理解和对本书现实基础的深入把握，智慧社会顶层设计的基本思路、建设智慧社会的总体目标与原则、智慧社会建设实践的主要方面已然厘清。智慧社会是一个多要素联动、多层次勾连和多体系支撑的巨型系统，按照系统科学理论的要求，智慧社会的顶层设计方法应当从全局视角出发，强调复杂工程的整体性，将城市整体规划设计与社会实际需求紧密结合，站在全局的角度考虑各个要素。因此，智慧社会的总体目标与顶层设计思路将会涉及多个生产要素、环节和广泛的服务群体。同时，智慧社会建设是一项长期性工程，因此需要在明确总体目标的情况下，紧紧围绕顶层目标，考虑实施环境的互动，制定战略规划和战略实施路径，并在实施过程中不断迭代优化，结合智慧社会顶层设计应遵循的基本原理和方法，其具体设计步骤大致可以分为现状分析、形成目标和方案编制三个阶段。此外，改革的视角要求智慧社会的建设要正确把握和深刻认识中国复杂的社会现状以及信息技术既有实力，运用符合中国特色社会主义道路的智慧社会理念指导智慧社会建设，以实际问题为导向、改革深度为目标、实践探索为承载明确智慧社会顶层设计的实现路径。因此，在智慧社会建设的过程中，坚持以人为本、循序渐进、信息共享、全员参与、需求导向和博采众长成为题中应有之义，在打造智慧社会的蓝图中坚持以人为本，做到城乡融合、区域联动、技术驱动和制度保障。最后，传统资源基础和信息技术相关基础相结合形成的智慧社会建设基础搭建起了智慧社会庞大系统的生态环境和实现基础，政治、经济、文化、生态、社会五大领域构成了智慧社会建设范围，二者与系统科学理论中的系统、稳态、信息等概念一脉相承。中国语境下的智慧社会建设对"以人为本"和"城乡统筹"两大原则的秉持充分体现了改革视角。将 2020 年到 21 世纪中叶的智慧社会建设划分为三个阶段主要体现了战略管理思维。

6.1　建设智慧社会的顶层设计

6.1.1　智慧社会顶层设计的基本思路

研究智慧社会顶层设计方案，需要遵循战略管理理论和系统论的基本原理，按照战略管理理论和系统论的基本步骤来逐步推进。

第一，战略管理涉及方案的分析、规划、制订和实施等各个过程，与此同时，它也是一个不断修正、改进和补充的动态性过程。

第二，系统论强调以关联和动态的基本思路分析研究对象的要素与结构、功能与环境之间的相关联系和相互作用，它将研究对象视作一个集合的整体，最终导向是达到最优化的目标。

第三，基于战略管理理论和系统论的基本原理，智慧社会顶层设计既需要立足全局的战略性思考，也需要关注整体的系统性思维方式和研究方法。

具体思路包括：一是要紧密结合战略管理理论，在充分考虑政府、市场、社会组织和公众等主体对智慧社会建设需求的基础上，制订智慧社会建设的整体性战略规划，明确智慧社会建设的指导思想、发展目标、重要任务、战略步骤及蓝图规划等；二是从系统论的整体性思想出发，构建包含技术支撑体系、运行管理体系、建设内容体系、业务范围体系、目标评估体系等核心系统的智慧社会框架，明确各个体系之间的现实物理逻辑关系与虚拟空间逻辑关系；三是在上述内容的基础上，制订明确的智慧社会建设的落地实施方案，致力于建成智慧服务高效便民、智慧技术高度集成、智慧产业高端发展、智慧管理公开透明等社会发展新模式，见图 6-1。

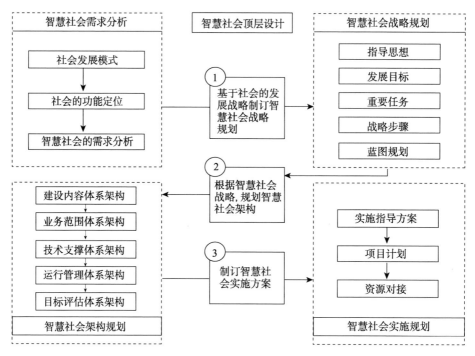

图 6-1 智慧社会顶层设计的基本思路

6.1.2 智慧社会顶层设计的具体步骤

结合智慧社会顶层设计应遵循的基本原理和方法，其具体设计步骤大致可以分为现状分析、形成目标和方案编制三个阶段，见图 6-2。

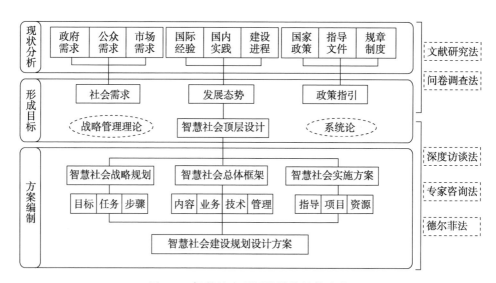

图 6-2 智慧社会顶层设计的具体步骤

第一，现状分析阶段。基于文献研究法和问卷调查法，从三个方面收集智慧社会各类信息、需求及发展趋势等，其包括：针对政府部门、公众、市场的需求分析，国内外先进经验的分析研究，以及国家相关政策指导文件的解读。

第二，形成目标阶段。基于调查研究、经验借鉴、指导文件等方面的内容，从社会需求、发展态势及政策指引维度进行汇总分析以明确建设差距及需求。

第三，方案编制阶段。结合分析结果，采用深度访谈法、专家咨询法、德尔菲法等加以验证或修正，最终明确智慧社会建设目标、技术框架、重点项目等，完成整体设计方案。

6.2　建设智慧社会的基本原则

第一，坚持以人为本的原则。

智慧社会想要得到人民拥护，必须坚持以人为本的原则，要从便利人民生活的角度出发，把智慧社会的便利带给广大人民群众。把以人为本的原则贯彻到智慧社会建设中，要求智慧社会把握民生导向，从改善民生和提供高质量的公共服务出发和落脚，进而推动社会公共服务均等化发展。智慧社会的建设本质需要立足于每个公众的发展与进步，紧紧追寻公众对自身发展的真实需求，同时凝聚个人力量，化零为整地促进智慧社会良性发展，并希冀人民生活水平的提高。

第二，坚持循序渐进的原则。

我国的宽带数量和普及率都不乐观，基础设施水平相对薄弱。鉴于以上情况，小步快走、量力而行是我国建设基础设施过程中的客观要求，而非好高骛远式的发展。

第三，坚持信息共享的原则。

政府部门拥有大量的公共信息和公共资源，这些信息资源对组织和个人的决策和行为都具有重要价值，从这个层面上来说，跨部门信息共享是政府建设智慧社会的首要任务。但是在现行体制下，促进跨部门信息共享由于部门主义、分治和分权问题面临重重困难。推进智慧社会建设，需要加强顶层设计，普及信息交换共享标准体系，推动部门间信息交换共享，推动信息集成与应用纵深发展。

第四，坚持全员参与的原则。

政府包揽一切的时代已经过去，坚持全员参与成为新的原则导向，最终实现政府、社会组织和单位公民相互促进并相互制约的工作格局。政府需要积极引导各类主体参与社会事务，充分发挥各类主体在社会治理中的作用，使社会组织和居民从被动参与转变为主动承担，实现主动把权力下放给人民。

第五，坚持以需求为导向的原则。

政府部门在投资智慧社会建设项目时，要扭转重建设、轻实效的局面，坚持以实际需求为导向，务实推进政府项目，应避免投入大量财政资金建设面子宣传类项目、重复建设类项目和日常投资利用率低的项目。与此同时，政府要以整合性思维促进优质公共服务资源共享，让公众真正享受到建设智慧社会的好处。

第六，坚持学习国外先进经验，突出自我特色的原则。

国外在智慧社会建设中的定位和采取的措施是我们相关政府部门需要消化、吸收、借鉴的重要内容，需要我们进一步加强政府部门间的交流和合作，正确理解并合理吸收国外的先进经验。同时，我国智慧社会的建设也需要兼顾我国的国情和突出侧重点，避免出现脱离我国城乡具体情况的问题，努力切实解决经济社会发展的关键难题，避免"一刀切"式的建设方案。我国在建设智慧社会的过程中应坚持学习国外先进经验，同时也应当做到从经济社会发展的实际情况出发，紧密贴合我国发展战略，从而建设一个切实可用、独具特点的智慧社会。

6.3　智慧社会总体框架的设计

在第 2 章的论述中，从理论上对智慧社会的概念、内涵及特征做出了界定。经过第 3 章国际经验的分析、第 4 章现有基础的总结以及第 5 章方法论的探讨之后，第 6 章将最终对智慧社会建设的顶层设计做出阐释。一方面，相关阐释是从实践层面对第 2 章理论论述的具体探索；另一方面，这也是结合国际经验、发展基础、科学方法而做出的归纳、总结与创新。

6.3.1　智慧社会建设的蓝图

1. 以人为本

智慧社会应是一个具有温度的新型社会，突出以人民为中心，所有的硬件设施都应为人服务。智慧社会的建设应当以改善民生为落脚点，为此要做到更加注重人民的体验感和获得感，将先进的信息技术用在广大人民群众关心的医疗、就业、交通等领域上，推动实现公共服务的均等化和均质化，以期实现民生改善，增强人民群众的幸福感和对智慧社会的认可度。

2. 城乡融合

在历史发展长河中，我国城乡分割的经济和社会二元结构长期以来一直比较明显。在信息技术广泛应用的背景下，智慧城市飞速发展，但同时智慧村庄的建设被忽视了。我国仍然存在数量相当庞大的农村人口，让农村人口享受智慧社会带来的便利是智慧社会建设的题中之义。因此，智慧社会的建设应是城乡融合的，需要不断促进智慧时代城乡之间的均衡发展，推动智慧成果的全民共享，这也是以人民为中心的应有之义。

3. 区域联动

从产业角度讲，我国地区之间的市场分割依然显著，产业发展碎片化，产业分工的经济效应尚未充分发挥出来。企业之间的技术标准、产品质量和服务水平也存在不一致的情况。从地区层面来看，各地的智慧化建设基本制度与技术基础也具有显著的差异。从公共服务的角度看，公共服务均等化水平滞后。因此，智慧社会的建设应注重在经济社会的各个领域实现区域联动，打破各地区各自为政的僵局，统一新技术行业标准规范，以技术为突破口实现区域联通，为深度交流和资源共享奠定坚实基础。

4. 技术驱动

为了实现以人民为中心、城乡融合、区域联动的目标，应以技术驱动智慧社会建设，主要包括以下几个方面：一是构建智慧化基础设施体系，大力发展基础设施以支撑人机融通和万物互联的局面；二是加强社会数据交换共享平台建设，推动信息资源集约分布，通过构建数据交换共享平台和完善数据交换共享机制来整合公共基础数据，促进数据集成和综合应用；三是集中力量发展以新一代人工智能为核心的前沿引领技术；四是大力营造良好的科研生态环境，保障应用基础研究并支持相关重大科研项目，从而进行技术创新和颠覆。

5. 制度保障

统一且普遍的标准体系是建设智慧社会不可分割的重要组成部分之一。各行业、地区和领域的纵深合作，信息资源的共享共用，高效协同的业务体系都离不开统一的智慧社会标准体系。对此，智慧社会建设应从信息技术和网络设施基础、信息资源和信息安全、信息管理与应用等多方面健全和完善标准体系。此外，还应对各级政府和各行各业的智慧社会建设工作进行考核评估，从法规伦理、关键政策、产权保护、科学普及等方面提出相关保障措施，确保智慧社会建设的质量。

6.3.2　智慧社会建设的总体阐释

第 2 章指出，智慧社会的内涵可被界定为"在信息技术快速发展引发社会变革的时代背景下，通过激发全社会创造力和汇聚发展合力，实现创新驱动发展，提升国家治理体系和治理能力现代化，解决发展不平衡不均衡的主要矛盾，以最终实现人民对美好生活的向往"。当落实到实践层面时，这一理论界定又可具体分为三个方面。

首先，就智慧社会建设的基础而言，其着重聚焦"信息技术快速发展引发社会变革的时代背景"。换言之，智慧社会建设是建立在信息技术革命的基础上，其是在技术革命的推动下而引发的社会整体变革，因而其也自然依赖信息技术革命背景下新的前提和要素。考虑到信息技术内涵的丰富性，这又具体包括数据、算法、网络这三个方面；同时，社会形态的演变不是一蹴而就的，其同样建立在过往社会渐进发展的基础上，而从发展基础来看这又具体体现为资本、劳动、自然资源等其他资源。由此，我们便可从资源、数据、算法、网络这四个方面夯实智慧社会的建设基础，从而推进智慧社会的建设步伐。

其次，在建设智慧社会的方法和目标上，强调"激发全社会创造力和汇聚发展合力"。前文指出，智慧社会的核心特征是创新性、包容性和开放性。创新性是智慧社会背景下生产力发展的一般规律，而这又尤其聚焦大众创新、开放创新，也即释放每个创新主体的创造力，并使之汇集为整个社会的创新性发展；包容性和开放性则是智慧社会生产关系调整的必然要求，推动智慧社会发展成果被更多人享有并进一步焕发出更大的创新潜力。智慧社会建设的三大特点紧密相连，直接指导着智慧社会建设的方法和目标。具体而言，智慧社会建设要依赖政府、企业、社会乃至个体等各类主体的创新能力和创新潜力，而这反过来也要求智慧社会建设成果为社会共同享有，也即智慧社会建设应"来自人民"并"为了人民"。从具体实践以及中国的特殊国情来看，上述理论阐释事实上要求智慧社会建设同时涵盖城市和乡村两个体系，并最终回到"以人为本"的核心关切。

最后，就智慧社会建设的范围而言，其重点关注"实现创新驱动发展，提升国家治理体系和治理能力现代化，解决发展不平衡不均衡的主要矛盾，以最终实现人民对美好生活的向往"。这一范围事实上涵盖了多个领域：在经济领域，要实现创新驱动发展的方式转变；在政治领域，要实现国家治理体系和治理能力的现代化；在社会领域，要解决发展不平衡的主要矛盾；在生态、文化领域，要实现人民对美好生活的期待和向往。换言之，智慧社会的建设范围应与"五位一体"总体布局紧密关联。智慧社会建设不仅体现了中国特色社会主义事业的总体布局，而且反过来也推动着中国特色社会主义事业的全面发展。

上述从实践指导层面对"智慧社会"的内涵所做出的三个方面的阐释，事实上构建了在中国语境下建设智慧社会的总体框架（图6-3）。首先，智慧社会涵盖城市与农村两个体系，并最终落脚到"以人为本"的核心关切；其次，资源、数据、算法、网络作为智慧社会建设的四大基础，将构成信息技术革命下推动智慧社会建设的前提和要素；最后，经济建设、政治建设、文化建设、社会建设、生态文明建设"五位一体"总体布局作为智慧社会建设的指引和框架，具体体现在数字政府、数字经济、智慧民生、智慧生态和数字文化建设五个领域。

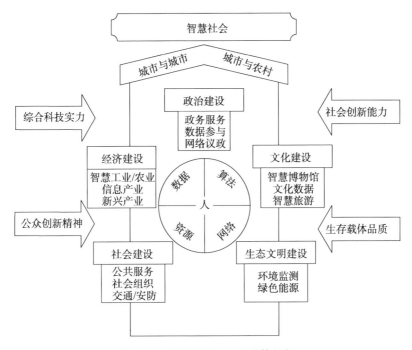

图 6-3 建设智慧社会的总体框架

据此，形成以"123454"为载体的研究架构，即一个中心是指"以人民为中心"，两个体系为统筹城市与农村两大体系，三对关系是指处理好"数字与物理的关系、自由与秩序的关系、治理与管理的关系"，四个建设维度为技术层、行为层、组织层、制度层，五项建设内容包括数字政府、数字经济、智慧民生、智慧生态和数字文化，以及四条实现路径为服务导向、创新驱动、产业支撑、制度保障。

对应本书的章节内容，分别是第 2 章阐述三对关系、四个建设维度，第 3 章、第 4 章和第 5 章对本书的研究基础进行阐述，第 6 章、第 7 章对一个中心、两个体系、五项建设内容进行完整阐述，第 8 章的内容为智慧社会的建设思路，第 9 章为实现路径的具体阐述。

6.3.3 智慧社会建设的四个主要方面

1. 智慧社会建设的基础

智慧社会建设的基础可被理解为建设智慧社会的条件、前提及要素，其作用在于为智慧社会建设奠定可能性基础，是智慧社会建设各个领域都需要的一般性、普适性要求，这也即智慧社会的基础设施。按照智慧社会基础设施的来源属性，其可被分为传统资源基础和信息技术相关基础两个方面。前者着重体现了智慧社会建设相对之前社会形态的渐进性和累积性，后者则更多体现了智慧社会建设本身的特殊性和发展性。

　　智慧社会建设首先要夯实基础，而这又具体包括相关基础的建设以及围绕相关基础的相关治理体系和治理能力的建设两个方面。前者涉及智慧社会基础设施本身的发展水平、发展效能，而后者则涉及维持并确保智慧社会基础设施动态发展的可持续性与稳定性。接下来本书从传统资源基础和信息技术相关基础两个方面讨论落实智慧社会基础设施的具体要求和内容。

　　1）作为智慧社会基础设施的资源治理体系建设

　　智慧社会建设不能脱离现有社会的发展水平，其更多体现为渐进式变革而非颠覆式变革。正因如此，智慧社会的基础设施同样离不开资本、劳动、自然资源等其他资源要素。但这并不代表智慧社会建设对于传统资源作为基础设施的要求不会出现变化，传统资源要素的数字化、智能化转型才是智慧社会建设的新要求。沿袭经典增长模型对于资本、劳动、自然资源三种基础生产要素的总结，本节将同样从这三个方面梳理智慧社会建设如何夯实资源基础。

　　首先，智慧社会建设应进一步完善资本要素的积累和利用机制，特别是使之更加契合智慧社会形态下的产业发展特点和社会发展需求。正如第 1 章指出的，智慧社会形态的核心特征是创新性、包容性和开放性，而这三点又具体落脚为在生产过程和生产模式中促进分散式、包容式和开放式创新。考虑到资本在促进创新过程中的重要作用，这便在客观上要求形成能够与智慧社会生产模式相适应的资本利用体制。具体而言，建设更灵活、更有效的知识产权、数据产权保护与利用机制，更多元化、更多层次的风险投资机制，更丰富、更公平的股权投资与收益机制，都应是智慧社会建设背景下夯实资本要素基础的重要改革措施。需要注意的是，为实现上述政策改革，信息技术作为一种工具的使用必不可少。这既体现为信息技术助力投资信息的收集与分析，也体现为资本市场在信息技术相关领域的发展与成熟。

　　其次，智慧社会建设应加快推进劳动力要素的数字化转型，在尽量减少智慧社会建设对于劳动力现行结构的冲击和影响的同时，加快劳动力数字化转型进程，以使之更好适应智慧社会建设的需求。具体而言，这又可细分为两个方面的具体内容：一方面，应加快研究智慧社会崛起背景下的就业革命和劳动者技能需求转型过程，并在此基础上形成新的教育和培训体系；另一方面，应加快完善智慧社会劳动保障体系的变革与重构，以确保在从工业社会向智慧社会过渡的过程以及进入智慧社会之后的新社会发展阶段，全社会都能得到相应的劳动保障并具有稳定的保障预期，从而减少社会形态发展的阻力。

　　最后，构建智慧社会急需加快基础设施的更新升级。例如，通过基础设施配套建设，构建全国性的智能水网、智能电网、能源互联网、智能交通网络，提高其智能运作能力。类似于此的建设与改革还包括能源网络、生态环境等各个方面。需要注意的是，智慧社会建设背景下，传统基础设施建设的要点是推进基础设施本身的数字化转型，但其最终目的则是以此为基础，进一步实现基础设施的数字化使用和数字化管理，其既有利于基础设施使用和管理水平与效率的提高，也有利于将基础设施纳入智慧社会建设的整体范畴，以最终实现整体管理效能的提升。

2）作为智慧社会基础设施的信息技术治理体系建设

除了作为基础设施的传统资源之外，智慧社会建设的另一重要基础便是信息技术，而这也集中体现了智慧社会形态的独特特征。数字社会形态的演化发展是建立在独特的基础设施之上的，考虑到信息技术本身的宽泛性，本节将其具体化为数据、算法、网络三个重要部分。由此，智慧社会背景下的信息技术基础建设也可细化为数据、算法、网络三方面内容，并进一步体现为其本身以及围绕其的治理体系和治理能力的构建。

首先，数据成为"新石油"的事实在当今时代已无可争辩。已有研究指出，大数据及其分析已经在各个领域实现了广泛的应用，如基于数据分析对用户进行的智能信息推送、产品服务推荐，基于监控数据的社区治理等（鲍静和贾开，2019）。然而，数据的收集、存储、使用仍然存在诸多隐患：用户隐私泄露、数据交换共享壁垒，以及数据权益分配的不公平、不公正，乃至数据垄断者归责原则的不合理、不正义。要解决这一系列的问题，对基本要素"数据"的治理规则的建立与重构成为必然。

其次，算法作为智慧社会背景下新的社会行为规则，其重要性正在不断提高，而算法生成、使用等相关问题的治理同样成为事关智慧社会基础设施的重要内容。广义的理解认为算法的理性模型能够构建良好的社会秩序，在普遍的认知中，人们更关注"与公众利益相关的算法"。伴随人类社会数字化程度的提升，尤其是进入智慧社会阶段，算法的重要性与日俱增，而算法治理也相应成为智慧社会建设不可或缺的重要制度基础。

最后，网络作为支撑智慧社会的基础结构，其既体现了智慧社会本身的结构特征，也是数据交换共享、算法智能决策的关键之处。特别是云计算技术的高速发展更是佐证了"网络"的重要性。"网络"这一基本要素的治理规则的建构与变革，成为当前的迫切议题。是否应该遵循中立原则约束网络、频谱资源的稀缺性如何解决分配难题、新一代全球网络通信协议标准中将如何建立沟通对话机制、全球网络在解决数字鸿沟上将会遇到何种现实挑战，这些都是亟待回答的问题。而目前，数据、算法和网络的治理依然未能上升到体系层面，没有得到决策层面的系统关注。

随着数字时代的来临，无论是传统治理体系转型，还是新型治理体系的建立，许多问题最终都可归结为智慧社会基础设施治理体系的构建。在此背景下，数据确权、算法治理、网络普及与安全等问题的治理规则都需要被提升到新的层面。从智慧社会建设基础设施治理体系的视角看待这些问题，既有助于明确相关问题的基础性和重要性，也有利于从整体上推进智慧社会建设。

2. 智慧社会建设的方式与目标

智慧社会建设必须坚持共性，注重"激发全社会创造力，凝聚共同发展力量"；同时，智慧社会建设也要注重特殊性，要结合不同国家、不同区域的历史特征制订相应规划。上述两方面要求落实到中国语境下的智慧社会建设，便是要秉持"以人为本"和"城乡一体化"这两个原则。

一方面，智慧社会建设必须"以人为本"。"以人为本"不仅要求智慧社会成果为社会所共享，其更重要的理念还在于要释放每个人的创造力以形成当前时代的"最先进生产力"。哥伦比亚大学法学院教授 Lothian（2017）曾提出，在不同的历史阶段中，最有效率的生产模式，即投入产出比最理想的生产模式，并非当时的"最先进生产力"，而是能不断超越既有模式并最大程度释放人类创造力、不断提高生产效率并增加产出的生产模式。在资本主义发展早期阶段，"最先进生产力"表现为基于分工的流程式生产（如"别针工厂"）；而在智慧社会时代，这又是指通过调动分散主体的生产积极性而形成的规模经济。正如哈佛大学法学院教授 Benkler（2006）提出的"大众生产模式"理论所述，个体参与生产的限制在互联网时代大大降低，个体需求不再局限于经济需求，多样化的需求激励着人们进行生产活动并形成规模经济。创新 2.0、开放数据、共享经济等都是具体形式的大众生产模式。再如，任何相关个体都可以参与开发或编写开源软件和维基百科，这都是具有以用户为中心的大众创新、开放创新和共同创新的大众生产模式的典型例证（宋刚和张楠，2009）。大众生产模式的影子还体现在旨在促进数据大众利用的政府数据开放（贾开，2016），发动更多分散主体进行物品和服务的分享（Kenney and Zysman，2016），二者都利用了分散个体的资源且形成了规模经济。大众生产模式与智慧社会的建设方式相通——智慧社会鼓励基于技术、业态和制度等的创新释放分散主体的力量并形成规模经济；而通过这样的方式，智慧社会建设又最终反过来实现了"以人为本"的价值目标。换句话说，方法和目标是相互依存和相辅相成的。

另一方面，智慧社会建设要以"城乡一体化"为重点，城乡一体化要求打破城乡割裂的发展模式、促进城乡协调并缩小城乡差距，这是城乡统筹政策的延续和突破。中共中央和国务院高度重视城乡的一体化发展，中国特色社会主义理论认为生产力的高度发达是社会主义的题中之义和必然要求，也是走向共同富裕的必由之路，只有实现了共同富裕，社会主义的生命力和活力才能彰显出来。但共同富裕并不是指同时进入富裕阶段，邓小平同志将共同富裕更好地解释为：一部分先富起来的人带动一部分人后富起来。在此方法论的指导下，改革开放以来一部分地区和一部分人先迈向富裕，但与此同时地区和阶层间的差距也在不断扩大。因此，应对先富地区和人群带动其他地区和人群引起足够重视，唯有此，才可能真正实现共同富裕，而城乡融合则是对"先富带动和帮助其他地区、其他人"思想的回应与细化。这足以说明中国共产党的先进性，始终与人民站在一起，坚持以人民为中心的发展理念，代表着最广大人民的根本利益。城乡融合的提出不应局限于经济领域，而应涵盖政治、经济、文化、社会、生态等领域，只有全面地实现城乡融合，地区间的差距才可能被完全消解。而以新一代信息技术与国家战略相结合为标志性产物的智慧社会建设从技术赋能视角为实现城乡融合提供了契机，地理性空间是城乡的固有属性，且地理性空间的改变并非一蹴而就，需要伴随国家及区域经济发展、城镇化规模扩大才可能有所突破，但以互联网为标志的网络性空间则有效地突破了城乡的地理性空间限制，可以将城乡有机联系在一起，通过形成统一性的网络化平台，将大数据、区块链、人工智能等信息技术运用到依托互联网技术的城乡区域融合发展中，打破数据壁垒，营造良好的数据开放状态，实现城乡在网络性空间的融合发展，塑造政治、经济、文化、社会、生态的城乡一体化格局，继而推动城乡在地理性空间的发展。因此，建设智慧社会需要坚持"城乡一体化"的原则，这既是一个建设目标，也是一种建设方法。

3. 智慧社会建设的范围

智慧社会建设基础的夯实，以及方式和目标的确定，最终都要进一步落实到具体领域的具体规划，以形成智慧社会建设的具体抓手。考虑到智慧社会概念的宽泛性，有必要进一步细化智慧社会建设的领域。结合经济建设、政治建设、文化建设、社会建设、生态文明建设"五位一体"总体布局，本书认为智慧社会建设还应涵盖这五个领域。

第一，在政治方面，建设智慧社会的核心任务是实现国家治理体系和治理能力的现代化，即全面深化改革的总体目标。智慧社会建设作为未来我国社会形态演进的必经阶段，自然要与我国发展战略保持一致，因此以实现国家治理体系和治理能力现代化为重点的政治领域改革理应被纳入智慧社会建设的范畴。在智慧社会建设背景下，国家治理体系和治理能力现代化既体现为治理制度框架和治理能力水平在信息技术的高速发展下得以完善，同时也体现为针对新技术、新业态的相关治理体系和治理能力的现代化进程。前者可以概括为"从数字治理"，后者是"对数字治理"。

第二，在经济领域，建设智慧社会的核心任务是转变创新驱动的发展方式。

伴随我国改革的全面深入，当前我国经济已经从高速增长向高质量发展转变，实现创新驱动不仅是国家战略转型的方向，也是我国经济发展到目前阶段的必然要求。习近平在中国科学院第十九次院士大会、中国工程院第十四次院士大会上指出，"世界正在进入以信息产业为主导的经济发展时期。我们要把握数字化、网络化、智能化融合发展的契机，以信息化、智能化为杠杆培育新动能……要推进互联网、大数据、人工智能同实体经济深度融合，做大做强数字经济"[1]。为此，智慧社会建设同样需要重视经济领域的数字化转型进程。一方面，加强数字经济发展；另一方面，着力推动传统经济与数字经济的深度融合，以治理体系创新和治理能力提升最终实现创新驱动发展的时代变革。

第三，在社会领域，智慧社会建设的核心任务是在提升社会治理水平的同时完善公共服务供给体系，以最终解决发展不平衡不充分的基本矛盾。一方面，智慧社会建设为提高社会治理水平带来了新的发展机遇。在数字技术手段的支持下，由政府主导，企业及公众等多元主体共同参与，通过数据共享、交流沟通、资源整合等手段有效提升社会治理水平已经成为现实。另一方面，智慧社会建设同样有利于完善公共服务供给体系，从公共服务的需求识别到供给模式再到绩效评价，智慧社会将重构公共服务供给流程、提升供给效率、推进普惠发展。

第四，在文化、生态领域，智慧社会建设的核心任务是在信息技术的支撑下，推动思想文化事业和生态文明建设进入新时代。党的十九大报告指出，要"坚持社会主义核心价值体系""坚持人与自然和谐共生"[2]。智慧社会建设一方面有利于通过数字化转型，提升思想文化和生态文明的建设水平；另一方面，在网络空间与物理空间逐渐融合的背景下，思想文化和生态文明建设将以新业态的面貌出现（如网络文化、低碳城市便是两个典型代表），由此也将进一步充实文化、生态领域建设的智慧内涵。

4. 智慧社会建设的规划目标

为进一步推动智慧社会顶层设计的落地与实践，有必要根据不同领域的发展特点，提出智慧社会建设的规划目标。结合我国"两个一百年"目标的宏观战略，本书将2020年到21世纪中叶的智慧社会建设划分为三个阶段，并结合政治、经济、社会、文化、生态等方面的发展战略和发展需求，制定出智慧社会建设的规划目标。

---

[1]《习近平：在中国科学院第十九次院士大会、中国工程院第十四次院士大会上的讲话》，http://www.xinhuanet.com/politics/2018-05/28/c_1122901308.htm，2018年5月28日。

[2]《习近平：决胜全面建成小康社会 夺取新时代中国特色社会主义伟大胜利——在中国共产党第十九次全国代表大会上的报告》，http://www.gov.cn/zhuanti/2017-10/27/content_5234876.htm，2017年10月27日。

第一个阶段：2020~2025 年。在全面建成小康社会之后接续奋斗五年，实现数据充分流动、环境普遍感知、决策高度智能的全面数字化、智能化转型。数字基础设施高度完善、互联互通高速网络普及城乡、智能技术应用普惠大众。在政治领域，数字政府运用信息技术、治理数字技术的能力显著增强；在经济领域，数字经济和传统经济数字化转型"双轮"驱动发展日渐成熟；在社会领域，公共服务和社会治理数字化进程达到新高度；在文化领域，中国特色社会主义核心价值观高度融入数字文明建设成为新常态；在生态领域，数字技术成为推动低碳社会、可持续社会的新动能。

第二个阶段：2026~2035 年。在实现数字化和智能化转型的基础上接续奋斗十年，实现信息技术全产业链条核心可控、智慧社会应用高度发达、数字治理体系和治理能力日趋完善。在政治领域，形成相对成熟的数字治理能力，构建相对完整的数字治理体系；在经济领域，夯实"双轮"可持续发展的基础，推动中国数字经济走向全球；在社会领域，实现包容性和普适性的数字公共服务、数字社会治理和城乡数字发展；在文化领域，形成具有新时代中国特色社会主义属性的数字文明，初步实现全球影响力的提升；在生态领域，充分发挥信息技术在促进生态文明建设中的积极作用，巩固联合国可持续发展目标。

第三个阶段：2036~2050 年。在基本实现信息技术发展、核心应用成熟、治理体系和治理能力现代化的基础上接续奋斗十五年，释放全社会各类主体创造力、汇聚发展合力，形成创新驱动、普惠共享的智慧社会形态，最终解决我国当前发展不平衡不充分的主要矛盾，实现人民对美好生活的向往。五大领域普遍实现信息技术赋能大众创新，城乡居民普遍共享智慧社会发展成果，全面实现中国智慧社会建设外溢效应和提升全球影响力。

第7章

建设智慧社会的内容框架、总体目标和重点任务

  智慧社会的建设实际是一个极具复杂性、系统性的工程，关系到经济、社会、生活的方方面面。从一个整体性的视角来看，阐述清楚智慧社会建设的内容框架、总体目标和重点任务并非一件容易的事。本章在把握"五位一体"总体布局精神的基础上，将智慧社会建设分解为数字经济建设、数字政府建设、数字文化建设、智慧民生建设、智慧生态建设五个方面，然后分别讨论这五个方面的内容框架、总体目标和重点任务，以期实现智慧社会的高质量建设。

7.1 智慧社会建设的分解框架

  中国共产党第十八次全国代表大会从历史和全局双重角度出发，全面部署了以推进新时代"五位一体"为旨的总体布局，并且对经济、政治、文化、社会、生态文明的布局明晰了战略目标。2020 年，党的十九届五中全会精神仍然将"统筹推进'五位一体'总体布局"这一要义放在关键地位。"五位一体"的总体布局构建了中国经济社会发展的整体框架。本章在把握"五位一体"总体布局本质内涵的基础上，将智慧社会建设分解为数字经济建设、数字政府建设、数字文化建设、智慧民生建设、智慧生态建设五个方面，这五个维度的分解是对"五位一体"总体布局中的经济建设、政治建设、文化建设、社会建设、生态文明建设的支撑。进一步，本章从数字经济、数字政府、数字文化、智慧民生、智慧生态阐述建设智慧社会的内容框架、总体目标和重点任务。接下来，本节简要说明数字经济建设、数字政府建设、数字文化建设、智慧民生建设、智慧生态建设与智慧社会建设的内在逻辑关系。

  为了探讨清楚建设智慧社会的内容框架、总体目标和重点任务，我们必须对当前中国数字经济、数字政府、数字文化、智慧民生、智慧生态五个领域的建设与智慧社会建设的实践基础进行实证调研。为此，课题组采用了实地调研和案例

研究相结合的方法，围绕内容框架、总体目标、重点任务在 20 个省会城市、地级市展开了相关的调研活动。例如，课题组在深圳和杭州调研了数字经济，在成都和宜宾调研了数字政府，在成都调研了数字文化，在兰州调研了智慧民生，在湖州调研了智慧生态（表 7-1）。根据实地调研的情况，并结合建设智慧社会的总体目标和顶层设计，本章明晰了五个领域的建设与智慧社会建设之间的关系，明确了数字经济、数字政府、数字文化、智慧民生、智慧生态的内容框架、总体目标、重点任务。

表 7-1　智慧社会建设实地调研情况

调研内容	调研地	调研地选择缘由
数字经济	深圳、杭州	2019 年深圳市数字经济产业规模达到 27 828.6 亿元，位居我国大型、中型城市首位。同年杭州市实现数字经济核心产业增加值 3795 亿元，比上年同期增长 15.1%，数字经济对全市经济增长贡献率超过 50%
数字政府	成都、宜宾	根据电子科技大学智慧治理研究中心、电子科技大学公共管理学院与社会科学文献出版社联合发布的《中国地方政府互联网服务能力发展报告（2019）》，在副省级/省会城市中，深圳市、成都市、广州市、宁波市、贵阳市、武汉市进入创新领先类；其他地级行政区中，阳江市、常州市、江门市、莆田市、宜城市、湛江市、宜昌市、宜宾市进入创新领先类
数字文化	成都	成都拥有非常丰富的文化资源，如成都金沙遗址博物馆、杜甫草堂、熊猫、川剧变脸、茶艺、蜀锦等，均富有浓厚的地方特色。成都也是一个与时俱进的新潮都市，在文化产业方面表现得尤为明显，近年来在网络文学、网络游戏、网络动漫、网络音乐等领域都有良好的发展势头。成都紧跟时代潮流，借助网络科技力量，深度融合本地特色文化，打造具有竞争力的数字文创之城
智慧民生	兰州	兰州北科维拓科技股份有限公司致力于基层社会服务管理、电子政务与公共信息软件产品开发、软件集成研发和项目实施
智慧生态	湖州	2005 年 8 月 15 日，时任浙江省委书记习近平在湖州市安吉县余村考察时，开创性地提出"绿水青山就是金山银山"[1]。作为全国率先探索"两山"之路的先行者，湖州牢记习近平的嘱托，坚持绿色发展，在推进"两山"转化的过程中，转出了发展空间，释放出美丽能量，践行"两山"理念让湖州焕发出勃勃生机

1)《始终牢记总书记的殷切嘱托——浙江践行"绿水青山就是金山银山"综述》，http://dangjian. people.com.cn/n/2015/0508/c117092-26968026.html?from=singlemessage，2015 年 5 月 8 日

与此同时，政府基于互联网提供政务服务、实现网络履职已经成为常态和现实，课题组提出"政府互联网服务能力"这一概念，将其界定为"政府运用互联网、大数据、云计算、人工智能等信息化技术手段，实现科学决策、精准治理、高效服务，增强人民群众的获得感、幸福感，是推进国家治理体系和治理能力现代化的综合体现"。基于这一概念，课题组自 2018 年起对中国地方政府互联网

服务能力状况进行监测、分析、评价、研究，并连续发布《中国地方政府互联网服务能力发展报告（2018）》《中国地方政府互联网服务能力发展报告（2019）》《中国地方政府互联网服务能力发展报告（2020）》《中国地方政府互联网服务能力发展报告（2021）》《中国地方政府互联网服务能力发展报告（2022）》，这为数字政府建设、智慧民生建设的内容框架提供了扎实的数据和资料基础。

7.1.1 数字经济建设与智慧社会建设

根据 G20 杭州峰会发布的《二十国集团数字经济发展与合作倡议》，数字经济是指以现代信息网络为重要载体、以数字知识和信息为主要生产要素、以信息通信技术的有效使用为效率提升和经济结构优化的巨大动力，是继农业经济、工业经济之后的一种新的经济社会发展形式。数字经济还需要土地、劳动力、资金、技术等生产要素和相应的基础设施来支撑，这与过去是一脉相承的，不同的是，这些元素在信息技术背景下都需要经历数字化转型，一种新的生产元素——数据将被生成。数字经济结构的组成部分一分为二，一个是产业数字化，另一个是数字产业化。产业数字化的内涵要义在于，运用新发展出来的信息技术手段、数字化的方式去改变打造原来的产业，从而谋求原来产业的转型与升级。数字产业化的创新驱动力是信息技术，由此持续性地催生出各种类型的新产业、新业态与新模式，最后形成数字产业链和产业集群——一种大数据产业、人工智能产业、云计算、移动互联网等集结而成的样态。

建设智慧社会的战略愿景在党的十九大报告中被特别提出，并且会在未来引导我国经济社会的建设与发展。智慧社会的建设内容广泛而丰富，经济发展便是其中极为重要的内容之一。智能技术广泛应用于社会的各个领域，不断地重塑社会，所以智能社会是以先进的智能技术为基础的新型社会，在智慧社会建设的背景下，未来工厂将迈向数字化、虚拟化、智能化。从中可以看出，为了给我国建设智慧社会提供强劲的支柱，应该将数字经济的发展加速推进。数字经济源于一场新兴技术的革命，它的内涵价值体现的不仅仅是创新的内蕴需要，更是一个崭新的有关经济的形态和调整分配资源的手段。一大批具有巨大发展潜力的互联网企业在数字经济的兴起与发展下得以培育，成为激发创新创业的重要动力。依托数字经济，信息流传递的困难减少了，资源要素的流动加快了，供需匹配的有效性提高了，城乡和区域的协调性增强了。数字经济还能极大地提高资源的利用率，充分地体现绿色可持续健康发展的理念。提及数字经济的最显著特征，需要关注的便是参与性、开放性两点。欠发达地区和低收入群体依靠数字经济也能更多地参加经济活动和分享发展成果。可见，数字经济所带来的经济效果本身也是智慧社会建设所要实现的目标之一。

7.1.2　数字政府建设与智慧社会建设

随着政府治理与新型信息技术的加速融合，以大数据、人工智能等技术嵌入治理过程为特征的数字政府是电子政务发展的下一个阶段。智慧社会未来发展的重要特征就是公共服务普惠化和政府决策科学化，这就要求我们持续推进数字政府的建设工作。数字政府能够重塑多种流程——政务服务的供给、公共决策的参与和政府的监管，而这些重塑也将对政府的组织和结构有着相当深远的影响。当前，我国的数字政府建设已进入全面提升阶段，数字政府是建设服务型政府的重要抓手，是建设一体化政府的重要助推器，是提高治理智慧化水平的重要工具。党的十九大报告提出建设智慧社会的宏伟愿景，这一全新的理念将引领社会经济建设的新方向。放入政府治理的视域中，在未来，智慧社会建设的目标是实现国家治理体系和治理能力现代化。数字政府发展是实现政府治理体系和治理能力现代化的功能着力点，明确数字政府建设的内容框架、总体目标和重点任务是建设智慧社会的重要要求。

7.1.3　数字文化建设与智慧社会建设

一个民族的精神和灵魂是文化，国家发展和民族振兴的强大力量也是文化。智慧社会的建设必须有文化力量的支撑才能使得智慧社会"有血有肉有灵魂"。如今是数字化、信息化、全球化的时代，为了呼应国家智慧社会建设的战略性选择与必然性要求，要对国内和国外形势的新变化与特点进行准确把握，在公共文化服务体系建设的应用上注重联系人民群众持续升高的精神文化需要，以及科学技术（如信息、数字、网络技术等）和传播手段。

7.1.4　智慧民生建设与智慧社会建设

习近平指出，"大数据在保障和改善民生方面大有作为"[①]。这为智慧民生建设指明了方向，也体现了中央政府对与人民生活密切相关的民生建设的高度重视，将互联网、大数据、区块链、人工智能等新一代信息技术与民生建设结合成了大势所趋。党的十九大精神应全面贯彻落实，并以习近平新时代中国特色社会主义思想为指导，以人民为智慧民生建设的服务中心，以民生建设精准化、专业化、一体化和均等化为发展方向，以社会治理和公共服务为核心发展领域，以智慧民生基础设施建设和民生保障制度构建为基础，以保障和改善民生与增进人民福祉为发展目标，从而积极推进智慧社会建设成了摆在我们面前的重要任务。

---

① 《习近平：实施国家大数据战略加快建设数字中国》，http://jhsjk.people.cn/article/29696290，2017 年 12 月 9 日。

7.1.5 智慧生态建设与智慧社会建设

在党的使命宗旨面前，生态环境是一个重要且巨大的政治性要题。在民生福祉面前，生态环境是一个关键性的社会性要题。在网络技术与数字通信技术的迅猛发展的环境下，数据规模与种类都得以突飞猛进，并且催生出一系列的智能技术，其代表包括大数据技术、云计算和人工智能。智能化的技术能够为环境治理带来越发高效率与开放的平台，其运用也是环境治理体系变革的新驱动力和促进能力现代化的新兴方法。如今，生态文明建设的重要性变得日渐突出，在生态文明建设领域中智能技术的广泛应用能否被加快推进，即如何实现智慧生态变得格外突出。智慧生态的建设是能带来诸多好处的，其中重要的一点便是对倡导人与自然和谐共生的智慧社会的发展建设提供强有力的支持。

7.2 建设智慧社会的内容框架

7.2.1 数字经济的建设内容

数字经济结构的组成有两个板块，一个是产业数字化，一个是数字产业化。全面贯彻落实党的十九大精神，以习近平新时代中国特色社会主义思想为指导，使用新的技术，创建以数据为主要策略的"数字产业化、产业数字化"，将数据作为推进信息技术和实体经济发展的主要路线，将其交互融合的部分作为主要战略领域。充分发挥数据作为发展数字经济的关键生产要素的重要价值，促进新一代信息技术产业的发展。夯实信息网络基础设施，在深层次的程度上将互联网、大数据、人工智能和实体经济连为一体，积极培育新兴产业、新业态、新模式，从而加快我国智慧社会建设。图 7-1 展示的是我国数字经济发展的总体框架。

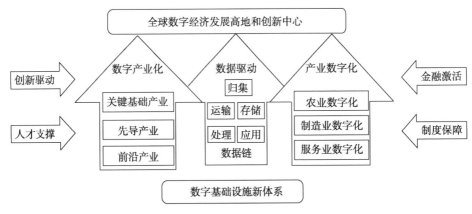

图 7-1　我国数字经济发展的总体框架

如下的基础性原则是我国数字经济发展需要认真遵守的。第一，数据推动，创新引导。深入实施创新驱动发展战略，加快掌握具有自主知识产权的关键核心技术，提升信息技术尤其是大数据、人工智能等新一代信息技术的创新能力。为了更好地挖掘出数字资源的潜力并引出在经济方面新的活力，要注重进一步地开放与共享数据资源，要完全性地去发挥出数字经济重要生产要素数据的关键性作用。第二，融会赋能，提质增效。在深层次的程度上将互联网、大数据、人工智能和实体经济连为一体，发挥信息技术在制造业和服务业数字化、智能化、绿色化转型中的赋能引领作用，促进增效增产，激发传统产业新活力，促进新旧动能不断转换，使经济发展的质量提高、效益提升和动力增强。第三，创新业态，培育动能。要对数字与实体经济的融合进行激励，由此推出和产生新的产业、业态和模式，在经济上培育出新增长点，由此产生新的动能。开展改革试点先行，深化"放管服"，破除限制新业态发展的不合理体制机制障碍，本着鼓励创新、包容审慎的原则，营造有利于新业态发展壮大的良好环境。第四，市场带头，企业主导。现在资源配置有着决定市场价值的作用，要增强不同要素资源数据、技术、资本等的优化分配状况，以期实现最大化的效益。强化企业的创新主体地位和在数字经济发展中的主导作用，充分调动各类企业的积极性和能动性，激发企业的活力和创造力。第五，基础先发，保障安全。优先发展大数据、云计算、人工智能等新一代信息技术产业，完善新一代信息网络基础设施，强化数字经济基础支撑。正确处理安全和发展的关系，创建一个支持网络信息安全和数字经济的互动安全系统。

7.2.2　数字政府的建设内容

全面贯彻落实党的十九大精神，以习近平新时代中国特色社会主义思想为指引，以政务服务、政府监管、政府决策为主要内容，以算法及技术治理、数据治理为支撑构建数字政府建设的内容框架，如图 7-2 所示。

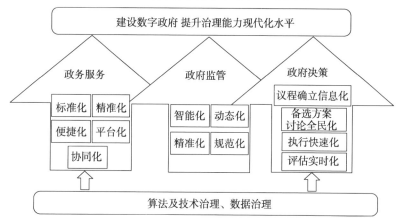

图 7-2　数字政府建设的内容框架

　　数字政府建设的内容框架背后蕴含着深刻的政府治理逻辑和技术演进逻辑。首先，数字政府的关键职责有三个部分：政务服务、政府监管与政府决策。与此同时，政府治理体系和治理能力现代化本身就强调数字政府建设要着重把控上述三个职责。通过技术促进标准化、精准化、便捷化、平台化、协同化的政务服务有助于提升公民对政务服务的获得感和满足感，从而有效促进服务型政府的建设。增强政府公信力能够通过利用智能化、动态化、精准化和规范化的政府监管来实现，并由此促进政府合法性的增强。在最后需要明晰的是，在信息化、科学化和民主化的帮助下，政府决策治理和政府治理能力都能够有明显的提高。政府的关键性职责与政务服务、政府监管和政府决策密不可分，并且非常好地提升了政府治理体系和治理能力现代化。其次，数字政府建设强调算法及技术治理、数据治理是现代科学技术演进逻辑所决定的。数字政府由以下三个关键性因素构成，即数据、信息和信息通信技术。在数字政府中，数据管理能力、信息处理能力和通过信息通信技术进行信息共享的能力是促进组织间交流的关键。信息通信技术在政府管理与服务、利益相关者协作、公民参与等领域对数字政府的影响日益增大。一是利用大数据、监管技术加强中央或地方政府生成的以公民为中心的大数据，支持以公民为中心的数字政府公共决策。此外，在线服务和管理将由新的政府门户网站提供。二是信息通信技术使城市能够高效服务其公民，使他们能够参加到关于公共议题的讨论中。公民在政府决策方面的政治参与将通过大面积使用的社交媒体、互联网和开放数据来实现。当探寻公众、政府、企业和各种机构间新的互动和协作手段时，新的技术不失为一个可利用的供给方式。信息通信技术有助于创建渠道，使人们可以了解政府运作的知识，并可以促进政府和利益相关者之间以及政府机构之间的沟通。

　　电子政务的总体框架设计可为数字政府建设的内容框架提供借鉴。服务应用层、数据层、基础设施层这三个层次共同组成了一般化的电子政务的总体框架。同样地，在数字政府建设内容框架中也包含应用层和技术支撑层。其中，数字政府建设应用层包括政务服务、政府监管、政府决策三个部分，数字政府建设技术支撑层包括算法及技术治理、数据治理两个部分。政务服务是指各级政府、各相关部门及事业单位向社会群体、独立个人和企事业单位提供的准许、认可、裁定、奖惩等行政服务，并且这些服务都是依法依规进行的。政务服务事项目录同样由两个部分组成，一是行政权力，二是政务服务。此处政务服务的主要内涵是指互联网+政务政府，即为了提升政务服务与社会治理能力，理应借用现代信息技术。政府监管则是指政府的监督与管理。大数据、云计算等现代信息技术的发展使得政府可以通过分析各种公共数据，实现精准监管。政府决策是指智慧决策。进一步说明则是在决策时，为了提升政府决策的质量，借用如大数据、云计算等技术来帮助政府进行决策制定。数据治理则代表的是在组织行为中有关数据使用时的一系列管理性行为。在数字政府建设中主要涉及数据收集、开放、分析、安全保障等内容。算法和技术的进步代表着不同的变革与发展，如技术和产业的升级、政府组织机构的改革等，而以上的变化同样意味着政府理应伺机而变、调整自我。

7.2.3　数字文化的建设内容

新时代赋予我国数字文化建设重要的使命，面对数字文化发展不平衡不充分的矛盾，智慧社会建设背景下的数字文化建设应增强政府和市场两个主体的活力，围绕数字文化产业和公共数字文化事业两个重点领域，以公共文化服务智慧化、数字文化产业化发展、城乡数字文化鸿沟弥合和数字文化"走出去"为主要内容，增强文化与科技的深度融合，逐步实现数字文化建设从促进产业发展、经济发展到促进社会发展和提升国际竞争力的格局。

公共文化服务智慧化，就是推动智慧图书馆、智慧文化中心等公共文化服务机构建设，通过服务体系和云平台构建解决无效供给并存的问题，从而实现公共文化服务的智慧化，增强人们的"数字文化获得感"。数字文化产业化发展强调通过加大 5G 背景下的大数据、人工智能、虚拟现实等高科技与数字文化产业的融合，强化文化科技支撑，促进数字文化新业态不断涌现，并且让数字文化产业成为新的增长极，从而使之成为推动国家经济转型升级的重要动力。城乡数字文化鸿沟弥合旨在通过精准识别乡村居民数字文化消费需求，来推进乡村文化资源和少数民族文化资源数字化转化，同时以制定乡村公共文化数字化建设的扶持政策为抓手，推进乡村公共文化数字化建设，缩小城乡数字文化消费差距，从而全面建成数字乡村，助力乡村全面振兴。数字文化"走出去"是指进一步扩大数字文化产业对外开放，通过培养和建设一批具有国际竞争力的数字文化公司，逐步提高我国数字文化产业的国际竞争力，在全球数字文化领域占据领先地位，推进社会主义文化强国建设。图 7-3 展示了我国数字文化建设的基本内容框架。

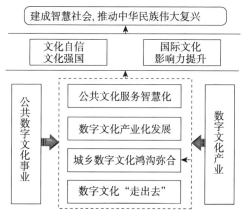

图 7-3　我国数字文化建设的基本内容框架

7.2.4 智慧民生的建设内容

智慧民生建设要从社会治理与公共服务入手，实现"保障和改善民生，增进人民福祉"的总体目标，但实现该目标需要以大数据和信息化技术为建设抓手，通过对海量信息的集中和实时共享、信息化应用的高效协同，以促进居民对信息化服务的及时获取。除此之外，智慧民生建设还要注重民生保障制度的完善，以促进社会治理的良好运行和公共服务的稳定供给。

在智慧民生建设框架中，需要紧紧抓住智慧民生基础设施建设与民生保障制度完善两个方面，见图 7-4。其中，智慧民生基础设施建设是信息资源获取、储存和处理的承载设备，不但包含传统的硬件设备，还囊括了传感设备、移动终端和云计算中心等新一代信息处理设备，能够为智慧民生建设提供有效的设备保障。但仅有技术是远远不够的，仍然需要良好的制度来为智慧民生建设助力。中国共产党第十九届四中全会提出，应"坚持和完善统筹城乡的民生保障制度，满足人民日益增长的美好生活需要"[①]，由此进一步地让全国人民能够更加公平地享用改革发展成果。

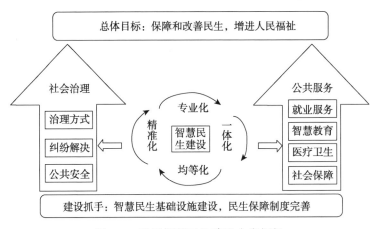

图 7-4　我国智慧民生建设内容框架

在强化智慧民生建设抓手的基础上，明确智慧民生建设内容和发展方向尤为关键。智慧民生在智慧化的方法下，可以提供两种公共物品。一是纯公共物品，出现在社会治理领域，目的是优化治理方法、消解社会矛盾、保障公共安全和公平正义等；二是准公共物品，就业、教育和医疗等，显现在公共服务领域。不论是社会治理还是公共服务领域，都要以精准化、专业化、一体化和均等化为建设

---

① 《中共中央关于坚持和完善中国特色社会主义制度　推进国家治理体系和治理能力现代化若干重大问题的决定》，http://www.gov.cn/zhengce/2019-11/05/content_5449023.htm，2019 年 11 月 5 日。

方向。其中，精准化主要是指充分利用新一代信息技术推动社会治理和公共服务朝向精细、准确发展，将社会事务和公共服务直接对点、对人，从而增强民生建设获得感；专业化主要是指在进行社会治理和提供公共服务时，让具有专业的理念、知识、方法及服务技能的人员按照客观规律和管理标准来做，由此提升社会治理和公共服务的专业性；一体化主要是指城乡社会治理和公共服务均衡发展，通过新一代信息技术的使用，打破城乡社会治理和公共服务各自为营的态势；均等化主要是指人人都可以享受到依托新一代信息技术提供的社会治理和公共服务，不受民族、地域、阶层、教育程度、收入等方面的影响。

无论是智慧民生基础设施建设、民生保障制度完善，还是明确民生发展方向，都是为了实现智慧民生建设"保障和改善民生，增进人民福祉"的总体目标。以人为本、执政为民理念的根本体现在于保障和改善民生，回应人民群众的相同愿望和期盼则更应是增进人民福祉所蕴含的意义。习近平提出，"保障和改善民生没有终点，只有连续不断的新起点，要采取针对性更强、覆盖面更大、作用更直接、效果更明显的举措，实实在在帮群众解难题、为群众增福祉、让群众享公平。要从实际出发，集中力量做好普惠性、基础性、兜底性民生建设，不断提高公共服务共建能力和共享水平，织密扎牢托底的民生'保障网'、消除隐患，确保人民群众安居乐业、社会秩序安定有序"[①]。以上为智慧民生的建设和总体目标的实现提供了有效的引导。

7.2.5　智慧生态的建设内容

生态环境要素是在生态环境的情景下提出的，它是其中最为重要的因素。其是指影响人类生活和生产活动的各种自然（包括人类干预产生的第二自然）力量（物质和能量）或作用的总和的要素，因而其与人类是密不可分的。进一步进行辨析则有两类：社会环境要素，包括人工物质要素，如地面和地下的各种建筑物和相关设施等；自然环境要素，包括天然物质要素，如植物、动物、微生物、海洋、河流、土地、矿物、阳光、大气、水分等。结合生态环境这一概念，则可引出自然环境、社会环境、人类、智慧信息技术共同构成的智慧生态环境。

如今，数据挖掘技术持续发展更新，需要进行环境感知的情况也越来越多，并由此背景引出了环境大数据的概念。究其根本，环境大数据的内涵是海量的数据集，由新技术和传统的环境数据融合构成。新技术为互联网、物联网、云计算等。在技术持续成熟和环境治理实践经验持续积累的背景下，有关智慧生态建设的环境大数据的种类与来源也变得越来越丰富，主要包括以下几类。

---

① 《习近平春节前夕赴江西看望慰问广大干部群众》，http://cpc.people.com.cn/n1/2016/0204/c64094-28109432.html，2016 年 2 月 4 日。

第一，环境类。包括固体废弃物，水、土、空气质量、噪声污染等各种生态环境数据。这些来自环境的数据最为关键，所以在探寻区域性的环境变化时要同步且全面。

第二，气象类。虽然整体的生态群体历经时间演化而适应现实情况，但气候与社会发展之间的变化及其速度仍为动态波动的。因此，收集如温度、湿度、气压与日照等气象数据显得尤为重要。

第三，社会统计类。在人类活动的作用下，动物活动的迁徙及种群分布、人类活动的人口密度、土地垦殖率与农药施用强度等数据需搜集。

在智慧生态建设实施方面，环境保护部办公厅于 2016 年 3 月印发《生态环境大数据建设总体方案》，该方案指出，环境信息化存在体制机制不顺，基础设施和系统建设分散，应用"烟囱"和数据"孤岛"林立，业务协同和信息资源开发利用水平低，综合支撑和公众服务能力弱等突出问题，难以适应和满足新时期生态环境保护工作需求。生态环境大数据总体架构为"一个机制、两套体系、三个平台"。一个机制即生态环境大数据管理工作机制，两套体系即组织保障和标准规范体系、统一运维和信息安全体系，三个平台即大数据环保云平台、大数据管理平台和大数据应用平台。目前国家已在宏观规划上通过政策发布的形式对智慧生态建设提出了不同的要求，主要包括数据开发、环境监测、系统平台、生态治理监管、信息共享等方面。因此，可以总结出智慧生态建设的应用构成体系包括智能生态数据监测、生态环境自动预警、智能生态监管、生态环境数据共享、社会主体的全面参与等方面。

7.3 建设智慧社会的总体目标

7.3.1 数字经济的建设目标

第一，短期目标（2021~2025 年）。基本形成以大数据为核心，新一代信息技术产业推动制造业和服务业数字化转型的数字经济发展格局。增强大数据产业的发展及创新的应用。新一代信息技术产业规模的优势将更加凸显。互联网在工业场合应用时的基础设施和产业体系越来越完善。制造业数字化、网络化、智能化转型全面展开，服务业数字化升级潜力进一步释放，数字经济已成为中国经济增长的新动力。

第二，中期目标（2026~2035 年）。该阶段为全面扩展期，数字经济的整体发展水平在世界名列前茅。数据成为关键生产要素，信息技术创新能力全球领先，基本建成覆盖全国各行业的低成本、低时延、高可靠、广覆盖的工业互联网网络基础设施，制造业数字化和服务业数字化转型在全球率先取得显著成效，融

合新业态、新模式引领全球业态创新,数字经济成为引领我国经济转型发展的
重要引擎。

第三,长期目标(2036~2050 年)。我国能够引领全球数字经济的发展,数
字经济成为我国经济发展的主流形态,若干数字经济产业具有全球影响力,在数
字经济的关键核心技术上拥有全球反制力。

7.3.2　数字政府的建设目标

数字政府建设不是一蹴而就的,需要各方长远的合作,这就需要明确数字政
府建设的总体目标,保障数字政府建设的方向。理应全面、科学、合理地对目标
进行规划。纵向是按时间跨度设计分阶段的子目标和子任务;横向则是对分出的
各个子系统进行目标和任务的分列。表 7-2 展示的是本章提及的数字政府建设中
需要完成的总体性的目标。纵向分为三个阶段的目标进行构建:短期目标
(2021~2025 年)、中期目标(2026~2035 年)、长期目标(2036~2050 年);横
向按照政务服务、政府监管、政府决策、数据治理、算法及技术治理构建。

表 7-2　数字政府建设的总体目标

项目	短期目标 (2021~2025 年)	中期目标 (2026~2035 年)	长期目标 (2036~2050 年)
政务服务	完善一体化政务服务平台、全面提升政务服务能力	基本落成数字政府建设,提升政务服务水平	全面落成数字政府建设,具有较高的政务服务能力
政府监管	积极地将科学技术同政府部门的监管职能相结合,政府监管能力得到提升	政府监管基本实现智能化、协同化、动态化、规范化	政府监管全面实现智能化、协同化、动态化、规范化
政府决策	努力地提升政府决策科学化、民主化、法律化水平	较大地提升政府决策的科学化、民主化、法律化水平	让政府决策的科学化、民主化、法律化水平达到极高的水准
数据治理	加速政府数据开放和共享,增强个人信息的工作保障	大致完备数据治理体系,数据开放共享程度达到较高层次,有关公众的私人信息得到保障	完善数据治理体系,数据开放共享程度达到极高水平,充分保护公民的个人信息
算法及技术治理	算法及技术治理的规章制度得到建立健全	大致达到算法及技术治理体系化、制度化	算法及技术治理全面实现体系化、制度化

第一,短期目标(2021~2025 年)。通过持续完善一体化政务服务平台建设、
全面提升政务服务的公众满意度,全面提高特殊群体在智慧政务方面的体验感和
获得感。积极把大数据、物联网等现代科学技术同政府部门的监管职能结合起来,
提升政府监管的智能化以及线上监管的覆盖度和有效性。公共决策借助大数据等
信息技术来提高科学性,通过网络问政增强决策民主性。在增强政府数据开放的

基础上继续推动其参与和使用的有序性并加强对私人信息的保护。互联网、海量数据和人工智能管理制度可以得到建立健全。

第二，中期目标（2026~2035 年）。数字政府建设基本完成，政务服务基本实现智能化、一体化、精准化，人民使用各类数字政府平台有较高的获得感、安全感。大致完成具有智能化、协同化、动态化和规范化的政府监管。数据分析能够实现对政府决策的基本化支撑，较大地提高其科学性、民主性和法律性。数据治理体系基本完善，数据开放共享程度较高，公民的个人信息得到保护。在前沿信息技术的支持下大致落实政府治理的体系化与制度化，从而为国家治理体系和治理能力现代化目标的基本实现提供有效的基础。

第三，长期目标（2036~2050 年）。数字政府建设全面完成，政务服务全面实现智能化、一体化、精准化，人民使用各类数字政府平台有极高的获得感、安全感。全面完成具有智能化、协同化、动态化和规范化的政府监管。政府决策全面采用数据分析的支持，政府决策的科学化、民主化、法律化水平极高。完善数据治理体系，开放共享数据，充分保障公民的个人信息。政府治理中运用前沿信息技术实现体系化、制度化，能够有力支撑国家治理体系和治理能力现代化的全面实现。

7.3.3 数字文化的建设目标

数字文化建设的总体目标如表 7-3 所示。

表 7-3 数字文化建设总体目标

项目	短期目标 （2021~2025 年）	中期目标 （2026~2035 年）	长期目标 （2036~2050 年）
技术运用	云计算、人工智能、物联网和 5G 等新技术与文化融合程度更高	以 6G 通信技术等为代表的新技术与数字文化产业充分融合	数字文化与 6G 等新技术深度融合
产业发展	数字文化产业逐渐成为国家战略性产业结构优化的重要支柱产业	数字文化产业成为国民经济重要支柱性产业	数字文化产业边界不断拓展，新业态不断涌现，带动社会整体发展
体制机制	公共数字文化服务体系日趋完善，智慧化水平不断提升；供需日趋平衡；城乡差距逐步缩小	政策体系完善，数字文化供给总体实现智慧化和个性化，城乡鸿沟基本弥合	体制机制不断创新；数字文化服务和产品高度创新，数字文化按需供给；城乡数字文化实现一体化
数字化人才	数字化人才从缺乏到基本满足需求	数字化人才总量充足，区域分布较为平衡	数字化高层次人才充足，结构合理，区域分布平衡
国际影响力	国际影响力不断增强，初步建成数字文化强国，成为全球数字文化高地	国际影响力显著增强，基本建成数字文化强国，掌握全球文化市场话语权	完全建成数字文化强国，引领全球数字文化市场

　　第一，短期目标（2021~2025 年）。从技术运用角度来看，云计算、人工智能、物联网和 5G 等新技术与社会文化、新文学、新艺术、新媒体和文化创意产业等领域的融合程度更高，数字文化新业态不断涌现，新技术对数字文化的生产、传播、消费产生重大变革。在产业发展的视域下，我国战略性新兴产业发展的关键支撑将是不断改进调整结构的数字文化产业，甚至数字文化产业能够成为整体性国民经济的支柱，为整体经济结构的转型升级提供源源不断的动力，时至 2025 年，一个有着引领性文化、先进性技术和完整性链条的数字文化产业发展格局应时而生。从体制机制角度来看，数字文化发展体制机制基本健全，公共数字文化服务体系日趋完善，智慧化水平不断提升。数字文化供给更加多元化、个性化、精准化和智慧化，基本满足人民群众数字文化的需求，数字文化的供需日趋平衡。城乡均可享用数字文化成果，两者的数字文化消费差距减小，发展也能大致平衡。在数字化人才方面，人才供给数量的扩大将能够弥补缺乏与满足之间的差距。从国际影响力角度来看，数字文化对外开放水平不断提高，国际文化市场中的竞争优势逐步凸显，数字文化国际影响力不断增强，初步建成数字文化强国，迈向国际数字文化产业的第一方阵，成为全球数字文化高地。

　　第二，中期目标（2026~2035 年）。从技术运用角度来看，以 6G 通信技术等为代表的新技术与数字文化产业充分融合，数字文化将因为 6G 的赋能发生巨大变革，数字文化新业态层出不穷。在产业发展视域下，国民经济的中流砥柱产业将是数字文化产业，而其也将是整体性经济社会发展的一个新的驱动力。在体制机制视域下，总体的数字文化发展体制机制得以健全，有着完善的政策体系；数字文化供给由“基本实现智慧化和个性化”发展到“总体实现智慧化和个性化”阶段；城乡数字文化鸿沟基本弥合，由“基本平衡”发展到“较好平衡”阶段。从数字化人才角度来看，数字化人才总量充足，能够较好满足数字文化发展需求，区域分布较为平衡。从国际影响力角度来看，数字文化产业高度开放，数字文化国际影响力显著增强，基本建成数字文化强国，掌握全球文化市场话语权。

　　第三，长期目标（2036~2050 年）。从技术运用角度来看，物联网与 6G 将更深地融合在一起，生成一个数字化的孪生虚拟世界，数字文化的新技术支撑进入新阶段，发生革命性变化；从产业发展角度来看，数字文化产业边界不断拓展，数字文化产业新业态不断涌现，从而带动社会整体发展；从体制机制角度来看，数字文化发展体制机制不断创新，引导数字文化服务和产品达到高度化创新，数字文化能够依照需求进行供给，城乡数字文化实现一体化，由“较好平衡”发展到“完全平衡”阶段；从数字化人才角度来看，数字化高层次人才充足，结构合理，数字文化复合人才区域分布平衡；从国际影响力角度来看，完全建成数字文化强国，引领全球数字文化市场。

7.3.4 智慧民生的建设目标

第一，短期目标（2021~2025 年）。通过将互联网、大数据、云计算和人工智能等新一代信息技术应用到民生建设领域，未来的民生建设将发生翻天覆地的变化，"十四五"规划期间（2021~2025 年）民生建设目标主要如表 7-4 所示。

表 7-4 智慧民生建设短期目标

民生建设领域	短期目标
社会治理方式	充分依托互联网技术，转换社会治理场域，一定程度上将社会治理场域由线下场域转变为线上场域，改变传统社会治理在时空方面的限制，吸纳更多人员参与社会治理活动，推动社会治理向双重场域发展
纠纷解决	将两微平台（微信、微博）进一步推广到纠纷解决领域。智慧调解系统统一地引入人民调解、行政调解、司法调解及行业性协会调解等多种调解方式。由此社会矛盾纠纷解决方式变得多样化，解决水平也能得到提升
公共安全	利用互联网、大数据、区块链、人工智能等信息技术构建全方位、信息化的公共安全网，建设立体化社会治安防控体系，实现联防联控机制常态化
公共就业服务	建立并完善就业信息服务平台，实现就业信息的全国联网，为人们找到更好、更适合的工作提供保障；构建包含终身职业技能和公共就业服务的培训体系，让人们从多种渠道出发实现就业的弹性与协调性；设定一个支持体系来面向重点群体的就业领域，设定一个系统来协调劳动关系并且健全该系统
公共教育服务	教育信息化基础建设得以完善，在信息化帮助下全面覆盖教育资源，公平地分配优质教育资源；围绕提高教育质量和满足人们终身学习的需求，持续推进智慧教育和智慧学习的发展，实现教育和学习方式的多重创新；智慧教育资源融合统一，精准化教学与个性化教育管理双管齐下，达到精准化、多样化、个性化教育全面发展目标
公共医疗卫生服务	深化医疗卫生体制改革，促进智慧医院和远程医疗的发展，实现电子病历和健康档案的普及应用；对医疗卫生大数据进行深度挖掘，实现优质医疗资源的自由流动，扩大预约诊疗和诊间结算的使用范围，解决人们看病难、看病烦的问题，全面提高医疗卫生服务水平
社会保障服务	在信息化和智能化的驱动下，社会保险信息统筹平台将建立与完善，跨省跨区域的社保和养老能够转移与接续；社会救助、社会福利、慈善事业及优抚安置得到改进与优化，社会保障整体水准有着稳定性增长，社会保障实现城乡统筹，应保尽保可以得到满足

第二，中期目标（2026~2035 年）。社会治理场域将完全改变现有状态，转变为以线上办事为主、线下办事为辅的模式，完全打破时空限制；社会矛盾纠纷解决领域和公共安全领域将与新一代信息技术实现深度融合，由人工智能承接纠纷调解业务，根据既有纠纷解决方式、前期算法输入和不同的纠纷类型，输出纠纷处理结果，如果纠纷当事人质疑机器输出结果，才引入调解员；完全建成信息化的公共安全网、立体化的社会治安防控体系，民众言行将大范围地纳入公共安全信息网，并实现数据间关联，成功地对点、对人。公共服务实现现代化和智能化，建立基于公民需求和选择的多元化服务供给体系，为人民提供高质量和专业化的公共服务，满足人民的多元需求。

第三，长期目标（2036~2050 年）。我国民生领域全面实现智能化建设，能够精准地为人民群众的民生需求提供真正个性化的服务，民生服务能够满足人民对美好生活的向往。

7.3.5　智慧生态的建设目标

建设智慧生态的总体目标如表 7-5 所示。

表 7-5　智慧生态建设的总体目标

项目	短期目标 （2021~2025 年）	中期目标 （2026~2035 年）	长期目标 （2036~2050 年）
生态环境监测	建设一体化的生态环境监测系统，实现对重要生态系统的统一监测	生态环境网络建设基本完成，基本实现全方位生态系统的统一监测	生态环境网络建设全面完成，实现生态环境各要素监测全覆盖
生态环境数据分析	生态环境预警分析能力在智能技术支持下得以增强，相应的环境治理的智能化技术水准提升	生态环境治理大数据应用模式得到创新性改变，生态环境的智能分析与应用能够满足基本需求	生态环境治理的大数据应用模式是全面完善的，生态环境预警分析的智能化也是完全能满足不同需求的
统一大数据平台	加速建设生态环境大数据平台，达到与完善数据的集成和协同	基本建成生态环境大数据平台，集成共享生态环境数据大致实现	全面建成生态环境大数据平台，生态环境数据的集成共享得到完全性满足
保障措施	提速进行生态环境数据开放和共享机制建设，并且法律法规得以健全	生态环境数据开放共享机制大致构建完成，法律法规体系大致完善	生态环境数据开放共享机制能够全面性建设，完善法律法规体系达到全面性水准

第一，短期目标（2021~2025 年）。扩大物联网等感知技术的应用范围，持续完善一体化的生态环境监测系统建设，实现对重要生态系统服务功能的统一监测。将大数据分析与人工智能等现代信息技术和生态环境治理进行结合，提升智能技术驱动的生态环境预警分析能力，提高环境治理的智能化技术水平。生态环境大数据平台建设的速度需要进一步提高，以期完成其数据的集成化与协同化的目标。持续加速推动生态环境数据开放和共享机制建设，完善相关法律法规，建立健全生态环境治理的制度规则，并且需要运用物联网、云计算、大数据、人工智能等技术手段。

第二，中期目标（2026~2035 年）。生态环境网络建设基本完成，生态环境监测范围全面扩大，基本实现全方位生态系统的统一监测。创新生态环境治理大数据应用模式，基本实现生态环境的智能分析与应用，生态环境治理基本采用大数据分析，其科学化水平有较大提升。大致建成生态环境大数据平台，大致满足开放利用与集成共享其数据。基本建成生态环境数据的开放共享机制，相应法律法规体系得到完善。

第三，长期目标（2036~2050 年）。全面完成生态环境网络建设，增强监测能力，全覆盖地监测生态环境的各个要素。全面完善生态环境治理的大数据应用模式，全面提升基于大数据分析的生态环境治理能力，全面实现生态环境预警分析的智能化。全面完成生态环境大数据平台的建设，平台上的数据也将全方位地集结整合，用开放的姿态迎接共同享有与使用，充分挖掘其利用价值。全面建成生态环境数据开放共享机制与完善相应的法律法规体系。

7.4 建设智慧社会的重点任务

7.4.1 数字经济的建设任务

在智慧社会建设背景下，我国应以创新引领、数据驱动为核心，以"数字产业化和产业数字化"为主线，布局一批重点任务，推动我国数字经济发展水平步入世界先进行列。

1. 建设数字基础设施新体系

（1）完善信息化网络基础设施建设。第一，扩大和完善骨干网络和城域网，提供数字网络协作与交换信息的基础网络设施链接，接受如计算机等基础设施间的连接。第二，促进光纤网络的开发和新的移动网络连接发展，以及 IPv6 网络传输与 IPv6 下载和网络接入的增加。第三，率先部署 5G 网络发展，充分发挥塔台公司的统筹协调作用，实现高可靠性、低层网络和 5G 网络的共享，加速国际社区的中心纽带发展。第四，推动落实乡村振兴战略，完善信息基础设施，加快建设光纤宽带等网络设施。

（2）统筹大数据基础设施。第一，同步国内计算机的内部数据中心发展，促进数据分段和集中的管理，以及创建一系列公共服务、互联网服务的计算数据中心。第二，建立数据注册中心，实现数据中心规模化、互动化、智慧化、绿色化注册和发展。

（3）加快基础设施转型，由传统向数字化升级。第一，推进政府公共设施、环卫设施、地下管网、电网等基础设施的 5G 信息网络和传感器技术集成建设，实现同步规划、同步设计、同步推进，构建公共基础设施管理感知网络系统。第二，协调传感器设备、无线通信设备、控制设备、摄像机等图像采集终端和传感终端在交通、给排水、能源、通信、环保、防灾、安全生产等方面的布局和应用，加快实现公共服务和管理基础设施的数字化与网络化。第三，加快建设广覆盖、大连接、低功耗的窄带物联网，推进公共服务、制造业等领域物联网基础设施建设，推动物联网和信息消费用于 5G 技术示范建设。

2. 加快推进数字产业化发展

（1）加快发展关键性基础产业，特别是集成电路等。第一，加大手机 CPU、

5G 基带芯片、射频芯片、AI 芯片、穿戴式电子设备芯片等关键技术的研发。第二，积极发展定制化集成电路产品，如金融电子、卫星导航、工业控制、智能网联汽车以及医疗等领域的相关产品。第三，支持龙头企业加快集成电路产品技术规模化生产和先进特色工艺产业化。第四，加快推进芯片测试、检测、封装等生产线建设，提升和完善集成电路芯片、模块及系统级计量测试技术水平和产业化规模。

（2）强化人工智能、大数据、云计算等先导产业的发展。第一，支持各省开展大数据相关产业建设，如综合试验区、创新创业孵化园及产业园等。在产业园区的发展下，培养一批大数据相关的重大项目与骨干企业。第二，加快云计算操作系统、海量存储设备核心基础软件及设备的研发，以及不断推进其产业化发展。第三，支持企业开展边缘计算产品研发和规模应用，推动政务云、行业云、"互联网+"云计算应用的发展。第四，大力发展"智能+"，依托龙头企业安装对本地新一代人工智能接口开放的新平台。第五，加快核心技术突破，特别是芯片、算法、开源开放平台等。第六，开展人工智能应用示范试点创建活动，在制造、医疗、交通等领域先行试点，培育一批具有代表性的示范项目。

（3）培育壮大 5G、区块链等领先产业。第一，首要发展 5G 设备、5G 天线、5G 网络、5G 基站设备以及与之相关的基础元件材料、终端配件设施及核心元器件等产业。第二，加快 5G 应用场景及领域建设，推进 5G 在智能制造、农业、教育、医疗、交通等重点领域试点示范的先行应用。第三，支持符合条件的地区推广区块链场景应用，深化区块链在金融行业的应用，部署普惠金融、跨境支付、资产管理、数字交易等。

3. 加快推进产业数字化转型

（1）实施农业数字化行动。第一，以整个农业产业链的数字信息为生产要素，以数字技术为核心驱动力，以物联网、大数据、人工智能、区块链和所有基于互联网的服务为重要载体，实现涉及环境和整个过程的可视化管理、数字化设计和信息管理。第二，着力建设农业农村数字资源体系，着力推进重要农产品全产业链大数据建设，应用互联网、大数据、遥感等现代信息技术，并将人工智能应用于农业发展的全过程，促进农业经营增收、流通效率提高和产品质量提高。第三，建立新型数字农民学习平台，开展农业数字化技能培训，提高新型数字农民素质。

（2）实施制造业数字化行动。第一，加快互联网、大数据、人工智能等新一代信息技术在研发、采购、生产、销售、物流、售后等制造业价值链环节的深入应用。第二，大力发展互联网在工业领域的应用，一方面，在技术领域推进工业技术软件化，提高效率；另一方面，重视培育工业领域信息工程服务，以便全面推进"企业云"。第三，全面实施绿色智能制造新模式，推动产业绿色智能转型升级，全面实施制造业绿色智能转型工程，大力推进"机器人+"，积极发展"互联网+"新型制造模式，支持企业构建网络化协同平台，开发协同设计、协同制造、虚拟仿真等新模式，促进设计、生产、物流、仓储等高效协同。第四，加快打造数字园区新载体，实现重点园区数字服务功能全覆盖，通过数字化转型，全面实现特色街区经济和产业集群的转型升级。

（3）实施服务业数字化行动。第一，规划确定实施数字生活服务多样化行动，如推动数字生活服务业、传统零售行业转型，以及夜经济向数字化发展。第二，推动企业数据、政府信息、公共信息等数据资源的开放共享，发展大数据交易市场，促进服务业各行业与其他行业深度融合。第三，创建一个服务贸易平台，提升其数字化，让外包服务变得数字化、智慧化、高水平化。第四，支持网络数字文化建设，聚焦文化艺术网站、数字音像、以互联网为载体的文学及动漫等涉及数字化文化的领域，创建一批实力雄厚、前景广阔的创新型数字文化企业。

4. 加快突破数字经济领域的"卡脖子"技术

（1）设立"卡脖子"技术研发专项。有效破解数字经济"卡脖子"问题，就需要保持战略定力及政策的连续性，以重大项目为牵引，多领域、多主体协调配合，长期稳定支持，集中力量突破。识别数字经济领域面临的"卡脖子"技术，设立研发专项。

（2）构建以市场为导向的数字经济创新体系。第一，支持产业组织或龙头企业牵头开展"卡脖子"技术研发攻关、行业标准制定输出和新产品应用示范，提升产业链协同创新成效，加速产业化进程。第二，支持企业与世界顶级高校和研发机构建立战略合作关系，集聚全球创新资源，加速融入全球数字经济产业高端供应链，打造多个世界级研发中心，集中力量培育出一批国际一流的数字经济企业。第三，推动优势企业强强联合、兼并重组、海外并购和投资合作，提高产业集中度，大力引进民营资本参与协同创新，鼓励建立民营数字经济研发机构，发挥民营企业高效灵活的特点，激发数字经济产业市场化活力，实现全要素链整合、全产业链联合、全价值链提升。

（3）改革数字经济人才评价体系。现行的人才评价与晋升机制以个人成果为导向，并突出被评价人的"第一作者"地位，这就导致科研人员不能全身心投入到科学研究团队的工作中，不能为重大技术的攻关贡献真正的智慧，而是更加青睐发表"短平快"的学术论文。数字技术的更替速度日益加快，创新难度越来越大，这就要求"卡脖子"技术的攻关和突破，必须以团队的形式展开，聚合科研人员的智慧。基于此，人才评价应由个人导向转向团队导向。以高校和科研机构为试点，改革人才评价机制，突出科研人才在团队中的实际贡献，承认和尊重团队带头人对团队成员的绩效评价，并做好相关的约束措施，确保改革的顺利实施。

7.4.2　数字政府的建设任务

数字政府建设涉及的内容广泛，涉及领域多且任务繁重，如果要确保数字政府建设能够顺利进行，首先要明确何为数字政府建设的重点任务。数字政府建设要加快提升政务服务质量，提升政府监管水平，提升政府决策质量，完善算法及技术治理和数据治理。

1. 加快推进政务平台一体化建设，提升政务服务质量

（1）政务服务标准化。构建合理的各地区政务服务标准体系，提高各层级政府推进政务服务标准化的动力。以大数据为手段，深入分析政务服务供给的标准流程，从供给角度明确规定政务服务质量，打破政务服务的地区性差异，实现均等化。

（2）政务服务精准化。以大数据为手段，精确感知用户需求，打造精准化的政务服务。此外，部分地方政府政务服务由于供给错位，存在供给与需求脱节的现象，因此必须精准把握公民对于政务服务的需求。

（3）政务服务便捷化。传统的政务服务供给形式呈条块分割状，利用大数据可以促进政务服务协同高效供给。从供给角度来看，首先要转变观念、变换思维。观念与思维的转换意味着将开放、平等、共享的互联网思维融合进政务服务中，构建高效便捷的政务服务体系，提升公众参与政务服务、获取政务服务的便捷性。

（4）政务服务平台化。完善统一的网络平台是大数据驱动政务服务跨层级联动创新的重要基础之一。然而，不同层级地方政府在政务服务创新中的不同作用以及相互之间的复杂关系还有待进一步梳理完善，网络平台之间的互联互动的水平还有待提高，数据流动的能力也需提升。因此，这需要完善平台总体架构，促进网络平台一体化；推进平台间的互联互通互享，有效实现数据交换共享，提升业务协同；强化核心技术保障支持，深化大数据技术应用创新发展；加强平台监督考核机制，落实责任，提升政务服务的能力水平。以此来提升政务服务的质量及高度，完善政务服务各领域发展，实现在不同层级间提供政务服务的创新发展。

（5）政务服务协同化。其指政务服务的协同供给。在统一的政府服务平台下，可实现省级政府、市级政府、县级政府等数据的流动共享，为各层级政府协同合作提供了依据。同时，吸引私人部门、社会组织等社会力量参与到政务服务供给中，利用大数据来实现多元化政务服务提供者的协同联动，为公众提供高效便捷、多样化的政务服务。

2. 利用大数据、物联网等技术提升政府监管的水平

政府监管包含两大职能，分别是政府监督和政府管理。大数据、云计算等现代信息技术的发展使得政府可以通过分析各种公共数据，提升政府监督和政府管

理的能力与水平。

（1）政府监管的智能化。政府监管的智能化指的是政府监管平台在现代信息技术的支持下，能够自动识别监管清单中的监管事项，实现政府的监管职能。以往政府监管往往需要管理者识别监管清单中的监管事项，而现在可以通过大数据技术系统自动识别监管清单中的事项，从而实现政府监管的智能化。

（2）政府监管的动态化。政府监管的动态化指的是通过政府监管平台，政府可以对监管事项实施全天 24 小时的动态监管，实时收集相关数据、处理相关数据，并对可能发生的危机进行预警，或对已经发生的危机进行报警。这在某种程度上来说大幅度提升了政府对危机事件监管的能力和水平，从静态化的监管转向动态化的政府监管，提升政府治理能力，从而实现政府治理体系现代化。

（3）政府监管的精准化。政府监管的精准化指的是能够通过对大数据的处理和分析，精准识别政府监管事项中的异常，对监管事项实行精细化管理。对不同主体采取不同对策，具体问题具体分析，从而提升政府监管的水平和效率。

（4）政府监管的规范化。政府监管的规范化指的是政府在进行监督管理时有制度化的行为准则以及实施具体操作的细则，有据可循，从而提升政府监管职能的标准化、制度化。技术的进步为政府监管能力提升提供了巨大的潜力，同时也要警惕技术进步可能带来的危害。因此，需要规范政府的监管流程和技术手段，保障公民的合法权益。

3. 利用现代科学技术提升政府决策质量

（1）议程确立信息化。在公民参与政府决策中，社交媒体、互联网和开放数据被广泛应用，成为常用渠道。通过大数据、数据中心和监控技术等手段加强中央或地方政府的信息基础。监控设备和监控系统生成以公民为中心的大数据，支持以公民为中心的政府治理决策。

（2）备选方案讨论全民化。大数据分析技术的应用可以帮助提升备选方案选择的公众参与程度。以前备选方案一经发布，公民在各自喜欢的社交平台或政务服务平台发表意见，这样的意见由于是非结构化的，很难进行数据分析。现在大数据分析技术可以对海量的、非结构化的数据进行分析，支持以公民为中心的政府治理决策。

（3）决策执行快速化。针对突发性公共事件，涉及决策执行时，反应速度直接决定了公共事件的危害程度。其原理是大数据技术以智能终端为载体，借助社交媒体、物联网数据，将社会主体的意识想法、行为轨迹积聚起来，建立一个反映社会的虚拟空间。公共决策者可以借助海量数据反映的现实状况对突发性公共事件进行快速决策，并指挥如无人机等智能设备推进决策迅速执行。

（4）决策评估实时化。大数据技术具有明显提升公共决策评估能力的效果。

首先，就决策前的评估来说，大数据可以通过趋势预测的技术预估决策会对社会造成的影响。其次，就决策执行来说，在即时反馈的时间中，海量的数据享有海量的控制优势。在数据创建的同时，评估结果也在实际时间或接近实际时间生成，反馈回路被大大缩短，从而有效地提高评估决策的执行效果。最后，对于决策执行后的评价，大数据技术可以充分利用文本挖掘和情绪分析方法准确地反映公众对决策的态度，从而有效提升决策执行后的评估效果。

4. 完善我国政府数据治理体系，加强对算法及技术的治理

（1）要建设数字政府，数据是基础，只有建立完善的数据治理体系才能有效提升政府整体治理能力。数据治理体系可以简单地分为宏观、中观及微观三个层次。具体来说，一是宏观层面的政府数据治理。这要求政府在国家层面上，通过制定数据治理相关的政策，完善法律法规。二是中观层面的政府数据治理。中观的数据治理指的是对公共数据生命周期的治理，其中包括数据收集、整理、分析、开放、利用等环节。三是微观层面的政府数据治理。关注政府内部的数据管理，包括部门间的数据收集、协同等环节。

（2）新技术可能会带来生产力的巨大提升，同时也可能引发诸多公共问题，这就对政府治理提出了挑战。考虑到当前人工智能等信息技术还处在萌芽发展过程中，一方面不能揠苗助长，采取过于激进的发展方法；另一方面也不能过于保守，扼杀技术的进步。因此，需要从发展与规制两方面着手，加强算法和技术层面的治理。算法和技术的进步对社会各个层次都会造成影响，在个体层面上，新技术的运用可能会对社会的就业结构产生冲击。在组织层面上，传统的科层体制已经无法适应社会的发展、呼唤新的组织形式。在全球层面上，新技术的运用可能加剧各国的冲突，贫富差距也有可能加大。这要求政府转变治理方式，推动社会适应技术的发展，引导算法和技术的发展。

7.4.3　数字文化的建设任务

1. 推进公共文化服务智慧化

更深入推进服务体系建设，提升服务水平。智慧文化服务体系充分利用新一代信息技术，目的是使信息资源实现有效整合、共享利用，公众能够不受时间、地域限制，无障碍地获得个体需要的文化服务，使公众的文化生活更加智能化、便捷化、多样化，确保实现文化服务的数字化、网络化、智能化、互动化、协同化，使公众享受到公共文化服务的便利，增强人们的文化认同，提升公众的"文化获得感"。

（1）加快推进智慧图书馆、智慧博物馆、智慧文化馆、智慧档案馆等公共文

化服务机构的建设，逐步实现数字化，提高公共文化服务智慧化水平。智慧公共文化服务指的是转变公共文化的产品、服务、制度设施、体系框架、服务、用户运营等方式，使公共文化服务具有平等、公开、公平、便利的特点，让公众共建、共享智慧的公共文化生活。运用信息技术、数字技术、网络技术等现代科技传播手段，建设智慧图书馆、智慧博物馆、智慧文化馆、智慧档案馆，其可以提供便捷的文化服务体验，满足人民群众多样化的数字文化需求。

（2）加速智慧公共文化服务体系及云平台建设。智慧公共文化服务是公共文化服务的整体水平的升级提高，其服务体系和云平台是智慧公共文化服务未来建设和重点发展的方向（王淼和经渊，2019）。智慧公共文化服务体系的建设及智能云平台的搭建是一项繁杂、耗费精力的系统工程。智慧公共文化服务体系建设的大致要点是，首先要依托数字化手段构建一个平台以便公众互动交流；其次，规范化管理搭建资源共享平台，以传感器技术创建公众实时参与平台。建立"全栈"文化云平台，提高科技在公共文化服务中的比重（徐望，2018）。智慧公共文化服务体系的鲜明特色是服务主体的多元化。政府机构、公共文化组织、社会团体和个人是智慧公共文化建设与服务的共同参与主体。智慧公共文化服务要加大对大数据、人工智能、云计算等技术的运用，最终构建一个整体服务体系，实现公共文化服务的智能性。云平台的智慧要素依托机器学习，给予智慧文化服务平台主动提供服务的能力；以用户画像和算法提供个性化定制服务；通过协同治理理念，实现智慧公共文化主体共建、共治、共享；推进智慧化指引与协助，实现智慧公共文化平台的易用性；通过区块链技术为智慧公共文化服务云平台提供安全保障。

2. 加快数字文化产业化发展

（1）推动数字文化产业转型升级。5G 技术具有强劲的潜力，已成为数字文化产业发展的新动力。在提高文化资源数字化采集、保存和应用，推进传统文化产业数字化改造的基础上，加大文化与技术的深度融合，运用大数据、人工智能、材料网络化、云计算等信息技术推动数字文化产品形态、组织形式、渠道生态发生巨大变化，不断催生新的文化业态，实现数字文化产业转型升级，产业结构进一步优化。

（2）扩大数字文化产业规模。加速高层次文化科技的建设和模范产业园区与基地的融合，推动数字文化产业与旅游、生态、科技等产业在国民经济和社会发展中的融合，扩大数字文化产业的范围和规模。

（3）提升数字文化企业创新能力。推动虚拟现实、增强现实、MR（mixed reality，混合现实）、CR（cinematic reality，影像现实）、XR（extended reality，

扩展现实）等虚拟现实技术的开发和应用，提高数字文化企业的技术水平。加快制定数字文化产业领域的行业标准和国家标准，深入推进国家文化科技创新工程，增强数字文化企业的自主创新能力。

3. 创新乡村数字文化业态，弥合城乡数字文化鸿沟

随着广大人民群众数字文化消费潜力的持续释放，满足乡村数字文化消费需求、缩小城乡数字文化消费差距，成为数字文化发展的重要目标，也是我国建设智慧社会的应有之义。

（1）加速乡村公共文化数字化建设。中共中央办公厅、国务院办公厅印发的《数字乡村发展战略纲要》指出，繁荣发展乡村网络文化，弥合城乡"数字鸿沟"。在数字化乡村建设方面，《数字乡村发展战略纲要》提出，到 2020 年，数字乡村建设取得初步进展；到 2025 年，数字乡村建设取得重要进展；到 2035 年，数字乡村建设取得长足进展；到 21 世纪中叶，全面建成数字乡村。乡村公共文化数字化建设因其卓有成效已不断成为数字乡村建设的重要组成部分。要不断提高农村数字化基础设施建设的信息化水平，特别是要加大对农村弱势群体信息化建设的支持力度，让农民共享城乡优质数字文化资源，为乡村振兴注入文化动力。

（2）推进乡村文化资源和少数民族文化资源的数字化转型。2019 年，中共中央办公厅、国务院办公厅印发的《关于加强和改进乡村治理的指导意见》提出，"加快乡村文化资源数字化，让农民共享城乡优质文化资源"。适应转型的需求，加强规划指导，一方面，加快推进农村文化资源和少数民族文化资源数字化发展；另一方面，针对支离破碎、片面性等问题，对农村数字文化资源进行隔离，有效整合数字文化资源，促进农村数字文化业务创新。

（3）精确识别乡村居民数字文化消费需求。鼓励数字文化企业准确了解农村居民数字文化方面的消费习惯，不断满足农村居民数字文化消费需求。大力发展数字文化服务，缩短城乡社区公共文化服务差距，实现"最后一公里"。加大互联网技术在城乡居民中的普及力度，以"信息技术+公共文化服务"模式为助推器，推进城乡公共文化服务实现一体化发展。

4. 实施数字文化"走出去"战略

（1）增强文化自信，依托数字文化产业，提升文化软实力。实现数字文化"走出去"，有利于文化的良好传播。数字文化企业应该利用中国文化资源和技术创新优势，发挥数字文化产业在面向世界展现中华传统文化、传扬中华文化精华、提升对外文化传播效果以及增强国际话语权等方面的作用，通过数字文化"走出去"战略，提高国家文化软实力与文化话语权，以占据文化的制高点和优先权。

（2）建立与"一带一路"共建国家的数字文化交流合作机制。全方位、多渠道、立体化推进与"一带一路"共建国家的数字文化交流与合作，加大对居民数字文化需求与消费偏好的培育和挖掘，满足"一带一路"共建国家消费者个性化、多元化的需求，加快建设中国数字文化中心，打造数字文化平台，增强互信理解，从而提高中国与"一带一路"共建国家的文化贸易及投资力度。

（3）提高数字文化企业的国际竞争力。在全球范围内实现数字技术与网络技术融合，形成以网络为依托、以数据为核心资产、以高智能为发展方向，带动经济社会文化全面发展的新型数字创意产业。推动国内互联网领军企业数字文化走出去，鼓励其到全球市场竞争，实现数字文化企业从资本到产品、技术、规则的历史性转变。

7.4.4 智慧民生的建设任务

1. 推动社会治理场域转变，利用"互联网+"塑造双重治理场域环境

推动社会治理场域由线下向线上转变是我国当前转变社会治理方式需要完成的重要任务。究其原因，我们处在全球化、后工业化进程中，摆在我们面前的基本事实是高度不确定性与复杂性的社会、加速化的社会运行和社会变化、迅速增强的社会流动性等，这意味着我们的社会治理变革必须从这些基本事实出发，回应流动社会的到来，打破时空对社会治理的限制，让更多人可以及时有效地参与和自身利益密切相关的事务，重塑社会治理共同体，突显社会治理的温度、参与度及协同度，尤其是在乡村地区。改革开放以后，人口的社会流动日渐频繁，乡村地区以留守老人、妇女和小孩为主，青壮年男性外出务工现象普遍，这些人员大多在春节期间返回家中，常年生活在工作地，囿于时空限制缺席了户籍所在地的社会治理事项，他们基本不可能因为需要落实乡村治理权而耽误工作、承担往返成本，与乡村的长久阻隔导致乡愁情结缩减，乡村共同体凝聚力不足，这并不利于推动乡村振兴进程。应利用互联网技术，依托户籍条件，打造网络虚拟社区，为流动人口参与乡村社会治理事务提供一种崭新的路径，使之在网络虚拟社区中接受、传递、处理乡村社会事务信息，保障流动人口的治理权，改变时空条件对流动人口参与户籍所在地乡村振兴的制约；促进乡村情感共同体缔造，以网络虚拟社区方式将流动人口团结起来，增强流动人口与家乡的联系，激发流动人口乡愁情结；改变流动人口信息不对称的局面，要求村两委在网络虚拟社区及时发布信息，减少中间传递环节，从制度层面保障流动人口及时获得乡村振兴一手信息。

2. 推动技术赋能城乡社会治理融合发展，助推市域社会治理现代化

党的十九届四中全会针对构建基层社会治理新形式做出了顶层设计，其中明

确提及"加快推进市域社会治理现代化"①。社会治理是国家治理的重要组成部分，是国家治理向基层社会的延伸，同时也是国家治理在基层社会的"最后一公里"，国家在改革发展中是否提升人民群众获得感、幸福感、安全感与社会治理高度相关。因此，党和国家领导人历来重视社会治理，将社会治理作为社会建设的主要内容呈现在各种公共政策中，以期为社会治理指明发展方向，推进社会治理改革步伐。但与以往不同，党的十九届四中全会将"市域"作为社会治理的前置条件提出，从行政单元上对社会治理进行限制，且行政单元的选择既不是乡镇、县域，也不是中央、省域，而是位居两者之间的市域，这意味着市级党委和政府将承担起社会治理改革的主要责任，掀起新一轮的社会治理改革热潮，因此对市域社会治理展开研究的现实意义突显。而智慧社会驱动的市域社会治理的主要任务在于实现技术赋能城乡融合发展，对技术赋能城市社会治理与乡村社会治理呈现的两种截然不同的景象进行改变。因为城市社会治理高度依赖新一代信息技术，同时乡村社会治理依然延续着传统治理方式，如各地努力推进城市智慧社区建设，将互联网、大数据和人工智能等新一代信息技术运用到社区购物、社区养老和社区安防等领域，而农村社区的智慧化程度则难以与城市社区媲美，发展严重滞后于城市，所以，有必要推动技术赋能城乡社会治理融合发展。

3. 推动智慧调解系统建构，实现人民调解、行政调解及司法调解智能互动

在中央全面深化改革领导小组第十七次会议上，习近平指出，"坚持人民调解、行政调解、司法调解联动，鼓励通过先行调解等方式解决问题"②。足见调解作为化解社会矛盾纠纷和维护社会稳定的重要社会治理方式，在新时代中国特色社会主义发展阶段将继续发挥重要作用，而将人民调解、行政调解与司法调解有机衔接，实现联动发展，形成多元互动的社会矛盾纠纷化解机制将是调解的未来发展方向。虽然多地围绕"三调联动"机制建设积极开展工作，建立了"大调解"模式，试图将人民调解、行政调解和司法调解有机结合，但遗憾的是当前人民调解、行政调解及司法调解在联动发展过程中因物理性衔接等因素的影响，往往呈现出衔接不畅的问题，并未实现三者在"大调解"模式下的协调发展，影响了社会矛盾纠纷化解效率。而充分利用新一代的信息技术，如大数据、互联网、云计算、区块链及人工智能等，构建将三者统一纳入的智慧调解系统，由纠纷当事人在调解平台中自主选择调解方式和调解员，继而将纠纷事件的详细内容及调解结果纳入纠纷平台，一方面有助于增强社会矛盾纠纷化解的质量，毕竟系统中留下

---

① 《中共中央关于坚持和完善中国特色社会主义制度 推进国家治理体系和治理能力现代化若干重大问题的决定》，http://www.gov.cn/zhengce/2019-11/05/content_5449023.htm，2019 年 11 月 5 日。

② 《中央全面深化改革领导小组第十七次会议召开》，http://www.gov.cn/xinwen/2015-10/13/content_2946294.htm，2015 年 10 月 13 日。

的数据痕迹具有一定的指向性，可以清晰地识别调解员的工作质量，以及是否存在错误判断的情形；另一方面，有助于提高社会矛盾纠纷化解的效率，因为如果当事人对调解结果不满意，提出二次调解，其他调解员可以直接阅览首次调解内容及结果，根据客观事实提出调解意见，不需要重新收集社会矛盾纠纷信息，这将在极大程度上缩减调解时间。

4. 推动公共安全防控向立体化与信息化发展，健全公共安全体制机制

公共安全始终是党和国家关注的重要问题，党的十九届四中全会针对公共安全提出"健全公共安全体制机制"①，继而围绕公共安全提出了三个方面的重点内容："完善和落实安全生产责任和管理制度，建立公共安全隐患排查和安全预防控制体系""构建统一指挥、专常兼备、反应灵敏、上下联动的应急管理体制，优化国家应急管理能力体系建设，提高防灾减灾救灾能力""加强和改进食品药品安全监管制度，保障人民身体健康和生命安全"①。这足以说明公共安全在新时代的重要定位，我们需要对公共安全引起足够重视，因为公共安全事关人民群众的根本利益，不容疏忽，一旦出现问题，可能威胁到民众的生命安全和身体健康。而在智慧社会的驱动下，可以借助互联网、大数据、云计算、区块链及人工智能等新一代信息技术推动公共安全防控体系建设，打造立体化和信息化的公共安全防控体系。从技术赋能角度健全公共安全体制机制，政府应当重点关注如何利用网络技术及时公开信息，积极把握舆情走向，回应谣言，增强政府公信力；如何对引发公共安全的风险展开精准预防、排查及追踪，将公共安全风险消解在初现端倪之际。此外，还应关注如何利用互联网、大数据等科学技术实现对引发公共安全人群的精准追踪、排查，从而对相关人群进行控制，避免给社会造成更大伤害。

5. 利用信息化和智能化技术，推动公共服务均等化、普惠化和便捷化，并强调专业化和高质量

在生活水平的不断提高下，人们自然地对公共服务提出更高的需求，需求的提升成为智慧公共服务发展的主要动力。相较于传统公共服务的同质化特征，智慧公共服务突破了这一限制，旨在通过信息智能技术，明确最佳的服务与资源的组合方式，从而为人民提供更加精细化和定制化的服务。为了更好地满足人们的需求，国家对公共服务的发展也提出了更高要求，既要求兼顾均等化、普惠化和便捷化，又强调为人民提供专业化和高质量的公共服务，不断满足人民的多样化需求。其中，在2018年，《关于建立健全基本公共服务标准体系的指导意见》明

① 《中共中央关于坚持和完善中国特色社会主义制度 推进国家治理体系和治理能力现代化若干重大问题的决定》，http://www.gov.cn/zhengce/2019-11/05/content_5449023.htm，2019年11月5日。

确提出，建立健全基本公共服务标准体系，明确中央与地方提供基本公共服务的质量水平和支出责任，以标准化促进基本公共服务均等化、普惠化、便捷化，是新时代提高保障和改善民生水平、推进国家治理体系和治理能力现代化的必然要求，对于不断满足人民日益增长的美好生活需要、不断促进社会公平正义、不断增进全体人民在共建共享发展中的获得感，具有重要意义。2019 年，《加大力度推动社会领域公共服务补短板强弱项提质量 促进形成强大国内市场的行动方案》强调，补齐社会领域基本公共服务短板，增强非基本公共服务弱项，提升公共服务质量和水平， 既有利于加强社会政策兜底保障、在发展中保障和改善民生，又有助于扩大公共服务有效供给、积极培育发展国内市场，对于新时代满足人民日益增长的美好生活需要、高水平全面建成小康社会、促进社会公平正义都具有十分重要的意义。公共服务提供方式需要做到创新化，引入社会群体来参与公益事业，让人民不同的需求能够被满足；倡导平等理念，让全体人民能够更多更好地享用改革发展成果。

6. 通过跨区域、跨媒介、跨技术信息共享，推动供给主体和供给方式的多元化，实现协同供给

在推进公共服务智慧化的过程中，公共服务的决策方式和供应手段由政府"为民做主"转变为"由民做主"。通过全新信息技术的使用，民众可以便捷地在综合信息化平台上查阅政府各种信息数据，实现跨区域、跨媒介、跨技术信息共享，极大地缩短并优化公众与政府的沟通距离，充分促进人民在公共服务供给中的参与，实现公共服务供给由供方主导向需求主导的有效转变。这能够使供给公共服务时明确掌握公众的实际需求，最大限度地减少资源的浪费。除此之外，公共服务在供给主体多元化的探索过程中，还需要充分考虑市场中其他多元主体的参与，包括国有企事业单位、社会组织和相关中介机构等，它们可以通过综合信息化平台，以主体联合的方式实现准确、快捷、安全、稳定的信息互动和交流，促成公共服务的有效供给。当然，公共服务的多元化供给不单指供给主体的多元化，还应包括供给方式以及供给机制、制度体系的多元化。《中共中央关于坚持和完善中国特色社会主义制度 推进国家治理体系和治理能力现代化若干重大问题的决定》提出，创新公共服务提供方式，鼓励支持社会力量兴办公益事业，满足人民多层次多样化需求，使改革发展成果更多更公平惠及全体人民。这就要求政府打破传统公共服务供给方式，变革创新形式。通过鼓励多元供给主体参与，提倡多元供给方式，共建一个以政府为主要力量、社会各界共同参与、公办民办共同协作的新型供给模式。

7. 完善综合信息化平台，加强公共服务供给的后评估，促进服务质量的持续提升

中共中央办公厅、国务院办公厅印发的《关于建立健全基本公共服务标准体系的指导意见》明确提出了完善各级各类基本公共服务标准，创新基本公共服务标准实施机制。对此必须要增强标准信息的公开性和共享性，并对其可能发生的状况提前展开监督预警，推进动态化标准体系水平有序发展，在结果层面也必须做到及时反馈和优化利用。此外，还要不断推进政府购买公共服务工作的顺利开展，鼓励开展示范试点项目。这就要求政府既要注重公共服务的提供，还要建设并完善综合信息化平台，以加强公共服务供给的后评估，实现对公共服务供给绩效的有效评估（侯海波，2019），实时监测公共服务的供给效率和质量，持续高效地为人民提供高质量的公共服务。首先，必要的一点是要以结果为导向建立公共服务供给评估体系，其能够实现对公共服务供给的效率、效益及效果的评估（张太原，2020）；其次，公共服务供给的市场反馈机制必不可少，要能够及时发现公共服务供给与人民需求的匹配情况，以便为人民供给更加精准的公共服务，提高人民的获得感；最后，政府部门工作人员在供给公共服务过程中的监督问责机制的构建很有必要，将公共服务供给纳入政府工作人员的考评体系，能够激励和约束工作人员更好地吸纳人民和市场对公共服务的反馈，从而对公共服务供给机制进行持续的完善和改进。

7.4.5 智慧生态的建设任务

智慧生态建设涉及的内容较广，要保证智慧生态建设的着力点，则理应明确智慧生态建设的重点任务是什么。智慧生态建设是要提升生态环境要素的智能检测能力，增强生态环境的预警分析能力，完善生态环境大数据平台建设。

1. 加强生态环境要素的智能检测，夯实生态环境治理的数据基础

智慧生态环境监测感知体系是互联网时代的产物，成为数据来源的基础，要密切关注未来的发展态势及研究成果。目前，较为成熟完备的监测技术体系已经在西方发达国家形成，大致完成了监测信息的传输、处理、共享与保存，满足了模型化、平台化、信息化、网络化的环境检测系统的建设要求。应向全社会供给基础的环境信息，始终重视利用开发不同类别的模型来提升数据的综合应用潜力，以监督和预测的数据为基础对环境质量进行评估，让这些数据发挥巨大作用。

2005 年 12 月，国务院印发的《关于落实科学发展观加强环境保护的决定》明确指出要"强化环保科技基础平台建设，将重大环保科研项目优先列入国家科技计划"。目前我国大致形成了国家区域性的空气质量监督预测网络。2023 年，

我国 339 个地级及以上城市完全拥有对大气中细小的颗粒物的监督预测能力。我国持续性地使用遥感技术的监督预测和视频模式的监督控制等技术手段进行地表水监测，完成了一个地表水水质监测网的建设，其由 2703 个地表水的控制断面的监督预测点组成，由此在很大程度上提高了地表水的监督预测水平。

近年来，我国大气环境多元感知技术的持续发展依靠科学技术部的一系列举措取得了显著效果，如加大经费投入、支持区域联防联控、增强科普宣传、加强科研统筹等。在"十三五"规划期间，摆正科技创新总体布局重要工作，明确将环境监测技术发展工作摆在较为重要的位置，同时此项工作也是《"十三五"国家科技创新规划》《"十三五"环境领域科技创新专项规划》《"十三五"国家社会发展科技创新规划》等相关规划的重要内容，并且以上规划对此有了全方位的布置安排。"互联网+"智慧环保的动力源泉也依靠如下几点得以展现：不断完善"互联网+"大气环境多方位感知体系，以便及时、有效、更大范围地获取与大气环境相关的信息，实时反映大气环境质量及变化趋势，对各类潜在的环境问题能够精确预测预警，面临突发环境事件时做到快速反应、及时响应，对于污染源变化情况做到实时跟踪，奠定大气环境保护基础。

目前各国城市通过建立互联网大数据中心，对本地的环境进行实时监测、预警，对环境治理做出了巨大贡献。在互联网大数据的推动下，环境保护治理模式也受到了影响，开始从理念到方式进行变革。在目前互联网主导的大环境下，政府的治理模式正经历如下转变：碎片到整体、一元到多元、被动到主动。但这种治理模式还处在起步的初级阶段，需要不断提高。此时互联网治理模式的优势就十分突出。互联网治理模式的最大优点在于：理性且准确地对当前社会发展状况进行判断，为管理者保护环境提供精准判断和科学抉择，改善传统社会治理中群众低参与的情况。

作为浙江省数字化转型试点城市，湖州市在省统一基础平台、统一开发标准、统一数据标准和统一应用框架下，借助大气环境监测感知设备，建设"两山智慧"大气污染防治协同管理系统，实时反映全域空气质量状况，初步实现了大气预测预警和精准治污。该系统汇聚整合现有涉环境数据及涉气污染源数据，包括企业排放在线监测数据、挥发性有机物监测数据、遥感监测数据等信息，形成大气环境专题库，实现省、市、县三级互联互通。所有数据采集、录入后，该系统整合形成大气环境地图，实时展现空气质量状况、空气清新度、各类涉气污染源排放状况及未来 48 小时的空气质量预报，实现与省平台的业务协同联动机制，建立市级横向层面、省市县纵向层面的大气环境数据共享和交换机制。除了"一图看空气"，该系统还搭建了治气数字化指标分解、决策指挥、任务跟踪、考核通报、基层网格监管等模块，以全面展示各县区空气优良指数、考核目标完成情况，以及周边城市的空气质量排名，将"每月排名""每周排名"变为"实时排名"。

2. 强化生态环境大数据的使用，提升生态环境的预警分析能力

在生态环境领域，大数据技术受到了普遍重视，其要点在于其能够对多来源、多类型、多尺度的数据进行有效处理。在生态环境领域，探索大数据技术如何有效应用，对助力大数据向前发展具有建设性意义，同时在精确地监管生态环境和综合决策方面又具有十分重要的意义。

通过重组大数据技术与专业模型，构建实时、可视化的生态环境污染监测预警体系，全面评估生态环境存在的风险。针对大气污染，研究者已经构建了重污染天气预报系统与PM2.5预警系统，如PM2.5云监测仪和大数据处理平台。建立的PM2.5监督预警系统则是有机结合了大数据技术与环境质量控制；在气象台相关大数据资料的基础上，通过建立的重污染天气预报系统能够有效完成提前预报预警空气质量指数和重污染天气的目标；在PM2.5大数据下，可对京津冀等高风险地区的时空暴露风险进行预估，从而可对城市的环境质量及健康风险方面进行考察、量化评估。针对水环境污染存在的问题，可考虑通过结合模糊数学理论和层次分析法，如大数据分析技术决策树C5.0算法的平原水库健康预警模型，客观、高效地对水库的健康情况进行预警及评估；三峡库区针对环境的风险评价、预测、警示和大数据的特征需要，构建模范的范例系统，主要是针对突然发生的水污染事故和水危害的风险进行评价、辨别、预测；以上技术与系统也在众多机构得到有效应用，如四川省生态环境监测总站、湖北省环境监测中心站、水利部长江水利委员会等。此外，针对渤海海域存在的风险及不确定性，也是通过水环境大数据平台才能够有效进行监测。针对生态保护，面临保护红线管控的实际需求，设计建设基于大数据分析的监测预警系统便依托了多功能生态传感网络服务平台，为生态保护政策科学决策以及合理空间规划提供了技术支持和保障。

在建设智慧生态中具有重要地位的大数据技术，一方面有助于科学有效地追溯污染源、把握污染；另一方面还能提升污染监管效率，优化生态环境管理，这对提供科学、合理的决策依据具有十分重要的意义。此外，大数据在环境治理领域的作用也不能忽视，如在及时监管监测、动态化处理分析、预警监测等方面功能的实现，有助于对生态环境污染的源头进行追踪，以及时有效地控制污染。例如，针对水污染防治，可利用大数据来实现基本的水利用的相关操作，如采集、使用、排放等，进行及时的监督预测和研究，让污染早点被发现；实时监测河道断面数据，整合多种方法如线性趋势、迁移扩散模拟等，探究河道污染物的时空序列变化，溯源污染，才能有效监管水源及控制污染。针对大气环境方面的污染防治，要有效利用在线监督测算的污染源数据、分析污染成因，同时通过可视化监控平台的技术定位污染源的时间空间序列、准确定位污染源。针对固体废物削减情况，利用大数据重新布置安排产业园，这样不同公司的资源、废物等信息就

可以交换沟通和增加使用的循环性，从而增加处理的利润和减少废物生成。工业生产方面，则是结合公司密度和所在地方整体的环境质量、污染物类型的相似度、污染负荷、浓度排放强度，从而有效控制工业污染，如基于大数据的热点网格技术的京津冀"2+26"污染防治强化督查应用对企业污染排放进行高效监督，提高了执法的针对性和精准性。

传统污染、监测数据分析过程中的众多障碍和桎梏能够依靠生态环境大数据技术得以解决。多量多类型的动态数据能被有效跟踪并整合，生态环境污染防治工作被动响应和处理缓慢问题得以解决，大尺度、大区域的污染联防联控的模式得以利用。针对水资源环境的水文和水质量数据过多、过于杂乱、难管理的问题，利用大数据构建模型，联合多部门监管，则可对不同时空和质量条件定向管理，这样管理工作量得以减少，管理效率和管理精度得以提高。针对大气环境，对自然和人为等不同方面的数据进行深层次的处理，达到污染的可视化，改善预测结果，突破监督管理的空间局限性，让管理部门能够更准确和有效地进行监管。针对如何处理固体废物的问题，比较认可的是构建全过程管理平台，以此实现监管效用的提高。例如，在处理生活垃圾时，要监测生活垃圾桶丰满度，以及对垃圾流进行辨认，这样才能有效回收生活垃圾并进行智能管理；生产线上从事生产、运输、处理的不同主体对建筑垃圾的清理运输和处置进行三方监督管理，从而提升整体的效率。

3. 完善生态环境大数据平台建设，促进数据开放与社会参与

目前，我国大多数生态环境监测系统存在"数据孤岛"现象，不同类型的数据无法统一管理与应用。当前在大数据的建设推动下，各地开始积极建设联合统一的生态环境大数据平台。2018年9月，生态环境部出台了《生态环境信息基本数据集编制规范》，为不同部门、不同地区在数据采集方面的规范性及制度标准提供重要参照，为生态环境大数据建设打下了基石，"数据打架""九龙共治"等问题也得到了有效解决。数据共享平台是基础，但如果缺乏统一融合的数据共享平台，即使能够解决数据无标准、不规范等问题，也不能有效推动数据共享建设。就数据共享来说，一方面，需要依靠各地方政府的环境行政部门的管理；另一方面，还需要国家的适当干预，这样才能够确保整个数据共享的环境健康发展。否则，数据共享的局限性仍不能避免。若国家层面的数据共享平台能够承担起全国数据共享的"总指挥"和"掌舵人"的角色，则可对地方数据共享进行持续协调、沟通、管理。群众能够通过权威统一的数据公开平台，更加便捷、高效地获取环境相关信息，同时参与环境保护活动的自主性也能提高，这有利于全国生态环境健康高效发展。

福建省生态云（生态环境大数据）平台作为全国首个省级生态环境大数据平

台出现在公众视野中。该平台于 2018 年 4 月初正式上线，囊括了省、市、县三级环保系统及部分相关厅局的业务数据以及物联网、互联网等相关数据。通过数据采集分析后，构建了环境监测、环境监管和公众服务三大信息化系统。针对环境监测体系，通过接入 167 个大气环境质量监测点、21 个核电厂周边监测点、87 个水环境质量监测点以及 998 个污染源在线监测点等，实现了对水、土壤、大气、核与辐射环境的统一动态监控。并且，纵向（向上）通过生态环境大数据云平台打通了国家部委和（向下）贯通了市县及其相关企业的数据信息资源共享，而且横向通过生态环境大数据云平台，集聚了同一区域内的物联网、互联网等相关数据与同级相关部门的业务数据，在一定行政区域范畴内"纵向到底、横向到边"的数据集成汇聚和共享在真正意义上得以实现。

要实现政府、公众和社会组织能够及时有效地获取环境关联数据，环境监测数据具有重要作用。过去常限定在一个区域对数据的采集处理，不能较好掌控环境的整体状况。以环境监测数据为例，在一定范围内，如果区域内各环保部门能够实现环境监测数据的互通共享，就能协同治理、分析问题，从而更加深入地研究环境的整体情况，有效把控风险。从社会组织来看，如果能有效利用所监测到的数据，个性化分析数据信息并及时获取反馈给相关政府部门，一方面，可以大大减少相关工作人员的工作量；另一方面，环保部门也能及时有效地获取地方的环境监测信息，采取相应措施，实现信息的多向互动交流，从而实现共赢。例如，"智慧环保"系统的利用，通过大数据共享环境监测数据，实现环境信息在多方主体间的互动共享，该系统还为公众拓展了参与渠道，确立了环境共治稳固的基础。

在大数据发展战略的推动下，为有效落实中共中央、国务院、生态环境部以及省委、省政府关于生态省、生态文明试验区等建设的要求，福建省自 2016 年开始，推进云平台建设。总体架构是以"一中心、一平台、两支撑、两应用"为重心，明确环境信息公开共享的重要价值，实现电脑端和移动端双端及时有效获取信息，如水、大气、辐射等环境质量信息以及环保部门和企业主动公开的信息等。一方面，有助于公众实时获取相关数据及信息；另一方面，公众还能通过平台咨询及反映环境问题，从而提升了公众参与度。

第 8 章
CHAPTER 8

智慧社会建设的实现思路

智慧社会是一种以正在快速发展并不断迭代更新的信息技术为关键基础、以制度框架变革为重要内核、以知识生产为内在动力、以全社会的创新创造及合作发展为实现手段、以解决发展不平衡不充分的社会主要矛盾为奋斗目标的全新社会形态。建设智慧社会，应全面贯彻落实党的十九大精神，时刻秉持"以人为本"和"城乡统筹"两项原则，增强人民群众的获得感与幸福感，确保城乡居民均等化地享受智慧社会建设成果，同时结合以资源治理体系和信息技术治理体系为代表的基础设施，明确覆盖政治、经济、文化、社会、生态五大领域的建设范围，以及短期、中期、长期的三阶段规划目标，构建具有中国特色的智慧社会实现路径。

8.1 智慧社会实现思路的总体架构

如何实现智慧社会？智慧社会具体的实现思路是什么？如何让智慧社会更好地服务于人民群众？这是一个无法规避的、必须正视和解答的现实问题。针对这一问题，我们首先需要从智慧社会的建设目标进行梳理。由于智慧社会建设是为了满足人民群众对美好生活的需要，所以规划设计要注重服务群众，以实际应用为目标（李超民，2019），即通过新一代信息技术在不同领域和产业中的应用，更好地为人民提供服务，从而满足人民多方位的生活需求。要实现这个目标，就需要在智慧社会建设过程中坚持"以人民为中心"，以为人民提供更智慧化的服务为导向，并通过智慧技术在各个产业的应用，实现社会的高质量发展，让人民可以更好地享受智慧社会的成果。因此，智慧社会建设应明确以为人民提供智慧服务为导向，以智慧产业发展为支撑的基本思路。然而，智慧技术的创新进步是智慧社会的建设之本，没有智慧技术的创新，智慧社会的建设也就无从谈起。因此，智慧社会建设的实现思路应纳入智慧技术的创新驱动，沿着以为人民提供智慧服务为导向、以智慧产业发展为支撑、以智慧技术创新为核心驱动的思路展开。

　　综上，智慧社会建设思路包括"服务导向-创新驱动-产业支撑"。第一，以提供智慧服务为导向，让城市和农村中的每一个公民都能均等化地享受智慧社会建设成果，真正做到"以人为本"和"城乡统筹"。第二，以技术创新驱动为核心，加快大数据、云计算、物联网、移动互联网、5G、人工智能、区块链等新一代信息技术的创新研发与实施落地，实现新型基础设施建设高质量发展，构建以数字转型、智能升级、融合创新为动力的智慧社会。第三，以智慧产业为支撑，形成人类智慧在生产要素中占主导地位的产业形态，通过智能技术促进资源整合与再生以及传统产业的智慧化转型升级，实现智慧社会新经济高水平高质量协同发展。

　　服务导向、创新驱动、产业支撑三个实现思路相辅相成，共同推动中国特色社会主义智慧社会的建设。同时，制度保障将解决如何更好建设智慧社会的问题及保障智慧社会建设思路的顺利实施。智慧社会建设的制度保障主要包括法律法规、政策协同和标准规范，这一系列的具体措施将为智慧社会的实现与建设提供全方位的制度保障。我国智慧社会的实现思路总体框架如图 8-1 所示。

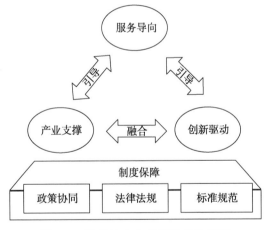

图 8-1　智慧社会实现思路总体框架

8.2　建设智慧社会的服务导向研究

　　建设智慧社会要始终坚持服务导向的建设思路，显著增强人民获得感，提升公众幸福感，让每一位城乡居民都能均等化享受智慧社会建设成果，真正做到"以人为本"和"城乡统筹"。在新一代信息技术高速发展下，服务意识、服务水平、公民理念逐渐放大，政府如何才能在智慧型社会形态下更好地搭建与公众的沟通渠道、提供更能满足公众需求的服务、建立更符合智慧社会发展阶段的治理模式，成了政府适应技术创新所带来的必然课题。以政府为主的转型必须是从传统意义上的管制型系统转向服务型政府，突出以公民为中心，将"以人为本"的思想融入智慧社会建设中。与此同时，以服务为导向的智慧社会建设以大数据、5G、人工智能、区块链等新一代关键信息技术为手段，在政府、企业、居民与社会组织互联与协作的基础上，通过规划布局、社会治理、公共服务等各个环节的智慧化渗透、精准化嵌入、均等化供给，形成高效、可持续、强聚力的社会形态，从而提高居民的生活质量。以服务为导向的智慧社会将脱离智慧城市聚焦城市智慧化发展的窠臼，最大程度地消除地区之间、城乡之间、群体之间在社会治理与公共服务上的差异性，使智慧社会下的社会治理与公共服务精准、高效、智能、便民和均等。

8.2.1 以服务导向为主的智慧社会价值理念

从传统的工业社会到后工业社会时期，人类社会从"管理主导"进阶至"服务主导"的治理模式，本质的改变是治理者与被治理者之间的关系不再有明显的阶级划分与权力制约，而是形成公平、均等的"二元互动"。在服务理念引领的新型治理模式中，平等的双方基于内心的自愿与主动，进行合作、追求共赢。同时，全社会的治理关系结构也从"法治"变成了"德治"，摆脱了以往来自法律和制度的强权与约束，各方主体自由、自主、平等地组合成全新的社会网络关系结构（张康之，2003）。在"服务型"社会治理形态中，全社会的思想认知与行为方式也得以变革，人们开始尝试共创与合作，开始以"服务理念"为指引，以公共理性行为追求"共同价值"（耿永志，2019）。

习近平曾指出，"要运用大数据提升国家治理现代化水平。要建立健全大数据辅助科学决策和社会治理的机制，推进政府管理和社会治理模式创新，实现政府决策科学化、社会治理精准化、公共服务高效化"[①]。在以服务导向为主的智慧社会价值理念中，应将上述内涵中的技术边界加以延展，发挥人工智能、区块链、5G 等各类新一代信息技术对国家治理、政府治理与社会治理的助力作用，最终为公众提供个性化、便捷化、定制化的公共服务，以及形成满足社会需要的现代化治理机制，激发市场活力与社会创造性。结合信息技术高速发展与社会主要矛盾，服务导向路径的价值理念在于能够正确运用技术创新指导产业发展、全面提高公共服务品质、提高基础设施和公共环境品质、提高公众日常社会生活的品质，从而最终让人民群众过上幸福生活。

---

① 《习近平：实施国家大数据战略加快建设数字中国》，http://jhsjk.people.cn/article/29696290，2017 年 12 月 9 日。

8.2.2 以服务导向为主的智慧社会建设

智慧社会是以城市与农村相结合的全域范围为基础，通过运用大数据、人工智能、物联网等新一代信息技术对社会数据进行精准采集、智能分析、实时反馈，使这些数据可以在社会的不同功能模块中进行有效互动，并以服务为导向提供更加全面、智慧的，以政治、经济、社会、文化、生态为主的建设。服务型政府的理念通过服务导向进一步贯彻，为人民服务是建设智慧社会的最终任务和根本目的，智慧社会的建设也是以为公众谋福利作为其核心任务。

1. 服务导向下的数字政府建设

数字政府不是单纯地复制一个传统政府的在线版本，数据治理也不是简单地构造一个汇聚各方数据的政务云，数字政府建设需要以服务理念为引导，以全面提升政府职能为基础，加强部门联动，重塑行政流程，切实贯彻与落实服务型政府理念（叶战备等，2018）。

服务导向下的数字政府建设，要以人民为中心，准确把握公众在智慧社会建设背景下的真实需求。应以科学、精准、高效为目标，建立健全一种技术（大数据、人工智能、物联网、5G 等）来助力国家治理、政府治理、社会治理的创新机制。同时，以智慧城市建设为抓手，构建跨地域、连城乡的数字政府模式，做好城乡统筹规划，弥补城乡之间的数字鸿沟。

2. 服务导向下的数字经济建设

大数据、人工智能、移动互联网和第五代移动通信技术的飞速发展带来了数字经济前所未有的提升。统计测算数据显示，2012~2021 年，我国数字经济规模从 11 万亿元增长到超 45 万亿元，数字经济占国内生产总值比重由 21.6% 提升至39.8%。推动数字经济高质量发展，要以人民与企业为服务对象，以人民日益增长的美好生活需要和企业持续健康经营的需要为责任，聚焦产品与服务在需求与供给上的数字化加工，将数字转化为生产要素以再造产业流程。而对"产业数字化"和"数字产业化"这两驾动力马车的打造，以及对高质量发展的数字经济的建设，则均需突破核心技术难关、建设数字经济重大战略平台、打造世界级数字产业集群，从而提升数字技术对三大产业的融合度与渗透力（刘淑春，2019）。

3. 服务导向下的智慧民生建设

民生服务的供给数量与供给质量决定了智慧城市的发展内涵。然而，在新型城镇化建设及智慧城市建设的初期，我国部分地区由于忽视服务型民生建设，缺乏对人民获得感的真切感知，存在公共服务供需失衡、区域间差异明显、结构不合理等问题，从而阻碍了城乡民生建设水平的同步提升。在智慧社会建设背景下，全面贯彻落实党的十九大精神，以习近平新时代中国特色社会主义思想为指导，以人民为智慧民生建设的服务中心，沿着民生建设精准化、专业化、一体化和均等化发展方向，以社会治理和公共服务为核心发展领域，满足民众需求和社会需要。以智慧民生基础设施建设和民生保障制度构建为基础，以保障和改善民生、增进人民福祉为发展目标，积极推进智慧民生建设成为摆在我们面前的重要任务。

4. 服务导向下的智慧生态建设

近年来，随着城市化进程的稳步推进以及我国经济的高速发展，环境问题的显露愈发影响到我国经济的可持续发展。智慧社会建设务必思考、回应与解决环境污染问题。绿水青山就是金山银山，只有通过以人民为中心的智慧生态建设，利用技术驱动城乡生态环境创新治理，才能实现"让良好生态环境成为人民生活的增长点，成为经济社会持续健康发展的支撑点"①的奋斗目标。服务导向下的智慧生态建设，更加强调通过新能源、新科技等推动形成绿色发展方式和生活方式。利用智能化信息技术，打造不受空间、地域限制的高效便捷的环境大数据服务平台，规范创新管理，完善生态环境服务体系，逐步实现生态环境智能化监测，提升生态环境预警分析能力，完善生态环境大数据平台建设。

5. 服务导向下的数字文化建设

在新公共服务理论中，政府的定位不是统治主体，而是服务主体，是立足于共同价值的公共领导，其核心使命在于尊重公民、服务公民，倾听其需求表达，满足其公共权益。在智慧社会建设的大背景下，数字文化治理坚持重心下放、资源下沉、服务下移，以服务公众、服务社会、服务文化为导向，促进公共文化服务体系建设。数字文化治理的目标是让所有公民真切获得与享受到文化发展带来的文化服务，数字文化服务供给过程要围绕公平核心，通过加强公共文化服务基础设施建设、统筹城乡数字文化资源、再造公共文化服务流程等路径，面向不同年龄阶层、不同工作领域的群众，提供均等、高效的公共文化服务（郑建明和王锰，2015）。

8.3　建设智慧社会的创新驱动研究

发展的主要动力是创新，其也是建设智慧社会的核心路径。以创新驱动思路建设智慧社会需要实现知识创新、科技创新、制度创新的协同创新体系，如图 8-2 所示。

---

① 《让良好生态环境成为人民生活增长点》，http://theory.people.com.cn/n1/2017/0814/c40531-29467732.html，2017 年 8 月 14 日。

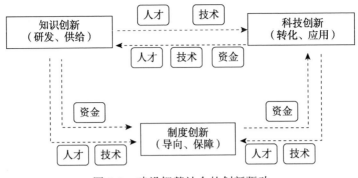

图 8-2 建设智慧社会的创新驱动

打造"政产学研"四大创新主体平等、互利的创新模式,通过深入合作与资源整合,产生系统叠加的非线性效应。作为知识创新的主体,高校与研究机构不仅要加强自身的基础研究能力,瞄准世界科技前沿,实现引领性原创成果的突破,还要加强与其他创新主体的合作,实现基础研究成果的转化,推动科技创新发展。作为科技创新的主体,企业在智慧社会的建设中发挥着重要作用,其扮演着科技创新成果应用的核心角色。制度创新尤为重要,政府在制度创新中扮演着重要的角色。政府制度创新为知识创新与科技创新提供制度保障,为智慧社会的建设保驾护航。基于上述分析,本节包括知识创新、科技创新和制度创新三个方面的内容。

8.3.1 建设智慧社会的知识创新研究

1. 建设智慧社会的基础研究能力的供需分析

智慧社会这种新型社会形态的建立、维系与发展,依赖于物联网、云计算、大数据、人工智能等新一代信息技术的蓬勃生命力。而信息技术的生命力能否为我国智慧社会建设所用,在于能否被知识创新主体予以挖掘。由此,智慧社会的建设对高校与研究机构在技术层面的基础研究能力提出了两点需求。其一,核心技术要不落人之后。习近平在 2018 年中央财经委员会第二次会议上强调,"关键核心技术是国之重器"[1]。知识创新主体亟须为国家在技术层面达成"有他人之有"的目标加快研究进程。其二,自主产权要迎头赶上。习近平在多次论述核心技术的重要意义时强调"关键核心技术是要不来、买不来、讨不来的"[2]。我们可以从两个维度对核心技术进行理解。一是全球共识的核心技术,在这一维度的核心技

---

① 《习近平主持召开中央财经委员会第二次会议》,http://www.gov.cn/xinwen/2018-07/13/content_5306291.htm,2018 年 7 月 13 日。

② 《习近平出席中国科学院第十九次院士大会、中国工程院第十四次院士大会开幕会并发表重要讲话》,https://www.gov.cn/xinwen/2018-05/28/content_5294268.htm,2018 年 5 月 28 日。

术上避免落后、消除隐患是从基础层弥补了国家的竞争劣势。二是具有我国自主知识产权的核心技术，在这一维度的核心技术上"有他人之没有"才是我国未来发展与实现智慧社会的竞争优势和国之底气。

基于以上两点需求，检视我国基础研究能力当前的供给特性，可以发现：高校与研究机构当前在盲点技术的突破与产权技术的开发上势头强劲、发力正猛。国产大飞机 C919、"复兴号"动车组、"天鲲号"疏浚重器等成果，正在助力智慧社会建设中科技强国梦的实现。

2. 高校、研究机构等知识创新主体基础研究能力的提升研究

知识创新主体未来可选择通过"对外见贤思齐""对内自我革命"的二维路径提升基础研究能力，这里的内外是指要以发展的眼光对标国际。一方面，"对外见贤思齐"，可进一步加强与其他国家之间的交流学习、人才引进、技术对话，把握世界前沿技术走向；另一方面，"对内自我革命"，高校和研究机构等需要拒绝定义自身基础研发能力的上限，并跳脱出既有成就的固化边界，以突破谋创新。

3. 知识创新主体间的基础研究合作研究

高校与研究机构作为知识创新的两大主力军，未来可在人才、资源、项目、技术等方面进一步加强合作，从而实现"1+1>2"的优势互补。人才方面，高校与研究机构未来可着手建立"人才孵化双优机制"。在各自结合需求定位培养创新型人才的同时，互通渠道，在人工智能等重点专业试点联合培养。资源方面，高校与研究机构未来可尝试在常规合作之余进行资源置换。高校以更加开放的心态为研究机构提供精密设备、重要仪器等的使用机会，研究机构更主动地与高校共享一手数据。

4. 基础研究过程中知识创新主体与制度创新主体的合作研究

在协同创新体系中，知识创新立足于以政府为承担主体的制度创新之上，以政府为支撑与保障，又对制度创新形成积极的正面作用。当前阶段，高校与研究机构通过将平面化的知识变得立体直观，服务于国家的治理创新与政策优化；通过政府的政策扶持与经费投入开展相关科研工作。未来，知识创新主体一方可继续深化物联网、大数据、人工智能及区块链等技术的研发，帮助加强建设政府信息基础设施，提升数字政府的智慧治理能力。政府则可通过增加项目竞标、项目外包等方式为知识创新主体创造研发平台。

5. 基础研究成果转化过程中知识创新主体与科技创新主体的合作研究

根据国家教育行政学院的调查，当前产学合作更为主流的模式包括企业委托开发、共建研究基地、共同研发、技术转让、共建企业、共同申报课题等，且以

高校、研究机构为代表的知识创新主体和以企业为代表的科技创新主体在不同的模式中表现出不同的积极性（杨志，2019）。而随着技术的发展，为应对智慧社会建设的更高要求，在未来的基础研究成果转化过程中，知识创新主体与科技创新主体之间的合作模式可以进一步尝试阶段前移，即企业一方可考虑摒弃以往仅在成果形成后期负责推广和转化的传统机制，参与到成果的前期开发中，在基础研究的各阶段中着手转化工作，并联彼此的资源，为研发成果的智慧性加码，如联想集团与复旦大学于 2019 年 10 月签订战略合作协议，二者以上海为试点展开全面研究，为国家的智慧城市布局献策。

8.3.2 建设智慧社会的科技创新研究

1. 建设智慧社会应用研究能力的供需分析

当前，企业的应用研究能力正从内容层、形式层两个主要方面为智慧社会的建设提供动能。内容层方面是指企业从何处获取科技创新成果，获取怎样的成果，又将这些成果应用到智慧社会的何处。企业通过自主研发或产学研合作的模式，获取物联网、大数据、人工智能、区块链等的最新"产品化成果"，并将这些成果合理嵌入城市、社区、交通、安防、家居等各类社会元素中。形式层方面是指企业在应用研究的全过程中，如何对每个步骤实施创新性运营，包括通过众创、众智平台打通数据与资源的运转渠道，通过"互联网+"的线上形式推动成果落地等。需求侧方面，企业的应用研究能力在当下及后续的智慧社会建设中，必须对围绕"业态创新"产生的各类问题做出回应，涉及传统产业的智慧化升级，农业、制造业等部分领域科技创新进程加速等。

2. 企业等科技创新主体的应用研究能力的提升路径研究

科技创新主体未来可选择通过"横向打通界限""纵向贯通连接"的二维路径提升应用研究能力，这里的横纵是指要坚持开放、共享的心态，加强多元融合。一方面，"横向打通界限"，可进一步加强不同主体、不同地区、相连产业，甚至不同领域之间的合作及融合。另一方面，"纵向贯通连接"，可进一步加强线上运作方式与线下实体转化方式的并行。综合而言，横纵的二维路径即要求科技创新主体通过广集"众长"，以谋求成果的智慧化应用。

3. 企业与高校（研究机构）的创新合作研究

未来，企业与高校、研究机构等可更多地开展"联盟"式合作，即在主体参与数量、主体参与度等方面有所创新。从一对一的二元式合作主体向多元的队伍式合作主体发展，从企业委托、高校与研究机构承办向平衡式协同合作发展。百度地图智能交通联合实验室可以说是"产学研用"共建智慧社会的成功案例。百度地图发起并建立创新平台，联合交通运输部科学研究院、中国城市规划设计研究院、清华大学、东南大学等十余家产学研用主体，通过数据和技术的开放合作，为城市交通、智慧城市等提供解决方案。

4. 科技创新过程中企业与其竞争者、供应商、客户的创新合作路径研究

在进行科技创新以服务于智慧社会建设时，企业与处其上游的供应商、和其平行的竞争者、处其下游的客户，应进一步尝试开源、定制的合作模式。"开源"是指企业应走出自己的圈地，深化协同意识，与更多新的伙伴在更多新的方向尝试更多新的可能。"定制"是指企业应以需求侧为导向、深化场景意识和问题意识，面向目标业务设计针对性更强的合作机制。以华为技术有限公司在智慧安防领域的"全联接"为例，2019 年华为携手十个伙伴企业，基于核心技术要匹配不同行业应用场景的原则，发布了包括智慧社区、智能巡检、智慧民生等在内的十大智慧安防场景化解决方案。

5. 企业与政府、中介机构的创新合作研究

科技创新环节的深化发展未来也可依赖企业与政府（中介机构）彼此更进一步的"主动性"合作。企业可通过主动为国家治理改革担任先行兵等途径来助力智慧社会建设，政府则可通过主动的数据开放和建设试点等途径，加强政企合作。中国移动在 2019 年 11 月聚焦 5G 技术，发布政企合作生态策略，旨在通过完善经营机制和加强联合创新为智慧社会建设中的政企合作提供内生动力、拓宽合作领域，做"网络强国、智慧社会、数字中国"的主力军。随后，2020 年 12 月，天津市政府与中国移动签订战略合作协议，通过通信基础设施、5G 发展建设、大数据平台、物联网应用等方面的深入合作，加速打造天津生态城 5G 全域应用示范区。

8.3.3　建设智慧社会的制度创新研究

1. 知识创新、科技创新、制度创新协同创新平台的构建

如图 8-2 所示，知识创新、科技创新、制度创新的协同创新体系是一个三元中心的创新驱动机制。知识创新不但助力研发与供给，同时支撑科技创新、推动制度创新。高校和研究机构以满足国家战略需求和科学探索两个主要目标为导向，就关键核心技术和自主产权核心技术进行基础研究。科技创新负责的是转化和应用，承接知识创新、促进制度创新。企业通过应用性研究，服务于现代产业技术体系创新以及各类智慧社会建设实践。导向和保障则由制度创新负责。政府通过对国际形势和国家发展规划的综合研判，从整体上做出部署，引领并服务于知识创新和科技创新。

2. 智慧社会创新政策的协同问题研究

智慧社会创新政策的协同需要从三个方面实现。其一，针对不同内容的创新政策的协同。对于经济建设、政治建设、文化建设、社会建设、生态文明建设"五位一体"总体布局，也可以将其看作智慧社会建设的治理布局。但所有单一布局之间并不是完全独立的，而是彼此紧密重合的。政府在宏观上可制定覆盖全领域的统领性指导文件，在微观上则应避免出现政策的割裂和相互矛盾。其二，针对不同目标的创新政策的协同。智慧社会的建设会从技术攻关、产业数字化升级、人才培养、资金投入、国际化合作等多个维度同步开展。在制定面向不同治理需求的相关政策时，要审慎地考虑当前任务与其他建设目标的关联。其三，来自不同层级、不同职能的政府部门的创新政策的协同。智慧社会建设是一个庞大且复杂的工程，由多元主体承担，并接受不同政府部门的分管。政府部门在制定权限内的具体政策或实施方案时，要加强信息互通、思想统一。

3. 智慧社会中创新要素空间流动机制及空间协同创新机制的研究

智慧社会创新驱动体系中的创新要素可概括为人才、资金和技术。这些核心要素在创新闭环中进行流动，并在知识创新、科技创新和制度创新三大主体间建立了合作机制。人才要素绝大多数来自高校和研究机构，并向企业及政府流动；企业也能为政府提供部分人才资源，并与高校、研究机构之间形成人才对话。资金要素则主要通过政府向知识创新主体和科技创新主体流动。同时，高校和研究机构也能通过产学研合作获得部分来自企业的经费投入。技术要素在知识创新主体和科技创新主体之间互通碰撞得以深度融合后，可由高校、研究机构和企业分别向制度创新主体输送。

8.4　建设智慧社会的产业支撑研究

智慧产业为智慧社会的建设提供了强有力的支撑。智慧产业以谋求经济进步为理念内核，以实现经济增长、社会就业、公共服务高水平高质量的协同发展为顶层目标，通过打造辐射政府治理、国家民生、生态文化等众多领域的智慧经济，为智慧社会建设提供可靠保证。

建设智慧社会的产业支撑思路如图 8-3 所示。资金、人才、制度等产业要素将与以大数据、物联网、移动互联网、云计算、人工智能等为标志的新一代信息技术相互渗透、交叉与重组，重构经济社会系统，促进智慧产业的产生与聚集，为智慧社会建设奠定产业基础。

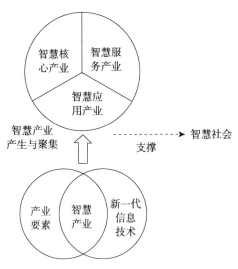

图 8-3　建设智慧社会的产业支撑思路

8.4.1　智慧产业体系建构研究

1. 智慧社会建设过程中智慧产业研究

其一，从国外智慧社会建设经验看"为何及如何"选择智慧产业。智慧产业作为政府工作要点，出现在了英国数字经济建设、美国智慧社会建设、新加坡智慧国建设的国家规划中。较为一致的是，以上国家均指出对智慧产业的选择是为了打造不同以往的数字经济，以数字经济推动数字智慧化的政府和社会，从而明确了智慧产业选择的缘由与初心。同时，各国也陆续发布了多项政策文件，对本国发展智慧产业的关键技术、重点项目、优先领域等做出部署，回答了该如何选择智慧产业、智慧产业该选择什么等问题。其二，研究我国建设智慧社会过程中智慧产业选择的意义和内容。经济的智慧化是我国实现智慧社会的关键。智慧产业作为建设智慧经济的有效措施之一，其发展所带来的重要意义不言而喻。智慧产业不是静态的概念，而是动态的，和人们的生产、生活联系在一起，其对生产组织方式的改变在于贡献了技术，其对人类生活方式的改变则在于提供了大量的智慧化产品和服务。由此，需辨明我国智慧应用领域中的技术、产品和服务，从而归纳总结我国智慧产业选择的内容。

2. 智慧应用领域及其中的主要技术、产品和服务

参考国家及省市规划、第三方评估报告和已有文献对我国当前发展新型智慧城市的相关指导和研究，本书对智慧应用的主要领域、主要技术、主要产品和主要服务进行总结。主要领域方面，我国智慧社会建设的应用领域涉及智慧医疗、

智慧交通、智慧政务、智慧电网、智慧物流、智慧安防、智慧制造、智慧社区、智慧家居、智慧教育、智慧环保等多个具体场景。主要技术方面，当前智慧应用领域中的核心技术主要包括 ICT、云计算、大数据、物联网、智能制造、人工智能六类。主要产品方面，则来自应用领域和技术的"相互加成"以及技术和技术的"不同搭配"。例如，在安防领域应用大数据、人工智能等技术就可以实现较为便利、智慧的安防等功能；将工业制造与人工智能等技术组合，就可以实现可穿戴传感设备、智能机器人等。主要服务方面，则表征为技术供给与使用需求之间的连接，属于核心技术和服务业的结合。

3. 智慧产业的分类研究：技术、产品、服务

结合资料梳理，本书拟从技术、产品和服务三个维度对智慧产业进行分类（段君伟和颜爱妮，2015），以形成支撑智慧社会的智慧产业链。如图 8-4 所示，智慧产业体系包括：技术维度的智慧核心产业、产品维度的智慧应用产业以及服务维度的智慧服务产业。这三个维度的划分也遵循从供给侧到需求侧的逻辑联系。

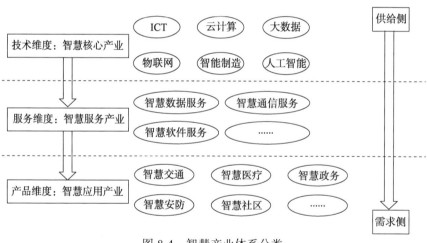

图 8-4　智慧产业体系分类

8.4.2　智慧产业的业态创新研究

1. 智慧产业链融合研究

智慧产业链的融合应从局部和全局共同发力。局部是指以具体的核心技术为单元，打通单元内部的产业链融合。以云计算技术产业为例，根据第三方数据，当前在云计算市场，基础设备提供商处于产业链的上游，服务供应商和延伸产业及增值服务提供商分别处于中游和下游，各环节协同运转，共同为最终的政府、企业、个人等用户主体提供服务。全局是指以供给侧和需求侧的逻辑为贯穿线，

依托产业要素的无阻碍流动，打通信息技术全产业链融合。在发展好各技术模块的产业链之余，应切实保证技术、人才、资金等产业要素可在供需两端的上下游企业之间相互转换。

2. 新兴产业发展模式研究

新兴产业的发展，需要国家和社会投以不设限、不封闭、不一概而论、不急于求成的态度。信息技术的不断进步和国家改革计划的稳步进行，均要求我们为新兴产业发展设计多样化的模式。总结以往的成果经验，我国智慧社会的建设在未来短期内可通过传统产业升级改造、差异化产业集群融合、政产学研用战略联盟等模式进一步促进新兴产业的发展。

3. 智慧产业辐射扩张能力研究

智慧产业作为智慧经济的龙头产业，最大化地体现和发挥了人类智慧对于经济发展、社会转型的重要贡献。智慧社会的建设需要智慧产业更多地发挥带动作用，走出舒适圈，实现辐射性的积极影响。一方面，我国智慧产业应走出国门，面向世界。通过对境外的投资、并购、扩张等，在吸纳国际优势和经验的同时提升自身竞争力。另一方面，我国智慧产业应在国内实现协同化建设，如助力政府治理能力提升、政府治理模式创新、民生管理制度改革等。以人工智能智慧产业为例，腾讯的云启智慧产业项目于 2019 年 5 月正式和珠海香洲区达成战略合作，将在香洲区打造人工智能技术产业的"一区四中心"，进而打造辐射粤港澳大湾区的人工智能产业高地。

8.4.3　信息化与工业化的深度融合研究

1. 基于智慧工厂的信息化与工业化深度融合平台研究

"智慧工厂"是伴随着"工业 4.0"这一划时代概念的到来，在 2011 年开始进入人们的视线，成为继"数字化工厂"之后的现代工厂新形态。随着信息技术的不断进步，智慧工厂逐渐成为"两化融合"的实体表征，为两化融合提供了可依托、可进行、可发展的平台与机会。以中国石油化工股份有限公司九江分公司为例，其作为工业和信息化部 2015 年首批"智能制造试点示范专项活动"中全国石化行业唯一一家智能工厂试点企业，通过将信息化技术引入传统制造产业机制，实现了生产运用和经营管理的模式升级，核心竞争力大幅提升，有效地摆脱了以往"大而不强、快而不优"的困境。

当前，大量的建设案例和评估报告较为一致地指出，智慧工厂的建设存在规划不清、盲目开展、效能转化低、数据支持力度落后、信息孤岛较多等问题，面对建设智慧社会的伟大远景，"两化融合"中的信息化内涵得以转变，更为重视和强调"智能技术"。由此，智慧工厂中的两化融合也需做出相应的调整与创新。

2. 信息化和工业化深度融合的评价指标体系研究

信息化和工业化的深度融合应坚守"抓技术、也抓生产"的建设初心，故而对"两化融合"效能情况的评估主要从技术智能和生产制造两个维度出发。技术智能维度的考查主要围绕智慧产业核心技术的应用水平，应包括信息流通、数据共享、资源整合互联、设备自动化等指标。生产制造维度的考查强调对工业生产流程各环节的智能水平的测算，包括采购、设计创新、生产、物流、售后等环节。

8.5　建设智慧社会的制度保障研究

智慧社会是数字化、网络化、智能化深度融合的社会。智慧社会建设是一项庞大、长期、复杂的系统工程，涉及经济社会生活的方方面面，因此需要一个系统、全面、有力的制度保障体系来支撑智慧社会的建设，确保智慧社会的建设路径能够顺利实现。当前，我国中央层面已立足智慧城市、数字乡村等具体的建设方向，出台了多项政策文件与指导意见，以支持城市、乡村的转型发展。这些政策措施呈现一定的碎片化特征，缺乏整体性思考，但为建设智慧社会奠定了制度基础。然而，对于智慧社会中期目标和长期目标的实现，智慧社会建设更应制定整体性的规划思路，提供包括政策协同、法律法规、标准规范、绩效评估等在内的多维度制度保障。

8.5.1　建立智慧社会政策协同制度

梅吉尔斯等把政策协同划分为三个层次："政策合作"为根，"政策协调"为干，"政策整合"为叶。在中低层次中，政策目标或许不一，但在最高层次中，组织之间将通过手段、保障与目标的有机匹配，最终实现统一的目标。智慧社会建设过程中，政府已出台一系列有关新型城镇化建设、智慧城市总体规划、"互联网+"等政策措施，同时也会结合智慧社会的建设阶段，出台一系列的新政策、新措施。然而，这些政策通常会存在建设目标冲突、建设内容重复、保障措施不一等多种问题，难以发挥建设智慧社会的政策协同效应。

从经济生产角度出发，政策协同难以直接对智慧社会的建设带来直接利益，但抑制了在智慧社会规划布局中的损失的扩大，避免了无效建设、重复建设、形象建设等问题。从社会进步角度出发，政策协同能够促进智慧社会整体性的实施建设，以及城市与农村地区在智慧化进程中的协调并进，避免信息孤岛、数据孤岛与城乡差距进一步扩大等问题。从技术发展角度出发，政策协同促使科学基础研究、应用研究稳定连续发展，形成科技政策主动脉和支干紧密结合的政策结构，有效推动技术创新对社会经济生活的效用发挥。

智慧社会建设作为宏观性的社会发展总体战略，应确保各项政策措施和制度保障从相互合作走向政策协调，最终迈向政策整合。

8.5.2　确立智慧社会的法律法规

智慧社会法律法规的确立是跨领域的，以法律治理为核心，信息、人工智能等相关技术领域为其服务（童航和冯源，2014）。

第一，确立智慧社会法律法规的顶层设计，确保智慧社会相关法律治理的整体性、兼容性和互操作性，保证政府治理社会的主动性与技术优势。智慧社会法律治理的顶层设计，需回答为何进行、如何进行等内容，以协调智慧社会子系统的关系，以规范的形式实现智慧技术和数据资源的开发、利用、共享与保护。社会各系统基于算法、芯片、处理器，将积累海量的社会领域数据，对于分析社会问题、发现潜在危机的能力将逐步领先于公共部门，造成政府在社会治理中的被动地位，即有效数据积累少、分析社会现象难、预警社会问题慢。长此以往，政府不再拥有数据优势，并且企业的社会治理能力将逐渐高于政府，导致社会治理责任与权力在政府与企业之间错配，加剧政府社会治理难度。因而需要通过法律形式，明确政府治理智慧社会的主动性与技术优势。

第二，确立智慧社会法律治理预防机制，减少由数据与智能系统导致的安全问题。为保证智能社会各子系统输出结果精准、高效，传感器需要随时对各个领域的数据进行采集，并通过网络进入核心算法进行处理分析。若某一环节遭到不法分子攻击，轻则局部硬件受损或短时网络运转瘫痪，重则对整个城市、地区的社会治理造成长期性、难逆转的损失。例如，交通治理系统若受到攻击，整个城市的自动化道路交通设备（如信号灯和道路监控）可能瘫痪，可能会发生大面积交通事故，若自动驾驶普及，更有可能造成大规模人员伤亡、基础设施损坏，从而引发更为严重的社会公共安全事件。

第三，确立智慧社会法律治理监督机制，加快完善数据获取渠道，建立民意表达平台，创新民主决议机制和政府治理机制。加强公众参与，充分倾听与接收公众对智慧社会发展的感受、评价与建议，以此优化建设路径、监督政府工作。此外，可进一步加强对技术手段的利用，如多开展网络民意征集、网络直播面对面、网络投票，或可依托大数据、物联网、人工智能等新兴技术打造立法、执法、司法三方面的各具特色的"互联网+"与"智能+"。

8.5.3　制定智慧社会规范标准与评价体系

规范标准是智慧社会有序健康发展的基本保障。在智慧城市建设阶段，由于先期建设时标准规范的缺失，城市各部门间协同协作效率低、政府规划政策多的情况较为严重。各地盲目建设和投资所造成的资源浪费、难以跨领域打通等问题形成了一个又一个"新型孤岛"。因此，在智慧社会建设初期，应紧密结合智慧城市标准规范，通过统一智慧社会的技术要求、工程实施、测试认证、评价指标等标准化、规范化手段，促进智慧社会有序、高效、快速和健康的发展。

智慧社会建设需要拥有一套科学、完备的规范标准，从而打破多元主体之间的数据壁垒、实现协作共享。智慧社会标准体系建设旨在有目的、有目标、有计划、有步骤地建立起联系紧密、相互协调、层次分明、构成合理、相互支持、满足应用需求的系列标准并贯彻实施，以指导和支撑我国城市和农村信息化用户、各行业智慧应用信息系统的总体规划和工程建设，同时规范和引导我国智慧社会相关创新技术产业的发展。由此可见，智慧城市标准体系是智慧城市建设的重要保障手段，如表 8-1 所示，目前我国智慧城市的建设标准体系制定已取得一定的成效。因此，在智慧社会标准规范制定中，可结合智慧社会建设理念，构建新一代信息技术基础标准体系、信息资源标准体系、信息安全标准体系、应用标准体系、管理标准体系等。

表 8-1　智慧城市标准规范

标准号	标准名称	状态	实施日期
GB/T 33356—2022	新型智慧城市评价指标	现行	2023-05-01
GB/T 34680.5—2022	智慧城市评价模型及基础评价指标体系 第 5 部分：交通	现行	2023-05-01
GB/Z 42192—2022	智慧城市基础设施 绩效评价的原则和要求	现行	2022-12-30
GB/T 40689—2021	智慧城市 设备联接管理与服务平台技术要求	现行	2022-05-01
GB/T 40656.1—2021	智慧城市 运营中心 第 1 部分：总体要求	现行	2022-05-01
GB/T 41150—2021	城市和社区可持续发展 可持续城市建立智慧城市运行模型指南	现行	2022-04-01
GB/T 40994—2021	智慧城市 智慧多功能杆 服务功能与运行管理规范	现行	2022-03-01
GB/T 40028.2—2021	智慧城市 智慧医疗 第 2 部分：移动健康	现行	2021-11-01
GB/T 36625.4—2021	智慧城市 数据融合 第 4 部分：开放共享要求	现行	2021-11-01
GB/T 36625.3—2021	智慧城市 数据融合 第 3 部分：数据采集规范	现行	2021-11-01
GB/T 34680.2—2021	智慧城市评价模型及基础评价指标体系 第 2 部分：信息基础设施	现行	2021-11-01
GB/Z 38649—2020	信息安全技术 智慧城市建设信息安全保障指南	现行	2020-11-01
GB/T 38237—2019	智慧城市 建筑及居住区综合服务平台通用技术要求	现行	2020-05-01
GB/T 37971—2019	信息安全技术 智慧城市安全体系框架	现行	2020-03-01
GB/T 36625.5—2019	智慧城市 数据融合 第 5 部分：市政基础设施数据元素	现行	2020-03-01
GB/T 36622.3—2018	智慧城市 公共信息与服务支撑平台 第 3 部分：测试要求	现行	2019-07-01
GB/T 37043—2018	智慧城市 术语	现行	2018-12-28
GB/T 36620—2018	面向智慧城市的物联网技术应用指南	现行	2019-05-01

续表

标准号	标准名称	状态	实施日期
GB/T 36621—2018	智慧城市 信息技术运营指南	现行	2019-05-01
GB/T 36622.1—2018	智慧城市 公共信息与服务支撑平台 第1部分：总体要求	现行	2019-05-01
GB/T 36622.2—2018	智慧城市 公共信息与服务支撑平台 第2部分：目录管理与服务要求	现行	2019-05-01
GB/T 36625.1—2018	智慧城市 数据融合 第1部分：概念模型	现行	2019-05-01
GB/T 36625.2—2018	智慧城市 数据融合 第2部分：数据编码规范	现行	2019-05-01
GB/T 34680.4—2018	智慧城市评价模型及基础评价指标体系 第4部分：建设管理	现行	2019-01-01
GB/T 36332—2018	智慧城市 领域知识模型 核心概念模型	现行	2019-01-01
GB/T 36333—2018	智慧城市 顶层设计指南	现行	2019-01-01
GB/T 36334—2018	智慧城市 软件服务预算管理规范	现行	2019-01-01
GB/T 36445—2018	智慧城市 SOA标准应用指南	现行	2019-01-01
GB/T 35775—2017	智慧城市时空基础设施 评价指标体系	现行	2018-04-01
GB/T 35776—2017	智慧城市时空基础设施 基本规定	现行	2018-04-01
GB/T 34678—2017	智慧城市 技术参考模型	现行	2018-05-01
GB/T 34680.1—2017	智慧城市评价模型及基础评价指标体系 第1部分：总体框架及分项评价指标制定的要求	现行	2018-05-01
GB/T 34680.3—2017	智慧城市评价模型及基础评价指标体系 第3部分：信息资源	现行	2018-05-01

　　智慧社会评价指标构建与智慧社会标准规范相辅相成，也是智慧社会建设重要的制度保障之一。智慧社会绩效评估是依据客观公正的评估标准、指标体系和程序，对智慧社会系统、智慧社会过程和智慧社会结果的质量、效益、效果等方面进行评价或判断的一系列活动，其目的是改善智慧社会系统、提高智慧社会决策质量，对于推动智慧社会目标的实现具有不可或缺的重要意义。

第 9 章

智慧社会建设核心领域的实现路径

第 8 章明晰了智慧社会的实现思路,包括服务导向、创新驱动、产业支撑和制度保障。沿着这样的思路,究竟应该怎样建设智慧社会呢?单志广(2018)在《智慧社会的美好愿景》中给出了这样的答案:智慧社会应该是信息网络泛在化、规划管理信息化、基础设施智能化、公共服务普惠化、社会治理精细化、产业发展数字化、政府决策科学化的社会。这既指明了智慧社会建设的核心领域,也道出了不同领域应实现的目标。然而,如何将智慧化技术与不同领域的发展相契合,从而促使智慧社会各个核心领域更好地实现发展目标呢?这是智慧社会建设过程中亟待解决的现实问题,本章试图做出回答,并从服务、创新、产业和制度等方面,为数字政府、数字经济、智慧民生、智慧生态、数字文化等领域的发展设计具体的实现路径。

9.1 数字政府建设的实现路径

9.1.1 数字政府建设现实依据

在数字政府建设方面,各个地区展现了良好的发展态势。在此,本书选取部分在不同领域发展较为典型的地区作为案例进行分析,以为数字政府建设路径分析奠定现实基础。

兰州市"民情流水线"工程是以为人民服务为导向的数字政府建设的一个很好的范例。2004 年,兰州市七里河区西湖街道社区建成民生工程总装线,在甘肃省得到广泛应用,并向全国推广。这一工程主要有四个环节,包括从受理到办理,从反馈到监督。为提供高质量的政府服务,切实满足公民需求,政府在处理民情的全过程中以公民需求为导向,坚持人民主体地位。它主要包括实现社区管理的规范化、智能化和信息化三大体系,创新政府提供的政府服务模式,巩固基层治理的基础。

　　交通是一个城市建设的重要内容，作为创新驱动数字政府的建设典范的杭州"城市大脑"，将构筑智慧交通作为建设起点。杭州"城市大脑"的构筑起步于2016 年 4 月，经过多年的发展，如今已有很好的建设成果。通过大数据分析技术的创新，对城市进行实时的分析、指挥、协调和管理。针对城市规划，可以借助"城市大脑"聚集的海量数据资源以及拥有的超强计算能力，迅速找到城市公共服务现状以及存在的问题，并且能够为新一轮的规划提供有效的决策支持、解决思路和方案，全面提升城市规划和管理水平。正是基于技术和理念的创新，杭州"城市大脑"才能取得如此成效。

　　阿里巴巴和浙江德清联合打造的数字乡村，是统筹城乡信息化融合发展、推进乡村数字化的典范。阿里巴巴和浙江德清在以下五个方面开展合作。一是建设数字乡村数据库，对数字乡村数据规范整理，入库存档；二是辐射物联网、区块链、云计算、人工智能在乡村的应用；三是培育乡村新零售；四是加大对乡村信息化人才发展支持力度；五是将数字化监管模式纳入行业体系。阿里乡村以县域为单位，通过引入数字兴业、数字惠民、数字治理三大核心领域的解决方案与数字化产品，助力县域实现数字化转型，推动县域经济高质量发展、县域民生服务数字化升级和县域治理能力现代化。

　　另外，上海市数据治理是完善数字政府保障体系、夯实数字政府建设基础的典范，利用大数据等信息技术改善城市治理，一直是上海的治理理念。为此，上海市在重视数据资源治理，完善数据要素的市场化配置，明晰数据产权，优化数据市场管理规范；关注无效数据的剔除和筛选，提升数据治理水平；强化数据资产管理，推动数据资产有效使用等方面采取了一系列行动，构建了较为完善的数据治理体系。首先，政务数据的共享开放在多方面收效显著：配适了合理的工作机制，提高工作效率；以信息公开为原则，建立政务数据开放目录；以需求为导向，建立透明公开的数据开放平台。其次，公共数据分析提炼转化为实际应用的成果喜人。2015 年，上海市政府数据服务网 2.0 版正式开通，其作为一个政府数据开放平台，为社会各界提供数据共享服务。依托数据服务网丰富全面的数据资源，上海市着手开展"上海开放数据创新应用大赛"系列赛事，秉持"数据众筹、应用众包、问题众治"的核心理念，率先将企业、高校及民间机构带入大数据生态建设和应用创新，以期突破公共大数据开发和利用的瓶颈问题。最后，上海数据治理也注重构建网络安全体系，成立数据治理与安全产业发展专业委员会，指导数据开放共享。

　　由案例分析可以得知，政府并不拘泥于 ICT 在政务这一领域的应用，而是针对治理理念、数字技术、城乡协同和基础保障等方面实现多维创新、协同推进的全方位变革。数字政府建设的实现路径，要以人民需求为导向，坚持创新驱动实现政府治理理念和技术的创新，要做好城乡统筹规划，弥补城乡之间的数字鸿沟（图 9-1）。与此同时，也要做好数据治理、算法及技术治理以及网络安全保障来夯实数字政府建设的基础。

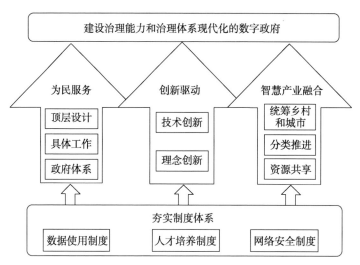

图 9-1　数字政府建设的实现路径

9.1.2　坚持数字政府建设为民服务的宗旨

党的十九大报告提出要"坚持以人民为中心""建设人民满意的服务型政府"①。这表明把以人民为中心作为贯穿数字政府发展全过程的发展理念是必须且必要的。

强化顶层设计，是以人民为中心的发展理念建立过程中不可或缺的一环。数字政府的建设涉及国家宏观战略的指导、各项政策法规的制定以及政府治理机构的调整和建立，是一项系统性、综合性的工程，必须依靠政府的整体推进机制，树立"全国一盘棋"思路，加强数字政府建设的协同性、整体性。在这个过程中要始终坚持以人民为中心的发展理念，从中央宏观层面制定以人民为中心的发展战略。建立健全法律法规，保障公民数据隐私权利不受侵犯，建立起运转高效的组织架构，从而提升人民获取政务服务的质量。

以人民为中心的发展理念是在数字政府建设的各项事宜中要贯彻坚持的。按照建设服务型政府的要求，在政务服务的过程中，政府要以人民为中心，以人民需求为导向，注重服务质量和品质的提升，提供人民满意的优质服务。政府监管应建立在人民个人权利得到保护的基础上，并同时保持价值中立这一基本原则。

---

① 《习近平：决胜全面建成小康社会　夺取新时代中国特色社会主义伟大胜利——在中国共产党第十九次全国代表大会上的报告》，http://www.gov.cn/zhuanti/2017-10/27/content_5234876.htm，2017年 10 月 27 日。

在政府决策中，利用网络参政议政平台，提高公民的参与程度，保障人民当家作主的权利，在数据治理中要加强立法，保障人民的数据隐私权利不受侵犯。在算法与技术的治理中也不应忽视对人民权利的保护，人民仍是治理理念的中心。人民是数字政府建设生态体系中绝不动摇的中心。在政府组织内部及公务员中要树立"顾客导向"，从思想层面和行为层面明确和坚持为人民服务。在多元共治的合作网络中，以人民满意为目标，加强培育企业、科研机构为人民服务的意识。

9.1.3　利用创新驱动为数字政府建设提供支撑

新时代下数字政府的建设应是治理理念和数字技术协同创新的新局面，而不是 ICT 这一技术在政务领域的孤立应用。坚持创新驱动，才能做好数字政府建设的支撑。

第一，创新尤其是技术创新，一直都是推动公共管理改革、提升政府管理效率与水平的重要因素。现代信息技术和政府管理二者的发展创新不应被切割孤立地看待。作为新公共管理运动的重要一环，现代信息技术在政府管理中的运用为政府的高效化管理提供了强大推动力。创新驱动在数字政府中体现为技术创新。在数字政府建设的各个要素综合下，政务服务平台的融会贯通是技术创新的靶向工作。通过政务服务"一网通""一站式"的技术创新能有效缓解在线政务服务低效率、难获取的缺点，提升公民获取公共服务的满意度。在智慧监管中坚持技术创新，就是要运用大数据、云计算、物联网等技术，推动决策的智能化、动态化、规范化。在政府决策中坚持技术创新，就是要在大数据的基础上，提升政府决策的科学性。在数据治理中坚持技术创新，就是要在数据收集、处理、存储、开放、共享、利用的各个流程中利用新技术提升数据治理水平。

第二，理念的创新同样也是提供强大推动力的重要一环。在数字政府建设中坚持理念的创新，就是要在制订发展战略与规划中始终坚持创新驱动，对新技术采取开放包容的态度。比如，在制定关于人工智能、区块链技术方面的发展战略和法律法规时要充分考虑到技术所带来的有利影响，不能一味地采取保守策略、扼杀新技术的发展势头，从而错失技术发展的黄金期。此外，数字政府建设需要一个开放的、多政府网络化的组织结构。传统的自上而下的官僚体制已经不能适应现代社会数字政府建设的需要。这就要求政府在组织结构上进行创新，以适应新时代数字政府建设的需要。

9.1.4　依托城乡智慧产业融合发展弥补数字政府建设鸿沟

党的十八大以来，党中央出于网络安全和信息化在国家战略层面的重要性日益提高的考量，一系列推动网络信息产业发展的战略决策陆续出台。乡村振兴战略所挖掘出的巨大转型潜力，将有力推动农业整体的产业升级，改善农村面貌，促进农民发展。对于当前农村基础设施薄弱的问题，要尽快通过信息基础设施建设加以改善。同时对于仍存在的顶层设计不足、资源协调能力较差和区域差异明显等问题，应当发展线上线下一体化的现代农业，旨在推进农村信息服务体系建设以解决上述问题。

第一，协调、统筹发展智慧城市和数字乡村。省级政府在数字乡村和智慧城市的全面发展中发挥着主导作用。实现省级政府统筹，可以保证政务服务跨层级优化配置与数据跨层级交换流动。因此，统筹发展数字乡村与智慧城市，应是自上而下的跨层级联动创新，而不是"各自为战""相互脱节""重复建设"，从而形成省级政府统筹，整体跨层级联动。具体来说，强化省级政府统筹，可以采取垂直业务系统和统一网络平台的对接工作两方面措施。

第二，多角度、多层次建设数字乡村。首先，在跨层级资源联动的基础上进行跨城乡资源联动，从而推进数字乡村建设。其次，加强城乡政务服务基础数据库建设，促进数据开放，从而推进数字乡村建设；促进数据的开放，积极引导私人组织、社会组织等社会主体参与到数字乡村建设中。最后，利用大数据分析城乡居民的政务服务需求和偏好，从而为调整城乡政务服务政策提供决策参考，提高政务服务决策的合理性，从而推进数字乡村建设。

第三，强化、促进数据内容和信息资源的交流共享。首先，要强化城乡数据共享的动机。要坚持以人民的需求来主导推动数据创新。通过发布数据共享相关的政策规定，提升地方各级政府和各部门数据共享的意愿。通过将各级地方政府、各部门政府服务数据共享的水平纳入考核，为各部门政务服务数据共享注入动力。其次，要以提升基层政府数据共享能力为着力点，推动地方各级政府、各部门政务服务网络平台的数据共享能力。这需要培养现代信息技术人才，提升基层政务服务供给人员的水平和能力。

9.1.5 通过完善制度体系夯实数字政府建设的基础

数字政府需要一个理想的体系和坚实的基础。这要求数字政府建设者从数据治理、算法及技术治理和网络安全保障三个内容出发，完善制度保障体系，夯实数字政府建设的基础。

第一，数据作为数字政府建设的基础，积极规范数据并有序使用数据是当前数字政府建设的重中之重。首先，思维的建立有利于工作顺利开展，各级政府官员应具备数据思维。这需要在政府组织内部及其官员中进行一次思维变革，普及数据知识，树立数据思维，建立数字文化。其次，大量的数据信息堆积会带来机构运行的负担，应对各类信息的储备建立高效的运行机制。一方面，这需要政府内部各部门以数据思维为基础，提高数据共享开放的积极性，加强政府内部、政府间的数据共享能力；另一方面，这需要政府建立高效的数据开放平台，有力促成社会各类数据的交流共享、互联互通。最后，数据有序使用需要制度这一基础性管理架构进行规范，这就需要建立相关的完善的法律法规保障数据的开放共享。同时，建立健全个人数据保护的相关法律法规，将公民隐私权囊括进制度框架中。

第二，大数据是需要政府从多方面进行把握的，不可只顾机遇，更不可畏难而退。首先，从人才储备出发，完善数字人才培养制度，为大数据人才培养创造良好环境。技术人才的培养，既需要产学研的通力合作，即政府引导和学校重视并举，又需要人才培养制度的强力保障，为人才培养保驾护航。其次，要加快利用新技术创造公共价值，特别是政府等公共组织。一方面，要制定相关制度尽量规避可能出现的技术风险，加强对数字政府的算法及技术治理的监管；另一方面，也要在提供政务服务、进行公共决策的过程中规范化利用新型信息技术，从而获取更大的公共利益。

第三，完善数字政府网络安全治理的制度。首先，网络安全对于数字政府来说至关重要，它能保护网络不会遭到破坏。从安全技术出发维护网络安全，如加密、匿名等。数字政府网络的数据加密和匿名是为了提高数字政府网络管理系统的安全性，提供一个安全有效的数据加密平台，实现对数字政府网络内容的有效保护。其次，网络访问权限在数字政府建设中需要规范管理。数字政府网络访问权限要求只有被授权的人才能获取到数据。再次，要进行数字政府网络安全监察和风险防控。数字政府网络安全管理人员要对数据进行常态化的监测，通过分析数据来预警、拦截可能出现的数据风险。管理人员要根据自身的经验，分析总结数据风险的特征，完善数据风险的预警体系，提高风险预警的准确性。最后，要不断完善数字政府网络安全治理的相关制度，在发挥新一代信息技术优势的前提下，通过完善的制度为技术使用提供良好保障。

9.2　数字经济建设的实现路径

9.2.1　数字经济建设现实依据

在智慧社会总体实现路径的条件下，还需要探讨针对数字经济建设的实现路径。在数字经济建设方面，浙江省是先行省份，不但将数字经济作为"一号工程"，而且通过数字驱动越来越多的行业实现质量、效率和动力变革，从而提升浙江省的数字经济竞争力。

早在 2003 年，浙江省就确定了"数字浙江"的重要决策，并在近些年将数字经济的发展推向了前所未有的高潮。2017 年，浙江省提出实施数字经济"一

号工程"; 2018 年,浙江省制定并实施了国家数字经济示范省建设方案; 2020
年,浙江省在全省制造业高质量发展大会上,提出谋划数字经济"一号工程"2.0
版,致力于在新技术、新制造、新基建、新业态、新治理等方面实现创新。随着
数字经济在浙江省的逐步发展,《浙江省互联网发展报告 2020》显示,2020 年
浙江省的数字经济核心产业增加值同比增长 13%,产业数字化指数已经位居全
国第一。

尽管浙江省数字经济发展已走在全国前列,但浙江省并未停止数字经济发展
和探索的脚步。为了更好地促进数字经济全域创新体系的形成,浙江省非常重视
数字科技创新中心的建设,不但搭建了之江实验室、阿里巴巴达摩院等高能级创
新平台,而且布局建设了省实验室,并联合多家数字经济领域省级企业研发机构,
共同助力数字经济的创新发展。2020 年,浙江省通过了全国首部以促进数字经济
发展为主题的地方性法规《浙江省数字经济促进条例》,第一次对数字产业化、
产业数字化、治理数字化做出了法律规定,这标志着浙江省在数字经济发展方面
又先行一步,成为数字经济发展的典范。

从以上案例可以看出,数字经济建设要坚持以为人民服务为核心,并通过创
新科技金融和加强基础研究,为数字经济发展提供支撑和保障。另外,数字人才
作为数字经济的重要组成,其培养制度的构建同样是数字经济发展不可或缺的制
度基础。因此,本部分拟从以人为核心、创新科技金融、加强基础研究、构建数
字人才培育机制四个方面论述数字经济建设的实现路径,如图 9-2 所示。为民服
务是数字经济发展的核心,科技金融路径是为了更新数字经济发展的血液,以金
融创新激活数字经济各类生产要素,实现数字经济生产率的提升。基础研究路径
是为了夯实数字经济发展的基础,没有强大的原始创新能力,将无法支撑我国数
字经济产业迈向全球价值链的中高端。数字人才路径强化数字经济发展的骨骼,
没有高质量数字人才的支撑,一切物质和科技基础的保障将无用武之地。

图 9-2　数字经济建设的实现路径

9.2.2　以人为核心推进数字经济发展

随着大数据、互联网、云计算等新一代信息技术的发展成熟，数字经济已经成为引领全球社会变革和推动中国经济高质量发展的重要动力来源。习近平强调，"要运用大数据促进保障和改善民生"①。数字经济发展以人为核心，以为民服务为本。这是因为，数字本是一种工具和符号，通过字的多种组合和集合，演变成了数据，数据通过大数据和互联网等新一代信息技术传输到社会生活的各个层面，并推动了经济的发展，形成了数字经济。正是因为人与人之间频繁的信息传递，才赋予了数字经济旺盛的生命力。因此，发展数字经济，应当秉承为民服务的宗旨。

数据作为数字经济发展的关键生产要素引起了政府的高度重视，《中共中央关于坚持和完善中国特色社会主义制度　推进国家治理体系和治理能力现代化若干重大问题的决定》首次增列数据作为生产要素，而《中共中央关于制定国民经济和社会发展第十四个五年规划和二〇三五年远景目标的建议》提出了推进数据等要素市场化改革和加快数字化发展，为中国数字经济发展指明了方向。政府接连推出的系列数字基础设施建设政策，特别是网络强国战略的全面实施，有利于中国将超大规模市场、人口红利、工业体系优势等转化为数据红利，从而发展出具有中国特色的数字经济。

加深数字经济和实体经济的融合交互，更好地释放数字经济红利，从而更好地为人民服务。首先，数字经济和实体经济的深度融合有利于数据流通和共享，可以打通供应链上下游的堵点，补齐企业生产和供应链的短板，促进企业生产效率的提升。其次，数字经济能够通过新一代信息技术很好地搜集用户的数据，实现用户不同需求的精准识别，从而为人民提供更精准和更具个性化的服务与产品，既实现市场动态的供求平衡，又更好地满足人民的需求。最后，数字经济在发展中呈现的智慧农业、智慧旅游、智慧教育等新的发展业态，可以实现一二三产业的融合发展，释放居民的消费潜力，从而推动城乡居民共享数字经济红利。

9.2.3　利用科技金融创新更新数字经济发展的血液

数字经济的发展存在巨大的资金需求，同时由于技术创新的不确定性，数字经济企业面临融资约束问题。为更好地促进数字经济的高质量发展，需要创新科技金融支撑体系，以切实解决数字经济企业的融资问题。在中央建设粤港澳大湾区和中国特色社会主义先行示范区的背景下，深圳以建设国际科技产业创新中心和国家可持续发展议程创新示范区为抓手，不断完善科技金融服务体系、构建全

---

① 《习近平主持中共中央政治局第二次集体学习并讲话》，https://www.gov.cn/xinwen/2017-12/09/content_5245520.htm，2017 年 12 月 9 日。

过程的创新生态链，进而支撑其新兴产业和数字经济的快速发展。作为全国首批促进科技和金融结合的试点地区，深圳由种子基金、天使投资、创业投资、担保资金和创投引导资金、产业基金等构成的全链条金融体系正日趋成熟。例如，2018年由深圳市政府投资引导基金出资设立、首期规模为 50 亿元的天使母基金揭牌签约，利用财政资金可以撬动社会资本参与城市创新生态优化和科技产业培育。与此同时，通过出台金融支持科技创新若干措施、探索设立科技金融租赁和科技保险公司、制定促进创业投资发展的专项政策等举措，深圳的创投环境已经变得生态化和系统化，高新技术产业成了国内创新的高地，深圳正在向国际风投创投中心城市迈进。由此可见，科技金融是数字经济建设的重要路径，具体来讲有以下内容。

1. 构建综合化的科技金融产品体系

要根据数字经济企业初创期、成长期、成熟期的多元化金融需求，大力推进产品创新，丰富担保和信贷方式，提供与企业发展阶段相匹配的综合金融服务"一揽子"。对于初创企业，通过配套风险集合资金贷款、知识产权质押融资、应收账款质押、信用担保等方式，解决有效抵押品不足的问题；对于成长期企业，通过配套信贷、投融资联动，股权质押贷款等产品满足其经营周转、优化资本结构等融资需求，帮助战略性新兴企业克服"成长困境"。根据行业特点和企业规模，对政策进行分类和准确执行。例如，对于一些"独角兽"公司，可以尝试一家公司一项政策，为它们提供个性化、定制化的金融创新产品和服务；对于有潜力成为"独角兽"的公司，可以提供初步的融资咨询和商务咨询，重点从商业模式设计、管理架构建设、商业协议起草等方面入手，引导创业公司向合规合法的方向发展。

2. 创建数字化的金融科技赋能模式

金融科技可以极大地助推数字经济发展。综合运用移动互联网、云计算、区块链、大数据等金融技术，促进金融服务互联互通，建设高标准的金融设施，有利于提高金融资源配置效率，有利于推动资金融通、科技互通、贸易畅通，促进金融科技与数字经济的融合发展。金融技术支持数字经济发展的三个方面如下。一是通过金融技术重塑传统金融机构的业务流程和产品服务模式，提高数字经济中小企业、初创企业、轻资产企业的金融可用性，以及金融服务战略性新兴产业的效率。二是利用区块链、云计算、大数据等手段，整合银行、科技担保机构、风险投资机构和科技企业孵化器的数据，建立共享共建的科技金融公共信息服务平台。三是金融技术所涉及的人工智能、区块链、大数据、云计算等技术手段，对推动数字经济、加快科技与产业融合发挥了巨大作用。例如，依托大数据平台和风险控制模型，我们可以推出全额度、仅限信用的在线贷款产品，以提高数字经济中金融服务的可用性。

3. 健全科技金融服务数字经济的长效机制

第一，完善科技金融的风险分担机制。通过发展多维度多层次的信用担保体系，提高对科技担保企业的税收优惠，提升对科技保险机构的补贴力度，分担机构风险，发展再担保体系。第二，健全数字金融机构的产业激励机制。通过政策支持、放宽监管等措施，激活银行持续开展科技金融业务的动力，如适当降低银行投资数字经济的风险权重，减少银行机构资本占用。第三，畅通融资机制和退出机制。促进数字经济发展，除了更好地发挥银行信贷作用外，还需要构建完善的股票市场、债券市场等多层次资本市场结构，同时要加快建设风险投资市场、区域性股权交易所，支持投资机构在二级市场将股权出售给其他投资者或通过非上市股权交易平台实现资本退出。第四，完善科技金融服务数字经济的信用环境，逐步推动建立统一的企业信用信息数据库，减少金融机构与数字经济企业之间的信息不对称。

9.2.4　通过基础研究为数字经济发展提供技术支撑

在地方实践中，浙江数字经济取得显著成效，走在全国前列。浙江数字经济之所以能够实现从平行向领先的转变，一个重要原因在于重视基础研究和应用基础研究。例如，浙江省政府协调建立了之江实验室、国家科学装置等重大基础研究平台，不断加强基础研究、互联网和人工智能等数字技术的科学研究和创新应用。可见，全面加强基础研究是我国实现数字经济和智慧社会高质量发展的重要路径。根据科学技术部等五部委于 2020 年 1 月印发的《加强"从 0 到 1"基础研究工作方案》，结合我国已开展的工作，本书进一步提出了全面加强我国基础研究的实现路径，以加大量化改革，解决当前基础研究和发展所面临的关键问题，夯实数字经济发展的基础。

1. 以重点实验室为依托，构建各具特色的区域基础研究发展格局

面向数字经济前沿领域，形成定位准确、目标清晰、布局合理、引领发展的基础研究平台体系。第一，在高校科研资源丰富的地区，设立数字经济国家重点实验室，提升国家数字经济原创力，当前可考虑以省部共建和成渝协同方式建设数字经济国家重点实验室。第二，支持深圳、杭州、武汉、合肥等数字经济企业创新能力强的城市，建设人工智能、智能制造、信息网络安全等领域的国家重点实验室，加强适应国家重大发展需要的数字经济基础研究。第三，支持各省在条件良好的地级市，结合自身数字经济研究基础与产业优势，在原来建设的基础上，再深化部署建设一批省级重点实验室，加强面向重大产业需求的应用基础研究。

2. 创新研发经费投入模式，提升基础研究资源配置效率

基础研究投入体系是复杂的，需要多元化、多渠道和多层次地构筑，从而摸索出汇聚技术研发、科技创新和资本积累的新模式。第一，以市场化方式筹建中国数字经济产业技术综合研究所，便利化资助审核程序，以政府资金引导社会资金进入基础研究领域，加强数字经济应用基础研究和提高创新成果商业化效率。第二，面向粤港澳大湾区，依托国家开发银行等金融机构，谋划试点"大湾区科研基金""湾区科技银行"等科技金融机构，资助针对数字经济产业的基础研究或应用基础研究，为全国推广积累经验。第三，确保研究项目资助不重复、不浪费，明确我国重大基础研究项目的任务和目标，完善项目资助体系，提高配置效率。

3. 面向产业发展重大需求，发挥市场对基础研究的导向作用

企业在应用基础研究上的参与为产业发展中的基础性问题解决提供了帮助。实现基础研究与应用研究的融合发展，提升研究成果的商业化效率，应充分发挥市场在应用基础研究中的导向作用。第一，在数字经济领域，支持符合条件的企业自主立项基础研究项目，政府给予一定比例的科研经费资助。第二，支持企业与世界顶级高校和研发机构建立战略合作关系，集聚全球创新资源，加速融入全球数字经济产业高端供应链，打造多个世界级研发中心，集中力量培育出一批国际一流的数字经济企业。第三，推动优势企业强强联合、兼并重组、海外并购和投资合作，提高产业集中度，大力引进民营资本参与协同创新，鼓励建立民营数字经济研发机构，发挥民营企业高效灵活的特点，激发数字经济产业市场化活力，实现全要素链整合、全产业链联合、全价值链提升。

9.2.5 依托数字人才培育机制夯实数字经济发展的基础

受益于网民的巨大红利，我国数字经济在消费方面取得了显著的发展成果。数字经济的发展在我国经济转型升级步伐的拉动下，正逐步实现由消费端向供给端的转型。数字经济向产业链上游发展，必然会产生对数字人才的大量需求，但目前我国数字人才存在明显的结构性短缺。党的十九大报告提出要"培养造就一大批具有国际水平的战略科技人才、科技领军人才、青年科技人才和高水平创新团队"[①]。因此，应进一步完善数字人才培养和引进机制，以助力我国数字经济的发展。从目前各地的实践来看，很少有地方政府出台专门的政策措施来吸引数字经济领域的人才。因此，数字人才的培养和引进应成为未来推动数字经济发展的重要内容之一。

---

① 《习近平：决胜全面建成小康社会 夺取新时代中国特色社会主义伟大胜利——在中国共产党第十九次全国代表大会上的报告》，http://www.gov.cn/zhuanti/2017-10/27/content_5234876.htm，2017年10月27日。

1. 有效配置青年科技人才资源

促进青年科技人才的合理顺畅流动,有利于充分调动他们的积极性,最大限度地发挥他们的创造热情和工作能力,从而有效配置一支规模宏大的青年科技人才队伍资源。未来 10~15 年,随着人才市场建设趋于完善,科技人才在市场上的流动频率将有显著提高,对这部分青年人才的有序流动的引导问题亟待解决。从政府角度看,流动渠道侧的改革是促进青年科技人才资源有效配置的重要手段。这就要求政府从顶层设计和政策引导层面推动人才流动渠道疏通,重点消除城乡、区域、部门等对人才流动的限制,避免因类似问题阻断了青年科技人才的良性流动。同时,抓好包括人事档案管理服务信息化在内的大数据等基础平台建设,完善社会保险关系转移接续,为青年科技人才跨区域流动提供便利条件。

2. 重视职业技能培训,实践和贯彻产学研用协同育人模式

随着新一代信息技术的日新月异,实践证明,建设一支知识型、技能型、创新型的劳动者队伍,不能单纯依靠学校的全日制学历教育,还要注重职业技能培训的供给,这就需要企业以及社会组织实施非学历教育。我们需要重视职业技能培训,提高劳动者的就业或就业能力,缓解新一代信息技术发展带来的社会恐慌和焦虑,增强公众对数字时代的信心和希望。建立高校、企业、科研院所等"产学研用"相结合的人才培养体系,为数字经济产业培养高端创新人才,深化科教一体化人才培养模式,鼓励开放研发机构资源,为工业企业培养技术和管理人才。

3. 开展国际人才管理制度创新

注重突破制约人才流动的体制机制壁垒,争取率先在北京、深圳、上海、广州等城市开展技术移民试点,针对外籍高层次人才、专业技术人才、创新创业人才、外籍华人、海外留学生等不同人才群体,打造自由便利的国际化人才环境。提升人才公共服务水平,完善各地区国际人才服务中心运作机制,探索设立外国人一站式服务窗口,整合外国人管理服务职能。

9.3　智慧民生建设的实现路径

9.3.1　智慧民生建设现实依据

在智慧社会的驱动下,民生建设主要朝着网络化、数据化、智能化方向发展,利用新一代信息技术提升社会治理和公共服务的精细化,从而更好地满足民众需求及社会需要,但民生建设涉及领域多样,每个领域的情况各不相同,因而本部分的案例分析从不同领域进行展开。

1. 广州"智慧调解"微信平台

为实现广州成为全国最便捷的公共法律服务城市的目标，广州市司法行政部门联合腾讯科技（深圳）有限公司，依托互联网、大数据、云计算、人工智能等技术，推出智慧律师、智慧公证、智慧普法、智慧法律、智慧调解、智慧监管、智慧社区、智慧鉴定、智慧审查等九项业务项目，构建"智慧司法"平台（图 9-3）。

图 9-3　广州市"智慧司法"平台体系

作为广州"智慧司法"平台体系的重要组成部分，智慧调解主要利用新一代信息技术创新，实现传统人民调解的转型，从而更加精准、及时和有效地化解社会矛盾纠纷，推动传统人民调解朝着智能化方向发展。"智慧调解"的结构、功能和原则主要包括以下三个方面。

1）微信搜索程序简易，掌上指尖解纷少跑腿

"智慧调解"以惠民为宗旨，旨在为公民提供最便捷的纠纷解决渠道。它以互联网、大数据、人工智能等先进信息技术为基础，实现矛盾纠纷的线上线下无缝衔接。一站式调解平台主要包括"咨询服务"和"调解服务"两个部分，以及"智能咨询""问律师""互动交流""找调解"四个内容。市民只需用手机打开微信，搜索"羊城慧调解"小程序，只需"刷一刷、点一点"，就可以找到"人民调解"解决后顾之忧，解决纠纷，不用出门。"智能调解"小程序是"互联网+"技术的新应用，它突破了传统的当事人上门办理模式，调解案件的受理、调解、回访等程序均在网上办理。它可以大大减少调解过程，缩短调解时间，节约调解成本，也能为群众提供利益，安排远程视觉调解会议。

2）依托"互联网+人工智能"技术，"智能调解"平台实现全方位智能化

"智能调解"是利用"互联网+人工智能"技术嵌入人民调解业务流程的工作方式创新。它是一个实现"移动化和可视化"融合的手持纠纷解决平台，有利于及时有效地解决社会矛盾纠纷。智能调解的流程主要包括业务咨询、办理、身份验证、在线调解、智能评估等，在业务咨询和办理中，可以利用人工智能引擎提供语音输入功能，突破了身份验证过程中需要人工输入的传统模式，采用微信人脸识别技术实时接入公安部人口数据库。一经核实，无须再核实；在线调解方面，通过多方远程查看技术提供在线视频调解服务，使纠纷当事人足不出户就能

化解矛盾；嵌入智能评估功能，并利用人工智能算法识别当事人之间的冲突和纠纷，为其提供评价意见，使当事人能够权衡法律风险、诉讼周期和纠纷解决成本。

3）设置智能"调解助手"辅助工具，高效为民提供法律服务

平台设置了智能辅助工具，既方便市民寻找人民调解服务，又利于人民调解组织和人民调解员开展工作。设置相关政策、法律法规查询入口，以便对应查找纠纷责任判定依据；设置广州市各类人民调解组织在线地图查询入口，根据定位可快速准确地找到属地人民调解委员会帮助解决纠纷；实时留痕并同步纳入市人民调解系统填报平台，减少重复录入纠纷相关信息，以此提高工作效率。

2. 兰州"民情流水线"

"民情流水线"成立至 2023 年已有十多年了，其由兰州市西湖街道借鉴工厂化流水线运作模式，并在此基础上进行创新，包括受理、办理、反馈和监督四个环节，重点解决群众反映的民生热点问题。

为创新社会治理，兰州除了建设立体化的数字社会服务管理平台外，还大力整合物业服务、电子商务、交通、旅游、医疗、环保、气象等服务资源，连通 1300 多种数据接口。在整合城市数据资源的同时，三维数字城市级平台基础数据库除原有的人口数据库、地理信息数据库、法人数据库外，还建立了现有人口数据库、地理信息数据库、法人数据库、城市组成数据库、许可证数据库、住房信息数据库、农村资源数据库和宏观经济数据库。

三维大数据坚持"民情管道"为民服务的理念。借助数字技术，大数据可以更广泛、更全面地服务于民生。目前，兰州市已建成"一网、一号、一端、一卡、一圈"最后一公里信息服务体系和"五个一"工程服务体系。"一网"主要指立体化的服务网络。"一号"主要指 12345 民情通热线，"一端"主要指智能服务终端，"一卡"主要指甘肃一卡通，"一圈"主要指 15 分钟便捷服务圈。

以兰州市西固区城市公共区域的不洁道路、暴露垃圾清理为例。兰州市西固区一名王姓网格管理员在巡查所负责的街道区域时，发现街道边存有群众醉酒后的呕吐物，散发着一股异味，市民纷纷远离呕吐物行走，严重地影响了市容市貌。这时，王姓网格管理员利用手中的手持终端拍摄了呕吐物图片，将呕吐物图片和所在位置信息通过手持终端传递到西固区三维数字社会服务管理中心，西固区三维数字社会服务管理中心接收到王姓网格管理员发送的信息后，判断此事务应由区环境卫生管理局管理，随即将王姓网格管理员传递的信息利用三维数字社会服务管理中心派遣到区环境卫生管理局，区环境卫生管理局的工作人员接收到西固区三维数字社会服务管理中心传递的信息后，马上联系负责该区域的环卫工人，环卫工人在接收到区环境卫生管理局的信息后在规定时间内到达呕吐物所在地，对街道边的呕吐物进行清理，清理完毕后将清理完毕信息反馈给区环境卫生管理

局和西固区三维数字社会服务管理中心，西固区三维数字社会服务管理中心接收到清理完毕信息后，通过三维数字社会服务管理中心要求王姓网格管理员到现场核查，王姓网格管理员在核查呕吐物被环卫工人清理后，在手持终端中予以确认，随后由西固区三维数字社会服务管理中心就街道呕吐物清理事件予以结案。三维大数据公共服务管理系统平台运作机理主要如图9-4所示。

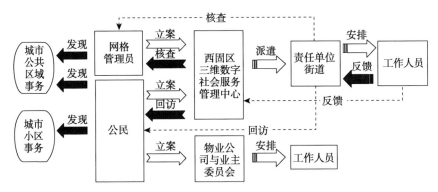

图 9-4　西固区网格化治理机制

此外，兰州"民情流水线"工程还依托智能社区平台，利用先进技术，对社区安全、物业服务、电子商务服务、便民服务、物联网服务等多方面进行统筹综合。构建智能安防、智能终端、智能停车、智能物业、智能电梯控制、智能社区生活服务等服务管理体系，推动公共服务智能化和便捷化，为社区居民提供安全舒适的居住环境，形成以现代化、信息化和智能化管理为基础的新型社区形态。

3. 杭州"城市大脑"

最早的"城市大脑"的概念是在 2015 年 2 月由刘锋博士团队提出的，他们认为的"城市大脑"包括了代表城市中枢神经的云计算技术，代表神经末梢的边缘计算技术，代表感觉神经的物联网技术，代表运动神经的工业互联网技术，代表神经纤维的 5G、光纤、卫星通信等技术，以及代表城市智慧的大数据与人工智能。这个比喻将城市类脑化，其中有两点值得关注，一是城市大脑的神经元网络，它对城市中的人与物、人与人、物与物的信息交流有重要作用；二是城市大脑的云反射弧，凭借它可以做出对城市服务的智慧反应。杭州是首个建设"城市大脑"的城市，项目始于 2016 年 10 月的云栖大会，阿里云提出"城市大脑"计划并积极推进与地方城市的合作。杭州充分发挥数字经济先发优势，以推进"城市大脑"建设为重要抓手，努力打造"全国数字治理第一城"，全力提升城市治理现代化水平。在建设"城市大脑"的过程中，杭州以群众反映强烈的交通拥堵为突破口，以数据驱动城市治理能力提升，为市民提供更加优质的服务，不断创造城市治理现代化的杭州范例（图9-5）。截至 2019 年底，杭州"城市大脑"中心系统升级至 3.0 版本，"中枢系统+部门（区县市）平台+数字驾驶舱+应用场景"的城市大脑核心架构已基本建成，已联网 4500 个 API（application programming interface，应用程序编程接口）和 3200 个数据指标，日均 API 调用量超过 760 万次，有力支持了数字座舱和应用场景的建设；148 个数字驾驶舱已接入覆盖全市的 49 个市级单位，15 个区、县（市）（含钱塘新区、西湖景区），13 个街道以及 2 个区级部门。"城市大脑"为城市管理者和市民提供了便利的操作化界面，管理者可以通过数字化平台配置资源，提高城市公共治理水平；市民可以通过可视化界面直观了解公共服务，感受生活的便捷。例如，面对现代大城市拥堵的通病，杭州交通部门充分利用"城市大脑"的优势，通过交通摄像头及时获取交通流量并对道路状况进行"体检"，并根据路面交通状况及时调整交通信号灯的时间分配，提高交通效率。在"城市大脑"的精准调控下，杭州"数字治堵"成效卓越，已从 2015 年的百城拥堵指数排名前 3 位下降为 2019 年的第 35 位（柳文，2020）。目前，"城市大脑"已从"治堵"向"治城"跨越，在大数据的助力下，城市变得更加"聪明"，能为市民提供更好的社会治理和更精准的公共服务。

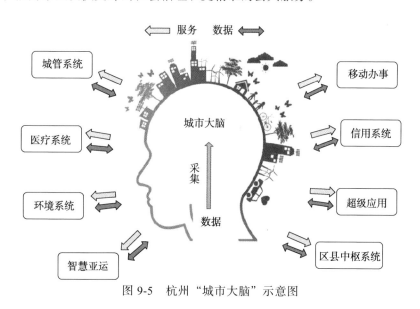

图 9-5　杭州"城市大脑"示意图

以"大脑专班+阿里巴巴团队+专业技术团队"的最强运作模式为例，杭州市通过与高新技术企业合作，利用大数据、云计算等前沿科技，建立了"杭州城市大脑·余杭平台"，其凭借超前的数据融合思维，成为国内首个社会治理智慧平台。该平台对多种基层治理资源进行整理融合，如智慧综合治理、智慧公安、智慧消防、智慧安监、智慧建筑等，开放各部门单位信息，让信息跑路，逐步形成了金字塔形的三级社会治理综合服务中心。它有效提高了社会治理效率，形成了

"用数据进行说话、管理、决策、创新"的智能治理模式。此外,杭州还运用"城市大脑"开展网上警务,涵盖"基层管控、应急指挥、打击犯罪、服务民生、执法管理、队伍管理"六大核心支撑平台,积极开展人口动态"分析仪""家暴人员透视镜""治安防范扫描器"等多项社会治理场景,而"多棱镜"为特定人员及时确定可疑情况、快速抓获嫌疑人提供了有力的数据支持和资源保障,全面提升了杭州的预测预警能力,有效丰富了社会治理手段,有效提升了公众的治安意识和满意度。

在公共服务方面,杭州利用"城市大脑"推出了就医"最多付一次"、旅行"多游一小时"、泊车"先离场后付费"、"非浙A急事通"及"一键护航"等多项便民服务。其中,就医"最多付一次"是指围绕让"数据多跑路、患者少跑腿"的方针,杭州市卫生健康委员会将原来的医生诊间、自助机多次付费减少到一次就诊就付一次费用,并将"城市大脑·卫健系统"陆续接入全市多家公立医疗机构,这不但提升改造了电子健康档案系统,实现了健康档案的互联互通,而且推动了医疗数据的实时在线,便于管理者利用数据分析提前预警,使得管理更加科学。旅行"多游一小时"是指杭州市文化广电旅游局针对民众反映最多的堵车、排队、等候等旅游治理的痛点,推出"10秒找空房"、"20秒景点入园"、"30秒酒店入住"及"数字旅游专线"等便民服务,并充分融合公安、市民卡、支付宝、景区数据中心等数据,推进杭州数字公园卡的线上办理。泊车"先离场后付费"是指杭州"城市大脑·停车系统"专班以便捷泊车为宗旨,为车主提供无须任何行为即可快速离开停车场,以及一次绑定全城通停的"全市一个停车场"等便民服务,并将拓展违停提醒、无杆出入、停车数据全接入等服务,实现市民的停车无忧。"非浙A急事通"是为方便外来群众来杭办事而实施的便民举措,"城市大脑"能够准确识别临时来杭、时常来杭、长期在杭等的车辆,并准确测算早晚高峰,为非浙A车辆办理急事提供高效通行服务。"一键护航"是在不闯红灯且不影响社会车辆的前提下,为救护车打通全自动绿色通道,方便其安全、快速、顺利地通过每一个路口,为伤者赢得宝贵的救助时间。

实践表明,"城市大脑"不管是在常态还是在非常态的情况下都能发挥巨大作用。在新冠疫情防控的关键时期,杭州于2020年2月11日推出"健康码",并将"城市大脑"涉及的卫生健康委员会、数据资源管理局等相关部门的公共数据共享,实现对人员流动情况的及时掌控。"健康码"不但方便了外来务工人员,还为城市管理者提供了人员流动的翔实数据,为管理者有效防控疫情提供了有力的数据支撑,激活了战"疫"下的经济发展新动能。在杭州推出"健康码"之后,全国其他地方陆续跟进,通过精密智控,有效推进疫情防控工作。

杭州"城市大脑"具有显著的建设成效,而《杭州市城市数据大脑规划》在此基础上诞生是为了更好地为城市发展助力。全市各行业建设"数据大脑"，跨行业、跨领域开发数据资源，为"沉睡"的数据资源注入活力，并服务于人们的生产生活，以充分体现数据的价值。"数据大脑"是杭州在云计算大数据和人工智能参与社会管理方面所做的重大探索，它的成功经验将为全国乃至全世界的城市所分享。

从以上智慧民生建设的案例不难看出，智慧民生的建设最终是为人民提供更好的服务，满足不同人民的多种需求，而要实现这个目的，则需要充分利用大数据技术等智慧核心产业，在制度保障的前提下，不断对民生建设的多个领域进行创新。

9.3.2　依托智慧技术为人民提供高质量公共服务

1. 建立数据资源平台，通过大数据准确捕捉公共服务需求，有效促进公共服务科学决策和精准供给

智能公共服务建设中，大数据的应用能够有效打破信息壁垒，消除信息孤岛，有效降低公共服务部门的信息搜寻成本，提高信息的完整程度，便于公共服务部门利用准确信息做出及时、正确和科学的公共服务决策。同时，大数据的应用能有效实现公共服务的精准化、差异化和个性化供给，消除各地区、层级和部门的数据烟囱现象，促进跨区域和层级的资源共享，有效对接供给和需求两端的信息。利用大数据有效捕获并分析公共服务需求时，离不开数据资源平台的建设，通过技术和机制创新，提供标准接口，实现政府数据、公共服务数据、运营商数据、互联网数据等的统一归集、统一管理和共享开放。网络基础设施在数据捕获和分析上起到了不可替代的支撑作用，为数据积累提供载体，是实现数据资源平台建设的关键之一。智能公共服务的发展对网络基础设施提出了更高要求，既要在现有基础上促使骨干网和接入网不断升级提速，还要增加更多的网络服务点，尤其是加强对偏远地区网络建设的支持，实现网络基础设施的完善升级，为大数据应用奠定良好基础。同时，综合的信息管理平台则是数据融合和深度利用的有力保障。政府需要整合各方信息，包括各部门的公共服务数据信息、市场上的公共服务供给信息以及社会的公共服务需求信息等。运用大数据技术和智能化手段，在搜集完备的数据并确保其准确可靠的基础上，对公共服务的供需情况精准分析。

2. 用数据资源优化公共服务，建设行业系统及超级应用，提升公共服务获得的便捷化

随着互联网的不断发展，数据资源在公共服务中发挥着越来越重要的作用，公众也越来越依赖互联网平台。通过对平台的数据资源分析研究，实现公共资源

配置的整体优化和科学配置，从而提高公共服务效率，解决最受群众关注的民生诉求。

一方面，在数据资源平台的基础上，要建设行业系统及超级应用，将多部门和多领域的公共服务信息与功能进行有效整合，使得公众能够便捷地获取所需服务，从而实现公共服务从离线大厅办理到网络在线服务的根本性转变。例如，在医疗领域，要推动健康医疗服务与大数据技术的深度融合，提供优质的"互联网+"健康医疗服务，不断丰富完善智慧医疗，提供个性化的健康管理，积极探索移动终端应用。

另一方面，在建设行业系统及超级应用的基础上，还要注重各领域的交叉融合，方便公众便捷地获取多项公共服务。例如，就业网络服务平台要一改传统单一的信息发布模式，将政府部门、用人单位和求职者等信息进行有效整合。对政府部门而言，要利用互联网和大数据，准确掌握劳动力市场状况和就业失业状况，以便对就业形势进行清晰研判，制定更为准确的相关政策；对用人单位而言，可以通过就业网络服务平台获得所需的劳动力供给信息，了解劳动市场的用工情况，以便制定有竞争力的用人策略，吸引更多的人才；对求职者来说，就业网络服务平台可以实行系统分析匹配和靶向推送岗位，同时，求职者也可以利用平台与用人单位实现多维交流，提高求职成功率。依据不同主体的需求，网络服务平台需要对多领域和多部门进行有机整合，使公众可以在同一网络服务平台中实现多种服务的便捷获取。

3. 全面推进公共服务供给制度改革，依托智慧公共服务平台，实现供给多元化以及供给后评估，提升公共服务质量

公共服务的高质量供给是满足人民对美好生活的向往的重要保障，而要实现高质量供给，则需要对现有的公共服务供给制度进行深化改革，包括对供给主体、供给方式以及供给效果的全面改革。

在供给主体方面，要破除很多地方政府垄断的单一供给主体状况，鼓励社会和市场的进入，同时还要引入公民参与机制，在充分了解公民公共服务需求的基础上，依托智慧公共服务平台，利用社会和市场的活力实现公共服务的高效率供给。在供给方式方面，政府可以通过对现有供给制度改革，实现公共服务供给角色的转变，从直接提供服务转变为保障服务供给，将部分公共服务供给主体转换为社会和市场，政府负责公共服务供给规则的制定及质量监督。在供给效果方面，需通过政府制定的公共服务供给标准，在实现供给主体转变的同时，保障公共服务的供给质量。

在制定了相应的供给标准之外，还应对公共服务的供给做出评估，在供给标准下实现对供给的监督控制。它还包括评价人们需求的满足程度，通过人们对各

种公共服务供给的反馈，不断优化公共服务。这样一个规则制定、后续评估的过程可以有效地提高公共服务供给的效率和质量。

9.3.3　以流动治理驱动传统治理方式创新

1. 增强流动人口参与治理的主体意识

流动治理的出发点和落脚点在于流动人口的主体意识，只有流动人口主动参与公共事务的治理，认识到参与的重要性，才能实现流动治理（何阳和娄成武，2019）。互联网技术和现代通信技术的发展促成了现在的大流动时代，也使得流动人口可以更加便捷地参与户籍所在地的公共事务。第一，可以采取利用网络平台的方式帮助流动人口实现自身合法权益，增强其主体意识。比如，18 岁以上的村民可以在虚拟网络平台上实现选举权和被选举权。第二，流动人口可以通过流动治理来保护自己的合法利益和个人利益。如果公共事务处理结果产生实质性影响，则将对推进移动政务平台和系统建设具有重要意义。第三，流动治理可以凭借网络平台维系流动人口之间的邻里感情以及流动人口对户籍地的感情。流动治理为流动人口与其他人群的互动提供了平台和机会，再现了因地域限制而失去的情感共同体，充分发挥了基层情感治理的作用，填补了情感空白。

2. 搭建流动人口参与治理的网络媒介

网络媒体是流动治理发生的基础。基于网络媒体，流动人口能够及时了解并参与户籍所在地的公共事务，并通过网络维护自身权益，对户籍地的管理者来说，这也能实现对公共事务的治理目标。将符合治理条件的主体纳入网络平台，社区村委会即可完成，这是因为在制度下，流动人口的实际利益与户籍所在地密不可分，而大部分实际利益由户籍所在地的社区和村委会来保障。一方面，社区和村委会可以利用现代社交网络工具建立网络平台，微信和 QQ 这些工具不需要用户付费，这在一定程度上可以节省移动治理的成本，有助于移动治理的初始阶段在全国迅速推广；另一方面，社区和村委会要以管理对象为标准，与户籍属于本辖区的流动人口取得联系，将这些人口全部纳入平台。

3. 推广流动人口参与治理的技术知识

在流动人口利用网络平台发表个人意见的一系列行为中，技术知识是流动治理顺利开展的保障条件。在中国互联网飞速发展的情况下，微信和 QQ 作为两大社交工具，在人们的日常生活中占据了重要地位。多数群体拥有与移动治理密切相关的技术知识，能够通过现代社会化手段在网络虚拟化领域发表意见、参与治理。然而，也不能排除中国仍有一些人与微信、QQ 等社交工具隔绝，这些人大多是老年人，换言之，老年人可能缺乏参与移动治理的技术知识。毕竟，研究表明，老年人再社会化是一个困难的过程。对于这部分人口，可以利用企业的资源和社会的教育来帮助其学习参与移动治理所需的技术知识。企业和社会力量是技术知识推广的主体，对于那些缺乏技术知识的人，它们可以给予一定的指导，帮助这部分人理解在社交工具上表达意见的方式，使其能够顺畅地浏览和获取信息，并与社会形成良好的互动关系，帮助参与流动治理。

9.3.4　利用智慧核心产业推进公共安全体系建设

1. 树立综合治理的价值取向推进公共安全体系建设

公安系统的建设涉及社会、军事、政治、民生等众多领域，需要行政、司法、监察等相关机构的配合，是一项系统性的复杂工程。因此，单纯依靠单一主体完成建设任务是不现实、不可行的。也就是说，依靠单一主体完成建设任务，成本更高，存在资源浪费的情况。综合治理是多主体共同应对公共安全问题的重要命题。它不仅指主体多元化，通过完善联防联控机制，共同应对公共安全事件，还包括多种治理方式。一套治理方式的集合，包括技术治理涉及的互联网、大数据、云计算、区块链和人工智能等新一代信息技术的运用，展示科学的管理原则，也包括传递温暖和情感，情感治理通过汇聚民心、情感、伦理和文化实现了软治理。只有将这些治理方法联合运用到公共安全治理中，才能取得更好的效果。毕竟，中国的发展面临着不平衡不充分的问题，地区之间存在较大差异，尤其是农村地区。正是因为这样，顶层设计中的治理技术并不能很好地适应基层社会的需求。技术治理虽然有许多科学的设计和机制，但与技术相比，公众并不一定认可它，人们更信任和依赖人。因此，要树立综合治理的价值取向，推进公共安全体系建设，严格执行"公共安全，人人负责"的原则。

2. 以互联网为基础，利用大数据等智慧核心产业打造数字化安全网络体系

2015 年，国务院印发的《促进大数据发展行动纲要》明确提出，"加强对社会治理相关领域数据的归集、发掘及关联分析，强化对妥善应对和处理重大突发公共事件的数据支持，提高公共安全保障能力，推动构建智能防控、综合治理的公共安全体系，维护国家安全和社会安定"。因此，有必要构建一个基于互联网、利用大数据等的数字安全网络体系技术。通过优化决策结构、完善文化观念、完善数据分析、关联关系挖掘、数据可视化展示等战略手段，实现从相对封闭的决策体系向开放的决策框架的转变；利用大数据实现社会风险源信息的互联互通和资源共享，使人们在社会安全风险发生前就建立起防控意识，在风险发生时不会出现混乱；通过大数据准确发现社会风险源，建立社会公众安全风险清单。完善

社会公共安全风险诊断防范机制，在社区、酒店推广人脸识别系统，掌握社区、酒店人员的流动情况，便于在突发公共安全事件中对人员信息进行检索，更好地锁定人员，采取有针对性地应对公共安全事件的措施，在此基础上，继续推进社会风险预警责任机制、检测机制和动态监管机制建设，打造包括预防、检测、动态监督和评估在内的一体化数字安全网系统。

9.3.5　以智慧调解系统完善"三调联动"机制

1. 国家做出智慧调解系统建构顶层设计

智慧调解制度建设的重要动力是人民群众的现实需求，而智慧调解制度在全国的全面推广和使用，需要国家对智慧调解制度建设进行顶层设计，这是由我国特殊的中央地方关系决定的（何阳和汤志伟，2019）。在权力分配和运行上，中央政府对地方政府具有财政和人事的严格控制。智慧调解制度的顶层设计要求面对社会矛盾，敢于突破，系统规划。因此，国家建立了智慧调解系统。顶层设计应坚持直面根本矛盾、敢于迎难而上的理念，从改革内容、改革目标、改革进程三个维度进行总体设计。在改革内容系统规划方面，树立智慧调解制度的理念，整合人民调解、行政调解、司法调解和行业协会调解，建成智慧调解体系，使传统调解进入调解 2.0 时代，从而开创"微调解"与传统调解双轨运行模式；在改革目标系统规划方面，国家应将建设智慧调解系统的总体目标分解为若干子目标，并保证子目标与子目标之间相互联系和相互补充，具有高度的内在兼容性，通过一步步实现子目标，最后实现总目标。比如说分批纳入各调解子系统，先纳入人民调解、行政调解和司法调解，在此基础上再纳入行业协会调解，一步一步稳扎稳打；在改革进程系统规划方面，对总目标和各子目标设置时间点，并进行相应的监督，确保各阶段的目标得以实现和整个改革的有序进行。例如，将人民调解、行政调解、司法调解纳入智慧调解系统的时限为 3 个月，3 个月后，各级政府完成情况评估，对评估任务未完成的地方政府进行问责。

2. 强化政府、法院及社会组织协作共治

智慧调解系统的建设，不仅仅局限于某一类调解的技术升级，而是将人民调解、行政调解、司法调解、行业协会调解整合为一个系统进行升级。将人民调解、行政调解、司法调解、行业协会调解纳入政府主导的智慧调解系统，主要是因为这四种调解方式更具公益性，而政府恰恰是为了实现和保护公共利益，如律师调解，这是更具营利性的市场行为，而律师事务所等市场主体也应自行实施技术升级。人民调解、行政调解、司法调解、行业协会调解的调解机构不同，与人民调解委员会、政府、法院、行业协会相对应。在这里，我们把人民调解委员会和行

业协会称为社会组织。因此，要实现智慧调解体系的构建，需要加强政府、法院和社会组织的合作与共治。共同治理强调各主体处于平等地位并拥有共同利益，在治理过程中根据实际情况划分各主体的责任并发挥各主体的优势，所以在智慧调解系统的建设过程中，需要政府、法院和社会组织打破利益分割，走向合作。首先，需要明确的是，智慧调解系统的发展由政府主导，法院和社会组织需要上报自己服务领域的调解员信息。其次，法院和社会组织可以独立平等地使用智慧调解系统，过程不受政府约束，但是政府可以对矛盾纠纷的整个调解过程和结果进行监督。最后，对于不同类型的纠纷提供不同的解决方案，为避免造成重复劳动等资源浪费的情况，政府、法院和社会组织可以共享有关矛盾纠纷的起源、过程、结果等信息，这将有利于实现人民调解、行政调解和司法调解的一体化。

3. 转变传统的调解理念和调解方式

由于传统的调解理念和调解方式存在时间长，公民拥有惯性，要使"网上调解""虚拟调解"被公众广泛接受，需要培养合适的软环境，这是构建智慧调解系统的支撑条件。此外，建立"微调解"模式，转变传统的调解观念与调解方式。制度上，调解员可以在智慧调解系统中成功解决矛盾纠纷，而智慧调解制度的建设有着广阔的市场空间。毕竟，"微调解"有助于方案解决，同时满足了程序和结果的公正、纠纷处理的便利性，以及调解人和纠纷当事人在某个地点和时间面对面处理纠纷的需要，这对调解人和当事人都是有利的。向调解员群体召开会议，推广"微调解"模式。地方政府司法行政部门和法院联合牵头，召开人民调解员、司法调解员、行业协会调解员的行政会议，使人民调解员、行政调解员、司法调解员、行业协会调解员充分了解智慧调解系统的优势和特点，在主观上认识到智慧调解系统，并促进和利用智慧调解系统的内生动力。此外，智慧调解系统可用于早期制定奖励政策。鼓励调解员在"调解"过程中以线上模式存在，并给予成功解决矛盾纠纷的调解员一定的奖励资金，以此向群众推广调解系统；对于纠纷当事人，社区和村委会平台应起到关键作用。社区和村委会通过介绍智慧调解系统的优势、特点和使用方法，首先克服群众在意识上接受智慧调解系统的阻碍，建立解决矛盾纠纷的新意识，掌握智慧调解系统的使用方法。

9.4　智慧生态建设的实现路径

9.4.1　智慧生态建设的现实依据

智慧生态建设涵盖各种信息通信技术在生态治理中的全方位应用，是利用技术驱动生态环境治理创新的重要手段。在智慧生态建设进程中，《中国（湖州）

绿色制造发展指数报告》以湖州绿色制造实践经验为数据支撑，以中国制造整体
可持续发展水平为比照基准，编制形成了中国（湖州）绿色制造发展指数，综合
评价了湖州市制造业绿色发展环境、发展能力和发展质效，为中国城市工业"低
碳发展"提供了可复制、可推广的范本。该指数以"两山"理念诞生地湖州为样
本，确定了比较完整的指标体系和量化评测方法，具有创造性、先进性和代表性，
将为经济社会活动提供客观、准确的价值基准和决策依据，要进一步建立完善绿
色发展、保护生态环境的评价体系。

　　指数显示，近年来，湖州市绿色制造生态效益在较高水平上快速发展。2014
年，生态效益指数为 116.36，略低于当年的经济效益指数；从 2015 年开始，生态
效益指数稳步上升，逐步超过经济效益指数。2016 年，生态效益指标值较 2014
年增长 13.36%，约为同期经济效益指数增幅的 2.8 倍。2019 年，湖州市绿色发展
指数位居全省第二。

　　另外，北海市实施生态环境大数据战略，提高环境管理效率，主要表现在：
第一，开展环境监管，建立生态补偿机制和地方领导责任追究制度，为决策提供
数据支持；第二，增强信息公开力度，在建设阳光服务型政府的指导要求下，推
动公民和政府在环境管理中的互动；第三，鼓励社会组织与企业的合作，大数据
应用建设是一项耗资巨大、费时费力的工程，需要社会各界展开合作，尤其是让
企业发挥自身优势，带动社会资本的参与，这样可以有效降低政府公共服务的成
本；第四，建立数据交易市场，开展大规模试点工作，为市场主体交换交易数据
提供健全的交易机制和定价机制，促进数据衍生品交易，为数据资源流通创造良
好的环境。由以上案例可知，智慧生态建设首先要强化生态环境为民服务的属性，
实现生态环境的协调发展。此外，还需促进治理模式创新，提升治理能力，实现
在生态治理上生态环境保护和社会经济发展二者的平衡与共赢。并且，要扩大数
据开放共享，完善生态环境治理的多主体协同参与机制，为智慧生态环境建设提
供制度保障。智慧生态建设的实现路径如图 9-6 所示。

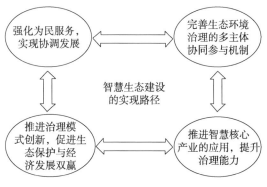

图 9-6　智慧生态建设的实现路径

9.4.2 以为民服务为核心实现生态环境的协调发展

在 1982 年第五届全国人民代表大会第五次会议上,黄秉维院士提出了生态环境的概念。《中华人民共和国宪法》的第二十六条虽没有明确提出生态环境这四个字,但其内容体现了国家对环境保护的重视:国家保护和改善生活环境和生态环境,防治污染和其他公害。由于当时国家宪法和政府工作报告没有对"生态环境"做出明确解释,关于其含义的界定一直争论到现在。中国科学院地理科学与资源研究所研究员陈百明根据《中华人民共和国宪法》第二十六条对生态环境的含义进行解读,用生态学来代表人类追求的理想状态,常被用作褒义词。环境是人类赖以生存和发展的重要基础,环境污染是人类生存和发展的主要环境问题之一,污染防治是生态环境建设的基本原则。

2005 年 8 月,习近平在浙江湖州安吉考察时提出了"绿水青山就是金山银山"[①]的科学论断。在考察海南时习近平强调"良好生态环境是最公平的公共产品,是最普惠的民生福祉"[②],这个论断明确了生态环境的公共产品的属性,指出了其是与公共利益息息相关的,同时,论断也体现了对生态环境和民生问题二者的科学认识。这既是生态文明建设中正确处理经济发展与生态环境保护关系的新要求,也是新的历史条件下我国民生状况的改善和调整的要求(穆艳杰和魏恒,2019)。

9.4.3 通过生态治理模式创新促进生态保护与经济发展的双赢

随着物联网、大数据、云计算等新一代信息技术在生态治理方面的应用,传统生态治理模式发生了重大变革。近年来,多地政府生态环境部门通过在生态环境治理中应用新一代信息技术,推动了生态治理模式的变革,但生态治理模式的创新仍需要不断深化,这不但包括治理手段的创新,而且包括治理方式的创新。在治理手段方面,智慧生态治理模式能够通过构建大范围的移动监测点,实现对不同地域生态环境的动态监测,并通过实时更新监测数据值,对污染超标地区进行智慧响应。在这一方面做得较好的地区是上海市,其不但公布了《关于加快构建现代环境治理体系的实施意见》,还投入使用了上海市环境保护信息中心扬尘在线监测系统,为及时监测上海市扬尘情况布下了"天罗地网"。在治理方式方面,智慧生态的创新应用主要体现在防污治理方式的创新和拓展。通过大数据技术在防污治理方面的应用,环境监测和污染防治能够实现精准识别,并通过对环境监测、

---

① 《"绿水青山就是金山银山"的湖州实践》,http://www.qstheory.cn/dukan/qs/2020-09/01/c_1126430043.htm,2020 年 9 月 1 日。

② 《习近平十谈"绿色发展":良好生态是最普惠的民生福祉》,https://baijiahao.baidu.com/s?id=1596646527496154588&wfr=spider&for=pc,2018 年 4 月 2 日。

监控、执法和执纪等系统集成和分析生态环境治理的相关数据，精准研判了现实生态环境状况，从而为制定有效的生态环境治理决策提供依据。

新一代信息技术在生态环境治理方面的应用，不但要助力智慧生态的发展和深化，而且要促进环保与经济发展的双赢。随着新一代信息技术在生态环境治理领域的深入应用，智慧生态取得了较好的发展，生态保护产业的市场空间也得到了加速释放，产业规模不断扩大。尤其是一些关键技术的研发突破，使得污染治理和生态修复方面的技术可达性更强，经济可行性也更趋合理，这不但有利于更好地实现环境保护，也能够在一定程度上节约经济成本，实现生态保护与经济发展的双赢。通过新一代信息技术的深化应用，不但要在环境监测和污染防治等方面有所革新，还要在智慧园林、智慧农业、智慧水务等方面实现较大程度的创新和发展，促进智慧生态发展的融合和深化。通过技术的不断创新和市场的充分调节，有望促进生态保护和经济发展的双赢。

9.4.4　依托智慧核心产业的应用提升生态环境治理能力

生态环境大数据等智慧核心产业的应用创新是生态环境治理模式不断创新和应用的核心，体现在中共中央、国务院的战略方针上。2015 年 7 月 1 日，习近平在中央全面深化改革领导小组第十四次会议上指出，"推进全国生态环境监测数据联网共享，开展生态环境监测大数据分析"[①]。2015 年 8 月，国务院印发的《促进大数据发展行动纲要》正式将大数据提升到国家战略高度。《中华人民共和国国民经济和社会发展第十三个五年规划纲要》提出了"实施国家大数据战略"的命题，大数据在各个领域的研究和推广中迅速普及。

5G 时代下，大数据技术等智慧核心产业技术的快速更迭，令生态环境模拟的处理精度和速度得到了跨越式的提高，实现了在空间维度上不同程度的预警。然而，大数据技术在数据采集、传输和接收过程中容易出现时滞和缺陷。仿真结果表明，基于外部环境和元素的动态影响，原始数据的精度会有失准确。一方面，监测数据智能预处理与模型仿真相结合的技术有待进一步完善；另一方面，现有的仿真、预测、报警系统大多采用简单的事实分析，多光谱模型的不足、多领域应用的不完善使得在实际场景下的分析面临困难。

除此之外，生态环境是个复杂的系统，涉及种类繁多的数据。在实际情况下，数据信息变化快，如新数据源的不断出现、传感器的快速更迭升级使得原有数据的价值缺失，但是我国现阶段还缺少专门的大数据运行分析系统，无法对环境预测和管理的新要求进行回应。生态环境各要素相互联系、相互作用，数据规模巨

[①]《习近平主持召开中央全面深化改革领导小组第十四次会议并发表重要讲话》，https://www.gov.cn/guowuyuan/2015-07/01/content_2888298.htm，2015 年 7 月 1 日。

大，动态变化过程复杂，监管难度大。在不同的管理要求下，大数据传递的信息需要在不同的尺度和层次上进行筛选和总结，这对数据的专业性、通用性、适应性和及时性提出了更高的要求。污染防治与污染风险研究尚未形成多阶段完整的数学模型，要整合多部门数据进行深入处理和分析，从而为环境风险和污染控制提供科学决策依据（熊丽君等，2019）。

要提升大数据在环境治理方面的作用能力，就需要实现生态环境决策科学化、监管精准化和公共服务便利化。做到生态环境决策科学化，要充分发挥大数据在综合环境研判上的数据支持和数据分析的作用，利用大数据提高决策的科学性；做到生态环境监管精准化，要完善监督机制，利用大数据的监管手段，提升监管准确性和有效性，进一步实施简政放权；做到生态环境公共服务便利化，要建立公平、温馨、便捷、高效的环境救助公共服务体系，采用创新政府理念和大数据服务模式，向社会公开环境信息，实施综合信息服务，从而提高公共服务能力和整体服务水平。

9.4.5 利用数据开放共享完善多主体协同参与机制

经过长时间的调查，虽然我国一直坚持从基础设施、大众传媒等方面对大众进行宣传，但是大众对于环境保护方面的关注依旧并不明显。由于环境保护中存在着许多不稳定因素，政府可以充分利用互联网网络平台，依托互联网和信息技术的多重优势，改善我国环境保护效率低下的问题，提高公众的环保意识，增加公众对环境保护的关注。

在环境管理方面，每个人都是其中的参与者，有着不可推卸的责任，也组成了公共政策各个部分。线下实体各个部门应主动积极地参与政府机关提出的共同治理环境的政策，达成共识。政府部门应充分考虑，提出相应的措施，借助各种宣传方式，从互联网入手，从个人到身边人、到社区、到企业，整合各个方面的资源，形成一系列生态圈，为全民参与进来提供良好的环境，为后续形成体系打好基础。结合当下实时热点和大数据算法，将生态环境治理纳入重点，需从以下几个方面入手：首先，从平台入手，根据当下互联网热潮大数据分析，进行公共数据共享；其次，从国家层面入手，通过算法，为用户提高工作效率，同时培养用户习惯，增强用户意识，形成从内到外的治理模式。国家政府必须营造环境大数据建设与共享的社会氛围，努力培养公职人员的大数据意识和开放思维，使大数据环境治理理念深入人心。

各部门要切实负起责任，把健全环保体系的顶层设计纳入需要解决的问题中。首先，要加强地方政府各职能部门的联动协调机制，迅速有效地采取应对措施，包括各类数据的分析共享和互联互通，注意及时向全社会发布相关动态。其次，要敦促地方政府梳理旧的工作理念，借助大数据平台提高各职能部门的工作质量与工作效率，培养现代工作理念，改变传统的治理模式。最后，专业人才的招聘也是不可或缺的，政府部门必须实施人才培养工程，逐步建立人才协同运行的大数据环保模式，使智能环保模式朝着更加积极的方向转变。

9.5　数字文化建设的实现路径

9.5.1　数字文化建设的现实依据

党的十九届五中全会部署了"实施文化产业数字化战略"[①]。在此基础上，《文化和旅游部关于推动数字文化产业高质量发展的意见》印发。该意见对推动数字文化产业的高质量发展提出了新的发展目标，对未来发展趋势做出了预判，也为未来数字文化产业该怎么发展指出了前进的方向和路径选择。围绕该意见，部分地方政府和专业领域已经做出了积极的尝试和努力。

在专业领域中，《文化和旅游部关于推动数字文化产业高质量发展的意见》首次引入了 IP（intellectual property，智慧财产）的概念，提出要培育和塑造一批具有鲜明中国文化特色的原创 IP。塑造中国式 IP 既是对中国文化的传承和发扬，又是对传统文化传播方式的创新和变革。应探索以中国式 IP 为核心的数字文化产业发展方向，以网络文学、动漫、影视剧等多种数字化形式为抓手，并在健全版权保护和强化政策引导的前提下，推动传统文化与数字化技术的融合发展，让更多人了解和喜欢中国文化。

在地方政府层面，苏州率先在数字文化产业高质量发展方面做出了积极尝试，明确了推动智能化改造和数字化转型、实施文化倍增计划等多项政策措施，致力于将苏州打造为数字文化产业高质量发展的标杆地区。在具体措施方面，苏州首先通过积极扶持的方式，推动了多家数字文化企业上市，包括 A 股上市公司、新三板上市公司以及港股上市公司。同时，苏州对具备创新潜质的公司进行重点培育，力争推动更多数字文化企业公司发展壮大。其次，苏州通过创意开发的方式，打造数字化背景下的江南文化品牌，促使苏州传统文化价值从历史时空延伸至数字时空，从而提升人们对苏州文化的多维认知和沉浸体验。最后，苏州重视数字人才引进和培育，发挥高水平、高技术的优秀人才对数字文化产业的支撑和推动作用。多个措施并举，促使苏州文化的影响力和数字文化产业的实力不断提升。

由上述案例可知，数字文化建设过程中，无论是专业领域的发展，还是地方

---

① 《中共中央关于制定国民经济和社会发展第十四个五年规划和二〇三五年远景目标的建议》，https://www.gov.cn/zhengce/2020-11/03/content_5556991.htm，2020 年 11 月 3 日。

政府数字文化的建设，都要以为人民服务为第一要义，以创新为数字文化发展的核心驱动，并在不断完善制度保障体系的基础上，实现智慧产业的深化与融合，从而不断提升中国数字文化软实力，增强文化自信，建设数字文化强国，助力智慧社会建设，从而推动中华文化伟大复兴。数字文化建设的实现路径如图 9-7 所示。

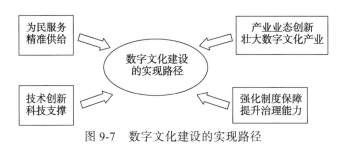

图 9-7　数字文化建设的实现路径

9.5.2　通过精准供给增强人民的数字文化获得感

使人民拥有满意的数字文化获得感是评价政府数字文化建设绩效的标准之一，而要增强人民数字文化获得感，就要求政府对人民的文化需求进行精准把握，做针对性的产品开发，满足个性化的需求。不同类型的群体具有不同的数字文化需求，因此受众的"数字文化偏好"是研发过程中的重点，这就可以发挥数字文化企业在把握消费者需求的敏感度上的优势。数字文化产品和服务既要面向城市受众，也要关注农村居民的需求，把精准研发受众范围更广的农村群体作为数字文化产业发展的突破口。例如，2019 年 5 月，中共中央办公厅、国务院办公厅印发的《数字乡村发展战略纲要》指出，要繁荣发展乡村网络文化，构建乡村数字治理新体系；着力弥合城乡"数字鸿沟"。

实现数字文化精准供给还要依托大数据和人工智能等技术优势，精准对接数字文化服务的供给者和需求者，让数字文化接受者的需求得以精准反馈，从而大幅提高数字文化企业的供给效率，最终达到满足公众对数字文化个性化需求的最优状态，切实实现按需所得。此外，针对不同区域的民众对数字文化需求的差异，通过精准供给可以弥合供需鸿沟，实现最佳匹配，最终提升人民群众对数字文化的获得感和幸福感。

9.5.3　以技术创新为核心强化文化科技支撑

虽然我国现在的信息通信技术取得了极大的发展，但是在一些关键领域上的创新能力、核心科技、应用等方面还需要进一步突破。要充分利用科学技术的比较优势，实现技术追赶，巩固发展数字文化产业的技术基础。

1. 充分利用 5G 等新技术，推进数字文化产业产品创新

大力推进 5G 背景下的大数据、云计算、人工智能、区块链、虚拟现实等高新科技与数字文化产业的融合，推动 5G 带来的数字技术创新，创造数字文化产业的新产品、新组合和新业态。不断推进数字化影视、数字出版、智慧文旅、网络娱乐业和无端网游、云游戏、虚拟现实/增强现实游戏等新兴电子领域的创新。截止到 2020 年 3 月，已有上海、天津、广东、贵州、湖北、辽宁、江西等 22 个省（自治区、直辖市）公布 2020 年 5G 发展目标。例如，《北京市 5G 产业发展行动方案（2019 年—2022 年）》指出，培育一批 5G 产业新业态，组织一批共创空间、孵化器、中小创业投资等机构，重点在 5G 与文化传媒、金融、教育、物流、工业等领域的跨界融合创新应用上，将 5G 新应用、新商业模式培育为未来信息消费的重要增长点。

2. 发挥技术对数字文化产业结构与产业组织的创新

数字文化企业应该打破传统思维方式，密切关注新技术和新趋势，以创意创新为本，以数字技术为翼，不断寻求文化资源与科技手段的结合点。数字文化企业还应该不断激发内在的创新潜力，关注产业发展新动向，为数字文化的进步提供助推的力量。5G 技术影响下，数字文化产业将在产业技术、文化产品、产业业态、产业管理等方面展现新趋势，这对传统文化产品生产、分配、交换、消费、管理的方式产生巨大改变，个性化、智慧化、便捷化、国际化和情景式的数字文化产品和服务的生产消费以及多元主体协同监管成为主流（吴承忠，2019）。

3. 提高数字文化技术的资金投入，优化研发经费投入结构

我国的技术创新能力在一定程度上制约了数字文化产业的发展，因此，创新科研体系，优化研究经费的投入机制，成了我国数字文化产业高质量发展的动力。一方面，政府要增加基础研究开发的投入总量，优化资金结构，加强对核心前沿技术的支持，缩小与发达国家的差距；另一方面，政府要拓展基础研究的资金渠道，增强我国在全球数字文化技术领域的创新能力，提高竞争力。例如，《北京市 5G 产业发展行动方案（2019 年—2022 年）》提出要"建立多渠道资金扶持体系……科创基金设立 5G 产业子基金，引导社会资本共同投资 5G 关键技术开发和产业发展。对承担国家 5G 相关重大科技专项的北京企业给予资金配套支持"。

4. 推动文化资源与数字技术的创新融合

文化资源是增强数字文化产业国际竞争力的核心资源。作为一个有着几千年历史的国家，中国有着丰厚的文化遗产和文化资源，遗憾的是，我国的文化资源大多还未转化为数字文化产业的竞争优势。因此，要积极推进文化资源和数字技术的融合，打造具有中国特色的数字文化产业，以丰富的文化资源作为技术发展

的基础，同时，数字技术的进步又推动了文化资源的可持续。一方面，以文化资源为依托，深入挖掘我国独有的文化资源，运用数字技术促进具有中国特色的文化资源的生产、传播与消费；另一方面，以文化技术融合创新为重点，释放我国文化资源的魅力，打造具有中国特色的数字文化产品和服务。

9.5.4　利用产业的业态创新壮大数字文化产业发展

1. 设立专门管理机构，健全数字文化产业发展制度框架

具备条件的地区可以专门设立主管数字文化产业发展的管理机构，构建完善的数字文化产业发展的制度体系，设立数字文化产业发展的短期、中期和长期目标，指导数字文化产业的快速、高质量和可持续发展。

2. 加大对数字文化产业新业态的扶持力度

数字文化产业包括动漫游戏、网络文化、数字文化装备、数字艺术展示等领域，对此类不断涌现的新业态，政府应加大扶持力度。一是出台相关扶持政策尤其是税收优惠政策，如"数字文化新业态发展扶持政策"，鼓励数字文化企业进行产品研发，创造经济活力；二是重点培育一批数字文化新业态企业成长为全球领军企业，发挥"头雁效应"，从而整体带动国内数字文化产业发展。

3. 构建数字文化产业创新生态体系

首先，关注数字文化产业核心科技，推动产业转型。充分利用大数据、云计算、人工智能、区块链、虚拟技术等高新技术，加强新技术与数字文化产业的融合，逐步巩固数字文化产业技术支撑体系，推动我国数字文化产业的创新发展。

其次，加大数字文化产业集群建设力度，培育一批特色鲜明、竞争力强的创新型数字文化产业。当前，我国数字文化新产品不断增加、数字文化新模式不断涌现，要不断提升数字文化新业态重点园区集聚水平，重点支持建设一批具有发展潜力的数字文化新业态产业园，推动数字文化产业集群式发展。

最后，实现科技和文化在数字文化产业中的驱动作用，以及文化产业经济和社会价值的统一。通过发挥数字文化产业的经济和文化的双重属性，既可以提升数字文化产业的文化内涵和社会效益，又可以利用新技术挖掘中华文化价值，也可以推进数字文化产业对社会主义核心价值观的有效传播。

9.5.5　持续强化数字文化发展的制度保障

1. 做好数字文化发展的顶层设计，强化数字文化发展制度保障

做好数字文化发展顶层设计，从政策和法律层面构建公共数字文化体系。以正确的数字文化产业发展观为指导，建立促进数字文化发展、文化与技术融合的

制度体系，加大对数字文化研发示范企业和试点项目的政策支持力度。以市场为导向的数字文化技术创新体系将成为充分发挥数字文化产业促进国民经济增长的作用的重要动力。2017 年，文化部印发《关于推动数字文化产业创新发展的指导意见》，对数字文化产业发展做出了全面部署，明确提出了"数字文化产业"的概念，对数字文化产业的发展具有重要的指导意义。2017 年，文化部还印发了《"十三五"时期公共数字文化建设规划》。这一系列的数字文化政策提供了相当的制度保障，有力地推动了数字文化产业的发展，有助于数字文化产业拓展新领域，构建基于 5G 和人工智能等前沿科技的新型文化管理体系。

2. 加强 5G 智能时代的数字文化产业管理机制

数字文化产业新模式和新业态的涌现，既为数字文化发展带来机遇，又给数字文化知识产权保护、用户隐私安全、数字文化消费环境优化、数字文化产品市场治理、数字文化企业社会责任感培育等带来挑战。

在宏观层面，政府要密切关注数字文化产业发展的最新动态，加强对数字文化资源的产权保护，加大数字文化产业在伦理和法律方面的监管力度，提高在数字文化产业领域的治理能力。在中观层面，数字文化及相关产业的社会团体、行业协会或产业组织要加大对数字文化产业伦理风险和道德失范风险的监管与防控力度，做好风险预警，研究行业规范和法律标准，强化对数字文化企业的规范引导。在微观层面，加强监管技术创新，引导企业提高数字文化内涵，坚守数字文化产品生产的责任底线，弘扬社会主义核心价值观，发挥数字文化企业推动社会文明发展的作用。

3. 创新公共数字文化治理机制

为提升数字文化治理能力，需要构建以政府为主体、以行业协会和社会组织为辅助的体系结构，为公共数字文化机构提供决策支持，并管理和指导公共数字文化机构、信息服务机构、数据资源中心等文化组织进行服务、产品和资源的供给，满足公共数字文化资源高速流通、高效管理、高价值加工的需求（张承，2018），优化公共数字文化治理的组织结构，实现公共数字文化的治理机制创新。

4. 构建城乡数字文化产业融合发展机制，缩小城乡之间数字文化鸿沟

城乡数字文化产业发展不平衡和不充分是制约我国数字文化产业国际竞争力提高的重要因素，因此必须构建有利于城乡数字文化资源均衡发展的社会资源配置体系，制定改变城乡信息化发展差异的区域经济发展政策，努力弥合数字文化体系和政策差距；要加快数字文化在农村的普及，提高农村居民的数字文化素养，培育农村居民数字文化消费习惯，促进农村居民接触多元化数字文化产品，从而为扩大我国数字文化消费市场需求提供基础和保障（蓝庆新和窦凯，2019）。

参 考 文 献

鲍静, 贾开. 2019. 数字治理体系和治理能力现代化研究: 原则、框架与要素[J]. 政治学研究, (3): 23-32, 125-126.

曹建峰. 2018. 解读英国议会人工智能报告十大热点[J]. 机器人产业, (3): 20-27.

柴彦威, 郭文伯. 2015. 中国城市社区管理与服务的智慧化路径[J]. 地理科学进展, 34(4): 466-472.

常荔. 2018. 政府跨部门知识共享的协同机制研究[J]. 情报杂志, (11): 164-172.

陈铭, 王乾晨, 张晓海, 等. 2011. "智慧城市"评价指标体系研究: 以"智慧南京"建设为例[J]. 城市发展研究, 18(5): 84-89.

陈涛, 冉龙亚, 明承瀚. 2018. 政务服务的人工智能应用研究[J]. 电子政务, (3): 22-30.

陈振明. 2017. 公共管理学[M]. 2 版. 北京: 中国人民大学出版社.

崔庆宏, 王广斌. 2018. 智慧城市参与式治理模式与实施路径: 基于山东省的实证数据[J]. 技术经济与管理研究, (6): 15-19.

丁义明, 方福康. 2001. 风险概念分析[J]. 系统工程学报, 16(5): 402-406.

丁卓. 2015.基于复杂网络的智慧城市公共交通网络研究[D].广州: 华南理工大学.

董礼胜, 崔群. 2015. 整体性治理: 一种研究智慧城市的新视角[J]. 福建行政学院学报, (3): 1-8, 48.

段君伟, 颜爱妮. 2015. 智慧城市的产业选择与体系构建[J]. 中国市场, (34):130-133.

傅昌波. 2018. 全面推进智慧治理开创善治新时代[J]. 国家行政学院学报, (2): 59-63, 135-136.

耿永志. 2019. 治理模式演进视角下的"服务型"社会治理伦理关系研究[J]. 江汉论坛, (1): 72-77.

郭曦榕, 吴险峰. 2013. 智慧城市评估体系的研究与构建[J]. 计算机工程与科学, 35(9): 167-173.

郭雨晖, 汤志伟, 赵迪, 等. 2020. 国家创新系统下日本超智能社会对我国智慧社会建设的启示[J]. 科技管理研究, 40(9): 37-44.

郝宏伟. 2017. 汪玉凯: 智慧社会与国家治理现代化[J]. 中国建设信息化, (23): 66-69.

何军. 2013. 美国联邦政府电子政务的发展模式、趋势及启示[J]. 电子政务, (10): 96-101.

何阳, 娄成武. 2019. 流动治理: 技术创新条件下的治理变革[J]. 深圳大学学报(人文社会科学版), 36(6): 110-117.

何阳, 汤志伟. 2019. "微调解": 乡村振兴中智慧调解系统建构的逻辑理路[J]. 当代经济管理, 41(9): 49-54.

侯海波. 2019. "十四五"期间我国基本公共服务面临的挑战[J]. 社会政策研究, (4):

124-135.

胡安安, 黄丽华, 许肇然. 2011. "4S"发展模型:构建智慧上海新模式[J]. 上海信息化, (7): 8-12.

华岗, 顾德道, 刘良华, 等. 2016. 城市大数据: 内涵、服务架构与实施路径[J]. 大数据, 2(3): 9-16.

黄娟, 米华全, 陆川. 2016. 智慧党建: 内涵特征、体系架构及关键技术: 以"智慧红云"党建系统为例[J]. 电子科技大学学报(社科版), (1): 84-87.

黄其松. 2018. 权力监督的类型分析: 基于"制度—技术"的分析框架[J]. 中国行政管理, (12): 108-113.

黄如花, 刘龙. 2017. 英国政府数据开放的政策法规保障及对我国的启示[J]. 图书与情报, (1): 1-9.

黄晓春. 2010. 理解中国的信息革命: 驱动社会转型的结构性力量[J]. 科学学研究, 28(2): 183-188.

贾开. 2016. 从"开源软件"到"开放政府": 互联网影响下的政府治理变革[J]. 经济社会体制比较, (2): 104-112.

姜爱林. 2003. 中国数字城市发展的主要绩效、存在问题及政策建议[J]. 理论与改革, (3): 41-44.

金德民, 郑丕谔. 2005. 工程项目全寿命风险管理系统的理论及其应用研究[J]. 天津大学学报(社会科学版), (4): 254-258.

赖明. 2001. 数字城市导论[M]. 北京: 中国建筑工业出版社.

蓝庆新, 窦凯. 2019. 中国数字文化产业国际竞争力影响因素研究[J]. 广东社会科学, (4): 12-22, 254.

李灿强. 2016. 美国智慧城市政策述评[J]. 电子政务, (7): 101-112.

李超民. 2019. 智慧社会建设: 中国愿景、基本架构与路径选择[J]. 宁夏社会科学, (2): 118-128.

李传军. 2015. 大数据技术与智慧城市建设: 基于技术与管理的双重视角[J]. 天津行政学院学报, (4): 39-45.

李德仁. 2011. 数字城市+物联网+云计算=智慧城市[J]. 中国新通信, (20): 46.

李纲, 李阳. 2015. 关于智慧城市与城市应急决策情报体系[J]. 图书情报工作, 59(4): 76-82.

李江静. 2015. 大数据对国家治理能力现代化的作用及其提升路径[J]. 中共中央党校学报, (4): 44-50.

李林. 2013. 新加坡"智慧岛"建设经验与启示(连载一)[J]. 中国信息界, (Z1): 70-77.

李雁翎, 何圣财, 张铭. 2013. 论信息技术与现代经济发展[J]. 经济纵横, (8): 18-20.

李云新, 杨磊. 2014. 快速城镇化进程中的社会风险及其成因探析[J]. 华中农业大学学报(社会科学版), (3): 6-11.

李赞. 2018. 一种柔性贴片式在线测量方式在生猪体温测量中的应用研究[D]. 长春: 吉林农业大学.

刘冬雪, 刘佳星, 梁芳, 等. 2018. 新型智慧城市整体框架研究[J]. 邮电设计技术, (9): 61-64.

刘红波，林彬. 2018. 中国人工智能发展的价值取向、议题建构与路径选择：基于政策文本的量化研究[J]. 电子政务, (11): 47-58.

刘红芹，汤志伟，崔茜，等. 2019. 中国建设智慧社会的国外经验借鉴[J]. 电子政务, (4): 9-17.

刘平. 2017. 日本经济社会发展新模式：社会 5.0[J]. 上海经济, (5): 82-89.

刘淑春. 2019. 中国数字经济高质量发展的靶向路径与政策供给[J]. 经济学家, (6): 52-61.

刘晓云. 2013. 基于智慧城市视角的智慧应急管理系统研究[J]. 中国科技论坛, (12): 123-128.

刘岩. 2015. 构建服务型政府视角下的电子政务研究[J]. 信息化建设, (10): 234.

刘昭东，宋振峰. 1994. 我国信息技术和信息产业发展的现状和机遇[J]. 科技导报, (10): 28-30.

柳文. 2020-04-11. 杭州"城市大脑"创造美好生活[N]. 经济日报, (5).

鲁品越. 2018. 《资本论》的生产力与生产关系概念的再发现[J]. 上海财经大学学报, 20(4): 4-14.

马奔，毛庆铎. 2015. 大数据在应急管理中的应用[J]. 中国行政管理, (3): 136-141, 151.

马长山. 2018. 人工智能的社会风险及其法律规制[J]. 法律科学(西北政法大学学报), (6): 47-55.

马亮. 2015. 大数据技术何以创新公共治理?：新加坡智慧国案例研究[J]. 电子政务, (5): 2-9.

曼纽尔·卡斯特. 2009. 网络社会：跨文化的视角[M]. 周凯，译. 北京：社会科学文献出版社.

毛夏. 2005. 数字城市中的气象灾害预警对策[J]. 自然灾害学报, (1): 110-115.

穆艳杰，魏恒. 2019. 习近平生态文明思想研究[J]. 东北师大学报(哲学社会科学版), (1): 62-68.

纳特 P C，巴可夫 R W. 2001. 公共和第三部门组织的战略管理：领导手册[M]. 陈振明等，译. 北京：中国人民大学出版社.

裴琳. 2010. 我国数字城市政府治理模式研究[D]. 秦皇岛：燕山大学.

彭继东. 2012. 国内外智慧城市建设模式研究[D]. 长春：吉林大学.

钱明辉，黎炜祎. 2016. 国内外智慧城市实践模式的政策启示[J]. 烟台大学学报(哲学社会科学版), 29(1): 99-106.

曲维枝. 2005. 贯彻党的十六届五中全会精神全面推进信息化发展[J]. 数码世界, (23): 5-7.

芮廷先. 1994. 世界经济发展与信息技术[J]. 世界经济研究, (5): 53-55.

单志广. 2018-12-02. 智慧社会的美好愿景[N]. 人民日报, (7).

沈霄，王国华. 2018. 基于整体性政府视角的新加坡"智慧国"建设研究[J]. 情报杂志, (11): 69-75.

史璐. 2011. 智慧城市的原理及其在我国城市发展中的功能和意义[J]. 中国科技论坛, (5): 97-102.

宋刚，王连峰. 2017. 城域开放众创空间：创新 2.0 时代智慧城市建设新路径[J]. 办公自动化, (20): 8-13, 43.

宋刚, 邬伦. 2012. 创新 2.0 视野下的智慧城市[J]. 城市发展研究, (9):53-60.

宋刚, 张楠. 2009. 创新 2.0: 知识社会环境下的创新民主化[J]. 中国软科学, (10): 60-66.

宋刚, 张楠, 朱慧. 2014. 城市管理复杂性与基于大数据的应对策略研究[J]. 城市发展研究, 21(8): 95-102.

孙田田. 2018. 智能社会的特征及其挑战[D]. 上海: 上海社会科学院.

孙伟平. 2010. 信息社会及其基本特征[J]. 哲学动态, (9): 12-18.

汤志伟, 张会平. 2014. 公共危机中的网络空间[M]. 北京: 科学出版社.

唐建荣, 童隆俊, 邓贤峰. 2011. 智慧南京: 城市发展新模式[M]. 南京: 南京师范大学出版社.

童航, 冯源. 2014. 智慧城市的法律治理: 问题、现状与展望[J]. 管理现代化, 34(3): 126-128.

汪磊, 许鹿, 汪霞. 2017. 大数据驱动下精准扶贫运行机制的耦合性分析及其机制创新: 基于贵州、甘肃的案例[J].公共管理学报, (3): 135-143, 159-160.

王安耕. 2008. 现代信息技术支撑下的中国服务型政府建设[J]. 电子政务, (12): 12-15.

王波, 卢佩莹, 甄峰. 2018. 智慧社会下的城市地理学研究: 基于居民活动的视角[J]. 地理研究, 37(10): 2075-2086.

王达, 高晓巍, 詹可容. 2017. 日本科学技术创新综合战略 2017[J]. 今日科苑, (7): 71-75.

王德中. 1999. 企业战略管理[M]. 成都: 西南财经大学出版社.

王飞跃, 王晓, 袁勇, 等. 2015. 社会计算与计算社会: 智慧社会的基础与必然[J]. 科学通报, 60(Z1): 460-469.

王静远, 李超, 熊璋, 等. 2014. 以数据为中心的智慧城市研究综述[J]. 计算机研究与发展, (2): 239-259.

王俊. 2018. 从电子政务、智慧城市到智慧社会: 智慧宜昌一体化建设实践探析[J]. 电子政务, (5): 52-63.

王俊, 王树春. 2018. "技术-制度"互动视阈下中国经济转型的特殊性: 一个演化经济学的分析框架[J]. 贵州社会科学, (4): 117-125.

王玲. 2016. 日本发布《第五期科学技术基本计划》欲打造"超智能社会"[EB/OL]. http://epaper.gmw.cn/gmrb/html/2016-05/08/nw.D110000gmrb_20160508_1-08.htm[2016-05-08].

王淼, 经渊. 2019. 智慧公共文化服务云平台构建研究[J]. 数字图书馆论坛, (2): 43-50.

王天恩. 2018. 重新理解"发展"的信息文明"钥匙"[J]. 中国社会科学, (6): 26-49, 204-205.

维克托·迈尔·舍恩伯格, 肯尼思·库克耶. 2013. 大数据时代: 生活、工作与思维的大变革[M]. 盛杨燕, 周涛, 译. 杭州: 浙江人民出版社.

巫细波, 杨再高. 2010. 智慧城市理念与未来城市发展[J]. 城市发展研究, 17(11): 56-60, 40.

吴承忠. 2019. 5G 智能时代的文化产业创新[J].深圳大学学报(人文社会科学版), (4):51-60.

吴基传. 2000. 担起国民经济信息化建设的历史重任[J]. 邮电商情, (21): 16.

吴楠. 2018. 智慧社会的治理模式探析[J]. 河海大学学报(哲学社会科学版), 20(5): 70-76, 92.

吴湛微, 禹卫华. 2016. 大数据如何改善社会治理: 国外 "大数据社会福祉" 运动的案例分析和借鉴[J].中国行政管理, (1): 118-121.

肖峰. 2010. 当代信息技术的若干政治哲学问题[J].东北大学学报(社会科学版), 12(5): 377-382.

熊丽君, 袁明珠, 吴建强. 2019. 大数据技术在生态环境领域的应用综述[J]. 生态环境学报, 28(12): 2454-2463.

休斯 O. 2015. 公共管理导论[M]. 4 版. 张成福, 马子博, 译. 北京: 中国人民大学出版社.

徐望. 2018. 公共数字文化建设要求下的智慧文化服务体系建设研究[J]. 电子政务, (3): 54-63.

徐晓林. 2000. "数字城市": 城市政府管理的革命[C]//湖北省行政管理学会. 湖北省行政管理学会 2000 年年会暨 "知识经济与政府管理" 理论研讨会论文集. 武汉: 《江汉论坛》杂志社: 109-113.

徐宗本, 张维, 刘雷, 等. 2014. "数据科学与大数据的科学原理及发展前景": 香山科学会议第 462 次学术讨论会专家发言摘登[J]. 科技促进发展, (1): 66-75.

许庆瑞, 吴志岩, 陈力田. 2012. 智慧城市的愿景与架构[J]. 管理工程学报, 26(4): 1-7.

薛澜, 张慧勇. 2017. 第四次工业革命对环境治理体系建设的影响与挑战[J]. 中国人口·资源与环境, 27(9): 1-5.

闫德利. 2018. 数字英国: 打造世界数字之都[J].新经济导刊, (10): 28-33.

阳翼, 徐扬. 2013. 从 "3Q 大战" 管窥网络水军的影响[J]. 人民论坛, (5): 26-27.

杨朝晖. 1998. 信息社会与知识经济[J]. 中南财经大学学报, (6): 40-42.

杨述明. 2018. 新时代国家治理现代化的智能社会背景[J]. 江汉论坛, (3): 11-23.

杨晓波, 陆川, 汤志伟, 等. 2017. 数据型组织[M]. 北京: 科学出版社.

杨学成. 2017. 从新加坡 "智慧国 2025" 看大数据治国[J]. 通信世界, (24): 9.

杨志. 2019. 高校产学研合作发展现状、困境及发展建议: 基于对九十五所高校的调查[J]. 国家教育行政学院学报, (6): 75-82.

叶战备, 王璐, 田昊. 2018. 政府职责体系建设视角中的数字政府和数据治理[J]. 中国行政管理, (7): 57-62.

尹首一, 郭珩, 魏少军. 2018. 人工智能芯片发展的现状及趋势[J]. 科技导报, 36(17): 45-51.

张车伟. 2006. 人力资本回报率变化与收入差距: "马太效应" 及其政策含义[J]. 经济研究, (12): 59-70.

张承. 2018. 多中心理论视域下公共数字文化治理机制创新研究[J]. 情报探索, (8): 45-48.

张康之. 2003. 公共管理伦理学[M]. 2 版. 北京: 中国人民大学出版社.

张康之. 2017. 走向智慧城市的城市发展史[J]. 智慧城市评论, (2): 2-3.

张凌云, 黎巎, 刘敏. 2012. 智慧旅游的基本概念与理论体系[J]. 旅游学刊, 27(5): 66-73.

张龙鹏, 冯小东, 汤志伟. 2019. 中国建设智慧社会的现实基础与路径选择: 基于技术与制度的分析维度[J]. 电子政务, (4): 18-26.

张太原. 2020. 如何坚持和完善统筹城乡的民生保障制度？[J]. 红旗文稿, (3): 30-32.

张小瑛, 张俊山. 2018. 信息技术变革时期我国国民经济结构体系的矛盾与协调[J]. 政治经济学评论, 9(3): 188-200.

张振刚, 张小娟. 2014. 智慧城市系统构成及其应用研究[J]. 中国科技论坛, (7): 88-93.

赵晔炜. 2014. 基于智慧城市视角下的广州市公共安全应急管理研究[D]. 广州: 华南理工大学.

郑建明, 王锰. 2015. 数字文化治理的内涵、特征与功能[J].图书馆论坛, 35(10): 15-19.

钟义信. 2004. 信息社会: 概念, 原理, 途径[J]. 北京邮电大学学报(社会科学版), (2): 1-7.

朱启超, 王姝. 2018. 日本 "超智能社会" 建设构想: 内涵、挑战与影响[J]. 日本学刊, (2): 60-86.

Barlow J P. 1996. A Declaration of the Independence of Cyberspace[M]. Cambridge: MIT Press.

Batty M. 2007. Cities and Complexity: Understanding Cities with Cellular Automata, Agent-Based Models, and Fractals[M]. Cambridge: MIT Press.

Benkler Y. 2006. The Wealth of Networks: How Social Production Transforms Markets and Freedom[M]. New Haven and London: Yale University Press.

Caragliu A, del Bo C, Nijkamp P. 2011. Smart cities in Europe[J]. Journal of Urban Technology, 18(2): 65-82.

Castells M. 1996. Rise of the Network Society: The Information Age: Economy, Society and Culture[M]. Malden: Blackwell Publishers.

Desouza K C, Jacob B. 2017. Big data in the public sector: lessons for practitioners and scholars[J]. Administration & Society, 49 (7): 1043-1064.

Drucker P F. 1993. Post Capitalist Society[M]. London: Routledge.

Giffinger R, Fertner C, Kramar H, et al. 2007. Smart cities ranking of European medium-sized cities[J]. Research Institute for Housing, Urban and Mobility Services, 16: 1-24.

Hall R E, Bowerman B, Braverman J, et al. 2000. The vision of a smart city[R]. Paris: The 2nd International Life Extension Technology Workshop.

Hirsch J E. 2010. An index to quantify an individual's scientific research output that takes into account the effect of multiple coauthorship[J]. Scientometrics, 85(3):741-754.

Kallman M, Dini R. 2017. Discipline and Punish[M]. London: Macat Library.

Kenney M, Zysman J. 2016. The rise of the platform economy[J]. Issues in Science & Technology, 32(3): 61-69.

Lothian T. 2017. Law and the Wealth of Nations: Finance, Prosperity, and Democracy[M]. New York: Columbia University Press.

Machlup F. 1972. The Production and Distribution of Knowledge in the United States[M]. Princeton: Princeton University Press.

Mahizhnan A. 1999. Smart cities: the Singapore case[J]. Cities, 16 (1): 13-18.

Manyika J, Chui M, Brown B, et al. 2011. Big data: the next frontier for innovation, competition, and productivity[EB/OL]. https://www.mckinsey.com/capabilities/mckinsey-digital/our-insights/big-data-the-next-frontier-for-innovation[2011-05-01].

Nam T, Pardo T A. 2011. Smart city as urban innovation: focusing on management, policy, and context[C]//Estevez E, Janssen M. ICEGOV'11: Proceedings of the 5th International Conference on Theory and Practice of Electronic Governance. New York: Association for Computing Machinery: 185-194.

Norris D F, Reddick C G. 2012. Local E-Government in the United States: transformation or incremental change?[J]. Public Administration Review, 73(1): 165-175.

O'Toole L J, Meier K J. 2004. Public management in intergovernmental networks: matching structural networks and managerial networking[J]. Journal of Public Administration Research & Theory, (4): 469-494.

Sowa J F, Zachman J A. 1992. Extending and formalizing the framework for information systems architecture[J]. IBM Systems Journal, 31(3): 590-616.

Unger R M, et al. 2017. Inclusive vanguardism: the alternative futures of the knowledge economy(OECD)[EB/OL]. http://www.oecd.org/naec/Inclusive%20Vanguardism_R%20Unger.pdf[2017-05-05].

Zachman J A. 1987. A framework for information systems architecture[J]. IBM Systems Journal, 26(3): 276-292.

附　　录

智慧社会顶层设计深度访谈问卷

1. 开放式问项

   （1）智慧社会发展态势的判断。

   （2）智慧社会的建设愿景是什么？

   （3）对标对象是哪些国家/城市？有些什么吸收和创新？

   （4）智慧社会的总体框架从构想到提出再到定版的过程。

   （5）智慧社会建设中面临的困境与应对措施。

   （6）建设智慧社会的目标与原则。

2. 半结构化问项

   （1）智慧社会建设的总体设计考虑了哪些构件？

   （2）智慧社会建设的实施阶段与实施步骤。

   （3）智慧社会建设内容的选择。

智慧社会服务需求半结构化访谈问卷

1. 数字政府模块

   （1）请您介绍您所在城市实施一网通办情况。

   （2）请您介绍您所在城市开展数据开放情况。

   （3）请您介绍您所在城市建设智慧城市情况。

   （4）请您介绍您所在城市运营政务 APP 情况。

   （5）请您介绍您所在城市公开政府信息情况。

   （6）请您介绍您所在城市开展网络议政情况。

2. 数字经济模块

   （1）请您介绍您所在城市智慧工业建设情况。

   （2）请您介绍您所在城市智慧农业建设情况。

（3）请您介绍您所在城市信息产业建设情况。

（4）请您介绍您所在城市新兴产业建设情况。

3. 数字文化模块

（1）请您介绍您所在城市智慧博物馆建设情况。

（2）请您介绍您所在城市智慧旅游建设情况。

（3）请您介绍您所在城市文博资源数字化情况。

4. 智慧民生模块

（1）请您介绍您所在城市智慧交通建设情况。

（2）请您介绍您所在城市智慧安防建设情况。

（3）请您介绍您所在城市公共服务智慧化情况。

（4）请您介绍您所在城市社会组织智慧化建设情况。

5. 智慧生态模块

（1）请您介绍您所在城市环境监测数字化建设情况。

（2）请您介绍您所在城市环境反馈信息化建设情况。

（3）请您介绍您所在城市环境质量预警情况。

（4）请您介绍您所在城市绿色能源应用情况。